课题组顾问　孙霄兵
课题组组长　柯春晖　褚宏启

城镇化进程与教育管理体制改革

Chengzhenhua Jincheng yu
Jiaoyu Guanli Tizhi Gaige

■ 城镇化进程中教育管理体制改革问题研究课题组　编写

教育科学出版社
·北京·

目 录

城镇化进程中教育管理体制改革问题研究课题总报告

一、问题的提出及研究的实施

（一）问题的提出

城镇化这一概念通常是指一个农业人口转化为非农业人口、农村地域转化为城市地域、农业活动转化为非农业活动的过程，也被称为"城市化""都市化"，英译通常用"urbanization"一词。在我国，官方文件多采用"城镇化"的提法。有据可查，早在 1998 年党的十五届三中全会通过的《中共中央关于农业和农村工作若干重大问题的决定》中就开始正式采用"城镇化"一词，这更多是基于我国国情的考虑，强调在发展大中城市的同时，也重视小城市和县镇的发展。

城镇化既是现代化的重要标志，也是现代化的必由之路。从历史发展角度来看，18 世纪中后期，随着工业革命的推进，人类开始进入城市化发展的重要时期。世界城市化率以大体每 50 年翻一番的速度快速增长，1850 年为 6.3%，1900 年为 13.3%，1950 年为 29.1%，2000 年为 47.2%，2010 年达到 51.6%。西方发达国家是城市化的先行者，第二次世界大战以前，英、德、美、法等国家城市化率均已超过 50%，目前稳定在 75% 以上。"二战"以后，世界范围内的城市化步伐明显加快，日本、韩国、墨西哥、巴西等国家城市化率快速提高，在 1960—1975 年相继突破 50%。20 世纪 80 年代后，一批发展中国家的城市化进入较快发展阶段，但由于工业化与城市化不协调，出现了"过度城市化"和"滞后城市化"等现象，拉美国家是"过度城市化"的典型代表，以印度为代表的南亚国家则由于经济发展速度无法抵消人口爆炸的压力，出现"滞后城市化"。

中国是一个有着几千年农业文明史的国家，近代以来工业有所发展但进程缓慢，城镇化进程步履蹒跚。1949 年，我国城镇化水平只有 10.65%，到 1978 年，城镇化水平仅为 17.9%，而同期世界城镇化平均水平已达到 42.2%，发达国家平均水平更是达到了 70.2%。改革开放以来，伴随现代化建设的进程，我国城镇化步伐明显加快，城镇化率年均提高 1.02 个百分点；2000 年以来，城镇化率年均提高 1.36 个百分点，2012 年达到 52.57%，与同期世界平均水平大体相当。城镇化的快速发展，使我国城镇数量和规模不断扩大，城市功能不断更新，城市综合服务能力明显提升，人居环境逐步改善；城市群形态更加明显，成为拉动我国经济快速增长和参与国际经济合作与竞争的主要平台。与此同时，我国城镇化质量不高的问题也较为突出，主要体现为：农业转移人口难以融入城市社会，市民化进程滞后；土地城镇化快于人口城镇化，城镇用地粗放低效；城镇空间分布与资源环境承载能力不匹配，城镇规模结构不合理；"城市病"问题日益突出，城市服务管理水平不高；体制机制不健全，阻碍城镇化健康发展。（徐绍史，2013）针对这些问题，党的十八大提出，要坚持走新型城镇化道路，推动工业化和城镇化良性互动、城镇化和农业现代化相互协调，促进工业化、信息化、城镇化、农业现代化同步发展。

诺贝尔经济学奖获得者斯蒂格利茨认为，"中国的城镇化和美国的高科技是 21 世纪影响人类进程的两件大事"，并且指出"城镇化将使中国成为世界领袖"。作为世界上规模最为宏大的进程，城镇化深刻改变着中国社会的面貌，也深刻改变着中国教育的面貌，对教育事业的改革发展产生着重大影响，从而不可避免地对教育管理体制提出了新的要求和挑战。

教育管理体制是国家组织和管理教育的形式、方法和制度的总和（顾明远，1999），主要包括机构设置、权限划分、质量保障、入学招生、人事制度、经费投入和办学体制等内容。自 1985 年《中共中央关于教育体制改革的决定》颁布以来，教育管理体制改革始终是教育改革的一项重要任务。总的来看，目前我国教育管理体制基本适应社会主义市场经济体制和全面建成小康社会的需要，但也存在着一些新的情况和问题，特别是从新型城镇化的视角来看，教育管理体制改革亟须深入推进。

《国家中长期教育改革和发展规划纲要（2010—2020 年)》（以下简称《教育规划纲要》）对深化教育管理体制改革做出了部署。按照《教育规划纲要》任务分工，教育部政策法规司承担了推进教育管理体制改革的任务，为此进行了大量的调查研究，但是深感如何真正适应经济社会发展要求，特别是应对城镇化挑战推进教育管理体制改革，仍有许多问题需要深入研究。应对城镇化对教育事业改革发展提出的新要求、新挑战，认真总结城镇化背景下推进教育管理体制改革的做法和经验，针对存在的问题进行深入研究，提出政策建议，既具有理论意义，又具有现实意义。为此，教育部政策法规司会同相关地方、高校和研究机构共同确立了城镇化进程中教育管理体制改革问题研究课题。

（二）研究的实施

本课题在实施中更多定位于理论和学术研究基础上的实证研究、工作研究和政策研究，直接服务于决策。为此，课题组采取多种方式，进行了深入研究。

一是开展联合研究。课题设计采取点面结合、以点带面，全国层面研究与区域层面研究相结合，既立足教育工作全局，又有针对性地选择样本地区，选取了多地开展联合研究，力求兼顾东、中、西部不同城市化发展水平的区域实际。教育部政策法规司与北京师范大学教育学部组成总课题组，会同广东、江苏、湖北、上海、辽宁、河南、陕西等省市教育厅（教委），成都、无锡、东莞、顺义、浦东等市（区）教育局（教委）等共同展开研究。研究力量由教育行政部门、科研院所和高校专家组成，力求发挥实践工作者与理论工作者各自优势，取长补短。2013 年 4 月，在广东东莞召开课题启动会，就选题背景、相关概念界定、课题研究意义、总体框架、研究目标、研究内容、研究方法与技术路线、预期成果等进行讨论，会后承担课题研究任务的单位积极展开工作。同年 7 月，在四川成都召开中期研讨会，总结、交流课题前期研究成果，研究课题下一步工作安排，讨论课题总报告框架。随后，各单位加快研究的步伐，认真撰写课题分报告或案例材料。总课题组多次集中讨论，对各地提交的分报告和案例提出了具体的修改意见，在充分研究吸收各地材料基础上，不断完善研究总报告。同年 11 月，在江苏无锡召开结题研讨会，除课题组成员外，还邀请了重庆市教委、北京大学教育学院等单位的专家，讨论完善总报告、分报告和案例，就课题工作进行总结，就相关问题进行进一步研讨，并研究后续相关事宜。之后，总课题组进一步修改总报告，各单位也修改完善了各自的分报告和案例。

二是开展理论研究。围绕"城镇化"和"教育管理体制"两个核心概念，课题组收集和研读相关文献与研究成果，综合运用经济学、教育学、人口学、社会学、管理学等学科的理论与方法，并进行国际比较。课题组深入分析了城镇化的基本特点，对城镇化进程中教育管理体制改革问题做有深度、跨学科的系统研究和整体思考。同时，课题组梳理了历年来教育管理体制改革工作的有关政策文件，汇总部分地区应对城镇化的相关政策。

三是进行实地调研。课题研究重理论与实践相结合。总课题组先后赴广东东莞和深圳、四川成都、重庆奉节、湖北恩施、江苏无锡、上海闵行等地开展调研，实地调研了约 20 所中小学和职业院校，其中包括部分高寒苦冷地区农村中小学，特别针对农村地区教育发展、城乡学校布局调整、留守儿童管理等与城镇化进程密切相关的教育问题，听取一线教育部门、校长、教师、学生、家长代表的意见建议，努力掌握第一手的实践案例材料。

四是进行问卷调查。2013 年 10 月，总课题组对在北京学习的全国 29 个省（区、市）（北京、天津除外）的 113 位教育局局长（以县级教育局局长为主）进行了问卷调研（见表1）。调查对象覆盖东、中、西部地区，问卷涉及随迁子女教育、城乡教育投入、城乡教师资源配置等问题。

表1　113位教育局局长问卷调查基本情况　　　　（单位：%）

	市辖区	县级市	县	占全体的比例
东部	41.7	8.3	50.0	24.0
中部	15.4	23.1	61.5	26.0
西部	14.3	14.3	71.4	42.0
东北部	12.5	25.0	62.5	8.0
合计	21.0	16.0	63.0	100.0

课题最终成果呈现采用总报告、各地分报告和案例研究相结合的形式，共形成1个总报告、9个省市分报告和7个案例材料，总报告由教育部政策法规司和北京师范大学教育学部负责，分报告和案例由地方教育行政部门和教育研究机构共同完成，其中教育研究机构包括广东省教育研究院、华中师范大学教育学院、苏州市教育科学研究院、四川大学公共管理学院等。力求形成以总报告为统领、分报告在突出地域特点基础上与总报告相互补充印证、案例注重可操作性的研究体系。

二、城镇化引发的教育管理问题

城镇化引发的教育管理问题是多方面的。

（一）流动人口子女教育管理问题

城镇化最直接、最显性的特点就是人口流动。"中国农民大规模的跨区域流动已成为中国社会生活的一项'结构性'事实，即稳定的、涉及多方面的重要现象。"（项飚，1996）按照发展经济学家托达罗的人口流动模型，经济落后的农村收入水平低，在城市收入水平高和存在大量就业机会的情况下，农村剩余劳动力必然自动从农业生产中分离出来，流向城市。特别是在我国，长期实行的城乡二元发展体制以及改革开放之初实行的沿海优先发展并享受对外开放优惠政策的梯度发展战略，造成了城乡、区域发展的极度不平衡，更加剧了人口从农村到城市、从中西部到东部的较大范围、较大规模的流动。已公开的统计数据显示，自 1984 年国家出台政策允许农民自理口粮进入城镇务工经商以来，农村进城务工人员规模明显呈现逐年扩大趋势，总规模由 1978 年的 3000 万人逐步扩大到 20 世纪 80 年代中期的 8000 万人，到上世纪末的 1999 年，这一数字已达 2.08 亿，比改革开放之初翻了近 7 倍。（杨聪敏，2009）进入本世纪以来，进城务工人员规模增速虽有所减缓，但规模总量却仍旧在不断攀升。国家卫生计生委 2013 年 9 月发布的最新《中国流动人口发展报告（2013）》显示，2012 年我国流动人口总量达 2.36 亿，占全国总人口的 17%，其中 80% 是农村户籍流动人口。

人口流动给教育管理带来了两方面问题，一是随迁子女教育问题，二是留守儿童教育问题。跟随父母流向城市的孩子，被称作"随迁子女"，留在原籍的，被称作"留守儿童"。

随迁子女在城市平等接受教育曾经困难重重。长期以来，受城乡二元体制以及户籍制度的影响，流入城市的农民工及其子女无法享受到输入地的公共服务，包括教育服务。20 世纪 80 年代，农民工主要以个体流动为主，很少有拖家带口的，其子女的就学问题基本在户籍所在地解决。1992 年邓小平"南方谈话"后，中国经济进入了市场经济快速发展时期，农民工数量急速增加，其子女的教育问题也逐渐显露。（袁边生，2013）流动人口中的儿童数量急剧增加，这些儿童或者在家乡出生被父母带到城市，或者在城市出生而留在城市。1995 年 8000 万流动人口中，学龄儿童就约有 300 万。（张声华，1998）大量随迁子女涌入城市，使得城市学位总量出现明显短缺，供需矛盾日益突出。公立学校往往设置门槛（如借读费、户籍限制等），导致随迁子女"入学难"。据国务院妇儿工委早期抽样调查，流动儿童中的在学者占 90.7%，一直未上学者占 6.85%，失学者占 2.45%，后二者合计达 9.3%。中央教科所的调查结果表明，6 岁未上学的儿童占 6 岁组流动儿童的 46.9%，9 岁和 10 岁还在上小学一、二年级的儿童占相应年龄流动儿童的 19.7% 和 4.6%，13 岁和 14 岁还在小学就读的儿童占相应年龄流动儿童的 31.5% 和 10.0%。（杨进，2004）即使少数能够在公立学校借读的随迁子女，由于户口不在当地，一般没有学籍，成绩因此不计入考评，并且无机会参加评优和一些竞赛，有的学校甚至对随迁农民工子女单独编班，这些使得随迁子女心理上感到自卑和不平等，融入城市教育十分困难。

在公立学校无法满足随迁子女上学需求的情况下，各地一度出现了大量打工子弟学校。1996 年颁布的《城镇流动人口中适龄儿童、少年就学办法（试行）》对这种社会办学形式进行了肯定，明确规定"经流入地市、区人民政府批准，企事业组织、社会团体、其他社会组织及公民个人，可依法举办专门招收流动人口中适龄儿童、少年的学校或教学班、组。所需经费由办学者负责筹措"。这些打工子弟学校看似解决了部分随迁子女"有学上"的难题，但实际上其办学资质、办学条件、教师质量、管理水平、财务风险等往往难以达到办学审批标准，办学条件普遍简陋，安全、卫生等方面存在严重隐患，教师队伍不稳定，教师素质总体不高，教育质量低下，非法办学现象大量存在。此外，由于这些学校大都通过向学生收费维持，因此这些学校从一开始的农民工"教育自救"模式逐步演变为了一种投资者盈利模式（柯春晖，2012），这给农民工家庭带来一定的经济负担。

留守儿童的教育和管理逐渐成为突出的社会问题。留守儿童教育问题主要是因父母双方或单方不在身边，父母在其成长过程中的缺位而带来的安全、学习、心理、情感等方面的问题。虽然父母外出务工改善了家庭经济条件，能为留守儿童接受教育提供更大的可能性，然而除了经济上的些许改善，留守生活带给他们更多的恐怕还是教育上的缺陷。例如，在湖北省枣阳市 3 镇14 村进行的抽样调查显示，在 17 所中小学中，根据班主任所提供的资料以及最近几次大型考试成绩表，在学留守儿童中 40% 的人成绩较差，30% 的人成绩中等偏下，仅有 10% 的人成绩比较优秀（班级前 20%）。据教师反映，留守和非留守儿童在完成家庭作业方面有明显差别。留守儿童生活在事实上的"单亲家庭"或"隔代家庭"中，长期情感缺失和心理失衡导致许多留守儿童的心理发展状况不容乐观：厌世自闭、社会逆反、空虚、自卑、胆怯、没有精神寄托等。家庭生活和教育的缺陷使他们轻者经常逃学、打架，重者违纪犯法，给社会造成不良影响。留守儿童教育问题已成为农村人口外流的

一个潜在挑战。(陈丽丽,2006)

留守儿童教育问题产生的原因相当复杂,涉及家庭、学校和社会等各个方面。显然不能简单地将之归咎于其中的任何一方。(范先佐,2005)但"教育壁垒"的存在首先难辞其咎。由于受城乡义务教育分割体制的影响,特别是城乡隔离的户籍制度,农民工子女在城市入学要缴纳一定的费用,而且必须在户籍所在地参加中考和高考,由此形成了体制的壁垒,造成了一大批可称之为"非自愿型"的留守儿童出现。留守儿童教育问题的产生还源于农村教育的落后。由于我国城乡二元结构的长期存在和国家在教育投资上明显倾向于城市教育,农村学校在师资水平、软硬件设施上都难以与城市学校相比。落后的办学条件使农村学校在教学过程中,缺乏有目的、有组织地针对留守儿童进行的安全教育、生理教育、生存教育、心理教育等。

(二) 城乡学校布局结构调整问题

城镇化导致人口的迁移、重组等变化,而人口变化直接影响到学龄儿童的变化,进而导致学校生源的增加或减少,这必然对学校的发展规模和布局结构提出相应的调整要求。在我国,由于对城镇化发展的形势估计不足,学校布局规划前瞻性不够,难以及时根据生源的变化做出调整,导致农村学校的闲置浪费与城市学校的学位紧张并存。

在农村,20世纪八九十年代以来,随着工业化、城镇化进程的加快和计划生育政策深入推行所引致的人口自然出生率的下降,以及大量农民工子女进城读书,农村学龄人口逐年减少,农村尤其是中西部地区农村中小学普遍出现了生源不足现象,这使得农村学校布局调整问题被提上议事日程。长期以来,人民群众的迫切需要,社会政治运动的促动,教育管理权的下放,教育投资主体的下移,使我国农村基础教育自新中国成立之后就形成了低重心、低投入、广分布的粗放式学校布局。(吴亚林,2011)1980年12月,中共中央、国务院发布《关于普及小学教育若干问题的决定》,明确提出"力求使学校布局和办学形式与群众生产、生活相适应,便于学生就近上学"。这个决定也是我国教育政策文件中最早出现的关于学校布局和教学点问题的规定。

方便群众、有利于学生就近入学确实是农村学校布点的一个重要依据，但从教育投入的利用、教育质量和总体效益看，学校布点过多的弊端也是很多的。首先，造成人力、财力和物力的浪费。尤其是随着进城务工人员的增多，农村学校学生人数迅速下降，"空心校""闲置校"频现。其次，教育质量得不到保证。尤其是初中，由于布点过多，有的为填补师资缺口就把小学教师拔高使用，结果造成小学、初中教师的合格率都下降。最后，由于学校布点过多，力量分散，办学条件差，师资水平低，基础教育的效益受到很大影响。农村学校布局中的规模和效益矛盾在城镇化进程的推进中被进一步放大。"如果过分强调学校要有一定规模，则会因为受客观和主观因素的影响，无法保证所有适龄儿童入学，接受义务教育；但如果不考虑学校要有一定规模，则会造成教育资源浪费，而且影响教育教学质量的提高。"（杜晓俐，王贵福，2000）

改革开放以来，我国义务教育学校布局调整实际上经历了三个阶段。第一个阶段：1986—1993年。1986年《义务教育法》颁布后，各地依据《义务教育法》对原有的中小学校进行布局调整，撤并了一批规模过小的学校，初步整合了农村教育资源。1986—1993年，全国小学学校数从820846所下降到696681所，减少了15%；普通中学学校数从92967所下降到82795所，减少了11%。第二个阶段：1994—2000年。1993年颁布的《中国教育改革和发展纲要》明确提出了"两基"目标，并要求"各级教育部门和学校必须努力提高教育经费的使用效益。要合理规划教育事业的规模，调整教育结构和布局，避免结构性浪费"。1998年教育部在《关于加强大中城市薄弱学校建设，办好义务教育阶段每一所学校的若干意见》中规定，"对一些办学条件和办学水平在短时间内难以有明显改变的薄弱学校，要通过合理调整学校布局，予以撤销或与办学水平较高的学校合并"。2000年，全国小学学校数从1993年的69.7万所下降到55.36万所，减少了20.6%；初中学校数从1993年的6.84万所下降到6.39万所，减少了6.6%。第三个阶段：2001年至今。2001年《国务院关于基础教育改革与发展的决定》确立了"在国务院领导下，由地方政府负责、分级管理、以县为主"的农村义务教育管理体制。实行"以县为主"后，农村中小学的管理层次上移，使调整优化学校布局具备了条件。在农村，学校布局调整主要是撤点并校，并在山区、偏远地区通过建设寄宿制学校等，解决农村学校布点多、分布散、规模小、质量低的问题。如北京顺义农村地区每30平方千米保留一所中心幼儿园、一所小学和一所初中，在城区周边建设寄宿制中学。在城镇，主要是把学校建设纳入城市建设规划，通过新建、改扩建住宅新区配套学校和郊区学校等扩大学校规模。不少地方把农村中小学校的布局调整与义务教育学制过渡、学校危房改造、薄弱学校建设等相结合，整合优化了有限的教育资源，整体上提升了农村学校的办学条件和教育质量。2011年，全国小学学校数进一步下降到24.12万所，相对2000年减少了56.43%；初中学校数进一步下降到5.41万所，相对2000年减少了15.34%。

总的来说，学校布局调整整合了城乡教育资源，改善了办学条件，优化了教师配置，提高了办学效益和办学质量。但是，在布局调整工作中，不少地方存在过急过快的情况。有的地方硬性规定撤并农村学校的时间和数量，有的地方缺乏深入调研和科学论证，有的地方没有充分征求学生家长的意见，导致出现了一些不容忽视、必须切实加以解决的突出问题。一是学生上学路程普遍变远。一些非寄宿学生在村里学校撤并后要起早上学，个别的甚至来回要走两三个小时。二是学生上学交通安全隐患增多。学校撤并后很多学生需要乘坐交通工具上学，由于农村道路条件较差，车况参差不齐，交通状况复杂，学生上学途中的安全难以切实得到保障。三是寄宿制学校办学条件保障不到位。由于撤并学校过快，农村寄宿生大量增加，一些地方寄宿制学校办学条件保障跟不上，生活管理人员缺乏，不少寄宿制学校床铺紧张、食堂简陋、厕位不足，冬季取暖和夏季防暑条件得不到保障。四是并入学校大班额问题突出。一些地区在并入学校办学条件难以满足的情况下，盲目撤并学校，致使并入学校大班额问题突出，教学资源严重不足，教育教学质量难以保证。五是部分群众经济负担加大。村小或教学点撤并后，学生需要乘坐交通工具上学，增加了交通费用。寄宿生还要承担部分或全部伙食费。有的家长在县镇陪读，另需支付房租等生活费用。针对这些问题，2012年9月，国务院办公厅出台了《关于规范农村义务教育学校布局调整的意见》，要求各地统筹考虑城乡人口流动、学龄人口变化，以及当地农村地理环境及交通状况、教育条件保障能力、学生家庭经济负担等因素，处理好提高教育质量和方便学生就近上学的关系，合理确定学校服务半径，努力满足农村适龄儿童少年就近接受良好义务教育的需求。要求县级人民政府制定农村义务教育学校布局专项规划，专项规划经上一级人民政府审核后报省级人民政府批准，并由省级人民政府汇总后报国家教育体制改革领导小组备案，在完成农村义务教育学校布局专项规划备案之前，暂停农村义务教育学校撤并。至此，农村学校布局调整工作的一些偏向性问题得以纠正。

在城市，随着旧城区大量改造，新城区不断开发，城市辖区向四周延伸，要求学校配套能够跟上。而与此同时，城市的外来人口也在不断增加，学龄人口快速增长。这些都要求重新调整教育发展规划，优化教育资源配置，特别是扩大教育资源供给。而我国城市中小学布局大都是依据五年一次的发展规划而设置的，由于社会发展太快，而原来的估计和预测总体不足，再加上执行时还会有偏差，从而导致教育布局与城市发展和人口增长速度不相协调，教育资源十分紧张。

（三）教师流动和管理问题

"农村流向城镇，中小城镇流向城市，市县流向省会城市，边远落后地区流向经济文化发达地区"，这是教师流动的真实写照。受多方面因素特别是城乡、地区之间巨大差异的影响，教师自然流动一直在进行，即大批教师由农村向城市、由普通学校向重点学校自发性地转移：从年龄结构看，以中青年为主；从流向来看，往往是从贫困地区流向经济发达地区，从农村流向城市，从边远地带流向人口密集地区；从流动教师的素质结构看，大都具有较高学历，较强的工作能力，有的还是省级优秀青年骨干教师。如果以上是教师"显性流动"的话，那么可以说还存在着教师"隐性流失"现象，即有些教师"身在曹营心在汉"，随时都有流失的可能。（李森，杨正强，2008）教师是教育质量的决定性因素，教师单向、无序、不合理的流动自然影响了教育的均衡发展，造成农村教育教学质量滑坡，使本来滞后的农村教育雪上加霜。有数据显示，在农村学校，很多教师甚至达不到国家规定的中小学教师资格标准。学历和能力合格的数学、科学、英语、艺术类专业教师非常紧缺。（鲍传友，2005）农村学校还存在大量没有事业编制的临时教师，即代课教师。据《中国教育事业统计年鉴》统计，2001 年全国中小学代课教师共有 58 万人，到 2008 年年底这一群体人数降到 31.1 万人，目前全国仍有 20 万左右的代课教师，其中大部分分布在农村尤其是中西部贫困地区的公办中小学。有些地区的大多数代课人员不具备教师从业资格，学历层次也较低。一些地方因此出现家长到教育部门要求不用代课教师、给孩子的学校配备合格教师的情况。（柯春晖，2012）

上世纪 90 年代初，我国教师流动问题受到了前所未有的关注，国家也适时做出了某些新的制度安排，旨在引导教师合理流动，尤其鼓励教师从城市到农村、从强校到薄弱学校的正向流动。如 1996 年 12 月 31 日，国家教委在《关于"九五"期间加强中小学教师队伍建设的意见》中明确提出，"要建立教师流动的有效机制，采取切实的政策措施，鼓励教师从城市到农村，从强校到薄弱学校任教。通过实行教师定期交流，促进教育系统内部人力资源的合理配置，加强薄弱学校的建设与发展，缓解农村边远地区中小学对教师的需求"。这些文件虽为城乡教师流动提供了良好的制度环境，但由于它们并不具有法律的强制性，而且操作性也不强，最后实施效果并不理想。（陈坚、陈阳，2008）某些地方甚至出现了教育行政部门为了激励广大教师爱岗敬业，而把到农村任教作为对城镇不合格教师的一种惩罚性措施，在城镇教师考核方案中明文规定，城镇教师不合格者一律下派到农村任教的现象。（史湘琳，2004）这给原本差强人意的农村教育带来了更加不利的影响。

（四）农民工教育培训问题

20 世纪 80 年代以来，随着我国工业化、城镇化进程的推进，大量农民离开祖祖辈辈生活的土地，到城市、沿海或其他发达地区打工。当时，我国义务教育尚未普及，农村职业教育普遍落后。农民工整体学历层次低、受教育程度不高、文化素质差，加强对他们的培训，使他们获得一技之长、融入城市，成为紧迫任务。

20世纪80年代，主要由于我国乡镇企业快速发展，需要大批有一定文化知识和职业技能的劳动者，加强对农村剩余劳动力的就地转移培训就成为这一时期的显著特点。但这一阶段教育与培训政策主要围绕劳动力在农村从事非农产业所需知识和技能的培训，并未涉及转移进城务工劳动力的教育与培训问题。进入90年代，随着传统产业转型升级，"第一市场"即技能劳动者市场需求开始逐步增大，城市企业和乡镇企业对农民工的素质要求越来越高，推动着农村劳动力由"体力型"输出为主加快向"技能型"和"复合型"为主转变。因此，国家开始关注进城务工群体的教育培训问题，通过多种方式，引导农民学习和掌握商品生产、市场营销和经营管理方面的知识。本世纪以来，随着新时期城镇化内涵的转变和丰富，越来越要求关注并帮助农民工由"非农化"向"市民化"转变，农民工培训成为继农民工在城镇"准入问题"以及"权益维护问题"之后的又一前沿课题，这些使得农民工职业教育的目标以及培训的方式、内容、效果都发生了巨大的变化。

我国农民工职业教育与培训工作不断推进，但也一直存在一些不容忽视的问题。一是多头管理。比如，农业部负责实施农村劳动力培训阳光工程，人力资源和社会保障部实施农村劳动力技能就业计划、特别职业培训计划，国家扶贫办实施贫困地区劳动力转移培训雨露计划，科技部实施农村科技培训星火计划，中央统战部牵头实施温暖工程建筑业农民工培训，此外，全国总工会、共青团中央、全国妇联也都设有农民工职业培训的项目和计划。二是培训质量不高。花样繁多的项目培训对象交叉、内容重复、标准不一，工种设置、教材内容等基本相同；再加上具体项目的管理、投入不一，相对分散，导致不同项目的同一工种培训补贴各异、补贴标准较低，不足以提供教育、培训市场需要的技能，不利于调动农民工、培训机构和基层实施部门的参与积极性，特别是吸引不到优秀的职业教育与培训机构参与。三是培训政策滞后。政府组织培训，往往通过电视媒体、报纸、官方网页等形式进行宣传，与农民工日常生活信息接触渠道不对接。新工种不能随着经济结构转型与产业升级的加快及新兴产业的发展及时进入培训目录，也无法享受政府的补贴政策。四是培训政策存在差别待遇。比如部分企业的新生代农民工不能在接受职业教育过程中享受正式职工的同等待遇。流入地政府的培训学费补贴只面向本地户籍人口，而对非本地户籍农民工不提供任何补贴。

国际经验表明，人口流动性增加能缩小地区之间、城乡之间的不平等，但显然我国农民工技能及教育的缺乏已经成为制约他们流动的重要瓶颈。有人测算过，城镇化水平每提高 1 个百分点，就要有 1000 万农村人口进入城镇。目前劳动力市场上中级以上技工的供求倍率一般为 1:3 至 1:4，短缺程度严重的地区高达 1:6。由此粗略推算，全国技工的供需缺口在 2200 万到 3300 万人，而我国工业化、非农化、城市化、户籍人口变动逐级滞后（李培林，2012），这说明我国还有很多农村富余劳动力没有转移出来，其中的一个重要影响因素就是缺乏进城的技术技能。教育部重大攻关课题"城市化背景下的新生代农民工职业教育与社会融合问题研究"课题组调研发现，2012 年新生代农民工中 66.1% 的人没有职业资格证书；而国家统计局调研结果则显示，2012 年既没有参加农业技术培训也没有参加非农职业技能培训的农民工比例高达 69.2%。与此形成鲜明反差的是，农民工个体培训意愿强烈。课题组调研显示，42.9% 的农民工在未来 2 年有参加学历教育的计划，43.8% 的农民工有参加技能学习的计划，对较短时间内提高技能水平有迫切愿望，最希望接受"2—3 个月的职业技能培训"。可见，农民工的职业教育与培训任务十分艰巨。

（五）教育管理方式和手段改革问题

前述的流动人口子女教育、学校布局结构调整、教师流动以及农民工培训等，都涉及教育管理方式、方法和手段等改革问题。

长期以来的教育管理体制是城乡分割的，教育管理理念以及解决教育问题的思路都是建立在城乡二元结构基础之上的。比如，在新中国成立后的相当长一段时期内，在义务教育经费普遍不足的情况下，城市的义务教育建设资金和办学经费主要来源于财政收入，包括向企业征收的教育费附加，而农村则主要靠乡镇财政和向农民收取的教育费附加、教育集资。（李岚清，2004）换句话说，城市义务教育经费主要靠国家，农村义务教育经费主要靠集体和农民个人。这种城乡有别的教育管理体制和机制最终导致了城乡教育资源配置的不均衡，而正是这种城乡教育发展差异对城镇化的推进构成了较大的障碍，成为城镇化要着力破解的问题。再比如，在教育管理方式上，长期以来城市教育管理部门主要的精力和着眼点放在了城市教师和城市户籍学生身上，对农村户籍学生不闻不问，甚至推三阻四，由此才引发了前述的随迁子女在城市平等接受教育曾经困难重重的现象，等等。

就具体的教育管理方式和手段而言，我们的教育管理长期以来仍然停留在如何将有限的教育资源"管住"的"统管"方式上，使得政府在教育管理上面临信息不对称，经常导致在办学和管理方面存在较高的沟通成本，在某些方面其效率又往往低于社会平均的教育产出水平，从而在一些领域出现"政府失灵"的现象。（改革开放 30 年中国教育改革与发展课题组，2008）这主要表现为：其一，教育管理体制缺乏更高层次统筹，普遍呈现出"分散化""无序化"特点，在城镇化的人口快速变动中更容易造成地区间不公平，拉大差距。其二，缺少对学生和教师总量与变化趋势的了解与把握，未能对教育的体系结构进行前瞻性的科学规划。其三，缺乏对学生和教师个体的信息化管理，不利于学校充分了解学生和教师变动情况，也不利于对学生流动和教师交流的科学管理和针对性引导。其四，缺乏对教育问题系统的、动态的、前瞻性的管理能力，对一些教育问题的解决往往停留在修修补补上，在解决一个问题时往往又引起或者加剧另一个问题。比如，以限制教师流动来解决农村优质教师单向流动问题，以简单的大规模撤并来解决农村学校布局问题，等等。其五，教育管理中决策的科学化、民主化程度较低，尚未有效建立信息公开、绩效评价、问责等制度，缺乏社会参与、共同治理的机制和制度建设。

需要看到的是，城镇化在给教育事业改革发展提出新的要求和挑战的同时，也给教育改革发展提供了重要机遇和宏阔舞台。据广东、江苏、成都、东莞等地的报告分析，城镇化对教育的积极影响主要有以下几个方面：一是推进了教育理念更新。随着城镇化的推进，现代生活方式和先进教育理念得到广泛传播，人们加深了对教育规律的认识。二是为教育发展提供了经济基础和市场需求。城镇化首先是经济发展的过程，经济增长和经济结构的转变，第二、三产业的发展，带来人均国民生产总值的大幅增长，这一方面为教育发展提供了有力的物质保障，另一方面也对人力资源开发提出了新的要求，由此形成教育事业发展的巨大推动力。三是强化了教育提升人口素质的功能。城镇化进程中，农村人口转变为城市人口，这种转变不仅是身份的变化，而且要适应城市的产业结构、劳动力市场、社会规范、文化环境等诸多变化。这对人口素质提出了更高要求，需要发挥教育培养、塑造、提升人的功能。改革开放 30 多年来的实践也表明，快速推进的城镇化对教育改革发展产生了多方面推动作用，如明显改善了农村义务教育学校办学条件，整体提高了教师队伍素质，教育现代化进程加快推进，大力提升了教育质量和国民素质，等等。面对城镇化带来的这些新的挑战和机遇，迫切需要积极探索，对原有的教育体制机制以及管理制度进行改革和调整，以提高教育的公共服务水平，促进教育为城镇化建设做出更大贡献。

三、城镇化进程中教育管理体制改革的进展

城镇化不断推进的过程，也是教育管理体制不断调整、变革的过程。针对城镇化对教育事业改革发展提出的新要求、新挑战，国家和地方层面都进行了积极的应对和探索，既涉及教育宏观管理体制的变迁，也涉及教育管理方式、方法、手段的改革和创新。本报告选取义务教育管理和投资体制改革、职业教育管理和办学体制改革、农民工子女教育政策演变、城乡教育一体化的推进、教师人事制度改革以及教育管理方式和手段创新等六个方面来说明城镇化进程中教育管理体制改革的进展。

（一）推进教育管理和投资体制改革

自义务教育制度确立以来，城乡有别、分级办学、分级管理在很长时间里是我国义务教育体制的基本特征。1978 年至 20 世纪 90 年代中期，是我国以小城镇为主导的农村城镇化时期。（殷江滨，李郇，2012）这一时期农村的非农产业，主要是乡镇企业，成为吸纳农村剩余劳动力的主要途径。人口流动以短距离迁移为主，长迁移尚不多见，省际年间迁移人数及迁移率分别在 100 万人和 1‰以下。（王桂新，2004）这一阶段，我国义务教育财政体制的主要依据是 1985 年《中共中央关于教育体制改革的决定》提出的"实行基础教育由地方负责、分级管理"，以及 1986 年《义务教育法》提出的"义务教育事业，在国务院领导下，实行地方负责，分级管理"。义务教育的这一管理体制实质特点是教育管理权限层层下放、管理重心下移。义务教育投资责任由省、县、乡、村各级组织分担。从教育财源看，形成了县办高中、乡办初中、村办小学的分级办学体制和县、乡两级以乡为主的管理体制。那时的乡镇企业，基本上是乡、村集体所有，从它们的收益中拿出钱来补助办学，问题也不大，特别是在发达地区更没有问题。而且当时主要是普及小学教育，所以矛盾也不大。（李岚清，2004）因此，对义务教育财政体制变革的需求也就不迫切。

1994 年分税制实施后，财力向中央和省级政府集中，乡镇财政收入进一步减少，许多地方农村义务教育经费得不到保障，拖欠教师工资比较严重，办学条件较差，教师素质整体不高，更有甚者还打着"办教育"的旗号向农民乱收费，引起农民的不满。农村义务教育发展陷入困境。2001 年后，随着农村税费改革的推进，取消了"三提五统"、教育费附加和教育集资，农村办学的主要经济来源断绝，"地方负责，分级管理"的义务教育管理体制严重影响了农村义务教育的发展，也无法解决城镇化进程的城乡教育统筹发展问题。2001 年 5 月，国务院做出关于基础教育改革与发展的决定，对改革和完善基础教育管理体制进行了部署。这次基础教育管理体制改革的核心内容是，明确各级政府的权力和责任，进一步确定县级人民政府对发展义务教育承担主要责任。义务教育管理体制开始实行"在国务院领导下，由地方政府负责、分级管理、以县为主"的管理体制。义务教育的经费保障体制也慢慢演变成为以县级政府投入为主。

"以县为主"的义务教育管理体制改革，对于调动地方政府统筹教育资源办学的积极性、增加农村教育投入、改善薄弱学校办学条件、加快基础教育事业发展起到了巨大作用，但是在实行过程中也出现了一些新的问题。实行分税制以来，中央和省级财政集中了较大份额的财力，县级占有较小份额但却承担了义务教育投入的主体责任，多数县级政府特别是中西部地区的县级政府财力薄弱，基本上是"吃饭财政"，义务教育支出成为沉重负担，维持学校正常运转已属困难，加大对农村教育的投入更无从谈起。特别是城镇化使教育投入面临双方面的压力：人口向城镇的集中，城镇教育资源紧张与农村学校闲置并存，既要扩大城镇教育资源，又要在分散的情况下办好农村教育，这两方面都必须加大投入。对于财力有限的县级政府来说，挑战非常之大。另外，省域内县与县之间财力差别大，造成教育投入差距，加大了义务教育的不均衡，影响了教育公平。提高教育财政的统筹层次，加大财政转移支付力度，成为促进义务教育持续健康发展的必然要求。

省级政府相对于县级政府，具有较强的统筹协调能力和财政支配能力。解决"以县为主"的义务教育财政难题，必须加大省级政府的财政责任。为提升义务教育经费的保障层级，2006 年新修订的《义务教育法》第 7 条规定，"义务教育实行国务院领导，省、自治区、直辖市人民政府统筹规划实施，县级人民政府为主管理的体制"。这一规定强化了省级政府在发展义务教育方面的责任，有利于充分调动辖区内各级政府推进义务教育改革发展的积极性、主动性和创造性，统筹落实区域内农村义务教育经费和教师队伍建设，促进省域内义务教育均衡优质发展。

但是从实施情况看，省级政府还未建立起规范的对义务教育的转移支付制度，县域内义务教育差距仍然很大，特别是在流动人口子女教育保障方面，没有尽到应有的责任，难以有效解决流入地的财政压力，进而影响到随迁子女平等的受教育权利。一些人口流入大省和市县由于流动人口子女教育的经费支出不断增加，财政压力很大。此外，各级政府之间、流入地政府与流出地政府之间的投入分担与联动机制却未有效建立，影响了农民工子女教育问题的解决。以无锡为例，近年来外来务工人员数量不断增加，2013 年全市进城务工就业人员义务教育适龄子女超过 17 万人，占全市义务教育在校生总数的比例为 37%，进城务工人员随迁子女在公办学校就读的比例稳定在 90% 左右。以 5000 万元建设一所 1000 人规模学校的标准计算，新建学校投入需 85 亿元。以无锡市生均教育事业费小学 1.1 万元/年、初中 1.6 万元/年计算，该项支出每年超过 20 亿元，而 2012 年获上级财政转移支付仅为 0.6 亿元（当年中央财政义务教育转移支付总额为 1593 亿元），二者反差巨大。2012 年，广东全省随迁子女义务教育阶段在校生 300.6 万人，占全省 1250.7 万义务教育阶段在校生的 24.0%，占全国随迁子女义务教育阶段在校生的 21.6%，比北京、上海、天津、江苏、浙江 5 省市随迁子女义务教育阶段在校生的总和仅少 2 万多人。在全省随迁子女义务教育阶段在校生中，省外迁入为 161.4 万人，占比为 53.7%。从 2013 年春季学期起，省级财政把随迁子女全部纳入免费义务教育补助范围，以全部普通中小学（包括民办学校）就读的义务教育阶段学生数为基数，按小学每生每学年 750 元、初中每生每学年 1150 元标准安排免费义务教育公用经费补助标准。2013 年，全省免费义务教育公用经费补助为 788917 万元，比 2012 年增加了 249572 万元。广东省反映，2011 年中央财政对义务教育补助达 1265.1 亿元，其中对广东省义务教育补助为 26.25 亿元，占比仅为 2.1%，而当年广东义务教育在校生占全国 8.7%。作为外来人口流入大省，广东解决流动人口子女就学问题在财政上存在巨大困难。

（二）推进职业教育管理和办学体制改革

由于历史的原因，我国职业教育管理体制一直沿袭的是"条块结合，以块为主"的管理格局，与之相应，所形成的模式是谁办学、谁管理、谁受益，办学与管理合二为一。但是，随着经济社会的发展，尤其是从计划经济逐步向市场经济的转变，这种条块式的管理模式已逐渐失去其优势和作用，并渐渐显现出许多弊端。如由于多头管理、职能交叉、统筹乏力，资源难以形成整体优势，办学效益低下、办学方向不清，不能适应新时期经济社会和职业教育进一步发展的要求，等等。

20世纪90年代以来，随着城镇化、现代化以及经济体制和政治体制改革的深入，多头管理、条块分割、政府缺乏有效统筹的职业教育管理体制弊端愈发凸显。1991年，《国务院关于大力发展职业技术教育的决定》明确要求逐步建立起"在中央统一的方针政策下，由地方政府统筹安排本地各类职业技术教育的布局、专业（工种）设置、招生、毕（结）业生就业安置及中、长期规划"的职业教育管理体制。进入21世纪以后，我国行政管理体制改革的步伐进一步加快，职业教育管理及办学也由此面临着更大的发展机遇。2002年《国务院关于大力推进职业教育改革与发展的决定》提出，推进管理体制和办学体制改革，促进职业教育与经济建设、社会发展紧密结合。建立并逐步完善在国务院领导下，分级管理、地方为主、政府统筹、社会参与的职业教育管理体制。2005年《国务院关于大力发展职业教育的决定》提出，继续完善"在国务院领导下，分级管理、地方为主、政府统筹、社会参与"的管理体制。至此，职业教育管理和办学的宏观体制相对稳定了下来。

在国家层面有关职业教育办学和管理体制变革的背景下，各地职业教育管理和办学体制变革也在加快推进。一是充分发挥地方政府在管理区域性职业教育中的作用，调动地方政府的积极性，推动地方政府重视职业教育，优化外部环境，增强政策的导向、激励和约束作用，推动职业教育为地方经济建设服务。比如，上海优化"中等及中等以下教育"以区县为主的管理体制，扩大市级政府统筹协调职业教育的力度，引导和激发部门、行业、企业、社会共同关注和支持职业教育，形成"以区县政府办学为主、社会各界共同参与、市级政府政策引导"的办学与管理体制。广东由教育行政部门具体统筹管理包括技工学校在内的中等职业教育。中等职业教育管理权限在坚持地级以上市为主的同时，明确县（市、区）发展中等职业教育的责任，以适应县域经济社会发展和城镇化进程的迫切需要。无锡市适应乡镇企业和小城镇崛起，积极探索"政府统筹、城乡一体、成职沟通、联网联片"的区域化办学路子，初步建立起市、县（市）、片、乡四级办学网络。

二是建立健全政府主导、行业指导、企业参与的办学机制，鼓励行业与企业参与职业教育和培训。主要目的是进一步放宽市场准入，鼓励社会资本以多种方式参与，实现职业教育提供主体和提供方式多元化。比如，辽宁在多渠道引进社会资本、扩充教育资源存量、缩短学校与市场的距离、提升教育服务社会能力等方面进行探索，推动社会资本举办高职教育、校企合作举办中高等职业教育，促进学校与企业信息、资源共享建设一批本科高校工程实践教育中心、职业院校实训基地，实现学生在校所学与企业实践的有机结合、学校和企业设备技术的优势互补，节约教育与企业成本，提升高等教育、职业教育支撑区域经济发展方式转变、产业结构调整升级、企业生产技术革新、民生改善的能力。江苏健全行业参与机制，让行业、企业参与举办和管理职业学校，增强职业教育服务经济社会建设的能力。同时，大力推进职业教育集约发展，以示范院校为龙头，其他职业院校为主体，企业广泛参与，建立了20个省级职教集团，实现了校企融合、互利共赢。建立健全政府主导、行业指导、企业参与的办学机制，大力推动教育与产业、学校与企业的深度合作。成都市改革公办中等职业教育投入方式，政府对公办中等职业教育实行购买服务，根据国家政策、培养成本和各级财力状况确定生均财政拨款标准，对各级公办中等职业学校按生均财政拨款标准安排资金，学校统筹管理使用。在全国率先实行以学生为补助对象的职业教育券制度，引导和促进公办与民办职业教育平等发展、共同发展。

三是转变政府职能，给职业教育的办学主体以更多的办学自主权。政府主要定位不是具体举办和直接管理职业学校，而是转向宏观引导和管理职业教育，切实保障职业院校在专业设置、招生方式、招生规模、学籍管理、课程开发、教师聘用及经费使用、工资分配等方面的自主权，推动学校的眼光从政府转向社会、转向市场、转向企业、转向产业，变向上为向下，使办学与各种社会需求、市场需求挂钩，激发学校自身的办学活力。比如，江苏理顺职业学校的管理体制，建立组织、人社、教育、科技、财政等部门联席会议制度，着力推动职业院校发展中重大问题的解决。湖北进一步强化教育行政部门和其他政府部门的沟通与交流，不断建立健全城乡职业教育服务体系，着力实现城镇化建设中对人和物两方面管理的平衡协调，有力地促进职业教育事业的健康发展。顺德区紧紧围绕现代学校制度建设，大胆探索办学模式改革，通过下放职业教育专业设置权限等方式，扩大和落实学校办学自主权，同时成立了区职业教育发展指导委员会，为职业教育发展提供政策咨询、信息服务与业务指导。

与此同时，充分利用职业教育所具有的办学体制开放、教育体系完善等巨大优势，把对农民工的职业技能和素质培训纳入职业教育体系予以统筹考虑，也成为解决城镇化进程中农民工教育培训问题的重要思路。早在 1996 年颁布的《职业教育法》中就明确规定，要"建立、健全职业学校教育与职业培训并举，并与其他教育相互沟通、协调发展的职业教育体系"，在这一发展思路的指导下，国家高度重视加强农民工教育和培训政策的顶层设计，不断出台相关政策，以调动和发挥各方面积极性。2001 年，教育部印发了《关于中等职业学校面向农村进城务工人员开展职业教育与培训的通知》，明确了中等职业学校在提高进城务工人员职业技能方面的重要职责。2005 年《国务院关于大力发展职业教育的决定》强调"职业教育要为农村劳动力转移服务"，进一步强化了职业教育在农民工培训体系中的主体作用。2011 年《教育部等九部门关于加快发展面向农村的职业教育的意见》提出"农村成人教育要积极开展农村实用技术培训、农村劳动力转移培训和农民学历继续教育，提升农村主要劳动年龄人口就业创业能力。在城市确定一批职业学校、成人学校、社区学校和培训机构作为农民工培训基地，开展农民工职业教育与技能培训"。从总体上看，对农民工加强职业教育的政策体系越来越完善。

（三）农民工子女教育政策不断推进

随着问题愈来愈突出，农民工子女教育问题日益受到党、政府和各个方面的重视，逐步被纳入公共政策议程，经历了一个政策从无到有并逐步完善、财政保障力度不断增强的过程。

1996 年和 1998 年，国家教委发布城镇流动人口中适龄儿童、少年就学办法，提出：凡户籍所在地有监护条件的，必须在户籍所在地接受义务教育；在流入地就学的，以在流入地全日制公办中小学借读为主，并依国家有关规定按学期收取借读费。2001年《国务院关于基础教育改革与发展的决定》提出，"要重视解决流动人口子女接受义务教育问题，以流入地区政府管理为主，以全日制公办中小学为主，采取多种形式，依法保障流动人口子女接受义务教育的权利"，即提出了"两为主"政策。"两为主"政策明确了解决随迁子女教育问题的责任主体，即以政府为主来承担这一特殊群体的教育责任，这对于保障适龄儿童教育权益、促进社会公平、维护社会和谐具有重要里程碑意义，是城镇化进程中我国教育政策的一个重大突破。

2003年9月，国务院办公厅转发教育部等六部委《关于进一步做好进城务工就业农民子女义务教育工作的意见》，这是中央第一份专门就农民工子女义务教育问题发布的文件，文件再次重申"两为主"政策，并提出建立经费筹措保障机制，财政部门要对学校给予补助，城市教育费附加中要安排一部分经费。2003年12月，财政部、教育部等五部委联合发布《关于将农民工管理等有关经费纳入财政预算支出范围有关问题的通知》，明确了地方政府对农民工子女教育的财政责任。2006年新修订的《义务教育法》第12条规定，"父母或者其他法定监护人在非户籍所在地工作或者居住的适龄儿童、少年，在其父母或者其他法定监护人工作或者居住地接受义务教育的，当地人民政府应当为其提供平等接受义务教育的条件"，从而在法律上明确了流入地政府承担流动人口子女义务教育的责任。2008年8月，国务院发布《关于做好免除城市义务教育阶段学生学杂费的通知》，规定公办学校对流动儿童免除学杂费、不收借读费。总的来看，"两为主"在实践中得到很好的贯彻实施，2013年，全国随迁子女义务教育阶段在校生达1614万人，其中约80%在公办学校就读。

为更好保障随迁子女教育权益，近些年又在"两为主"的基础上，提出了"两个全面纳入"的要求：把随迁子女教育全面纳入教育发展规划，全面纳入财政保障范围。全国城镇化工作会议提出：要推进基本公共服务均等化，注重农民工子女的教育，各城市政府要把农民工随迁子女义务教育纳入本地的教育发展规划和财政保障范畴，努力保证他们能在当地就读。完全由公办学校接收有困难的，可以采取向民办学校购买服务的方式来解决。从"两为主"到"两个全面纳入"，随迁子女教育政策的平等性、包容性更加明显，体现了党和政府对这一群体的重视和关怀。从 2008 年开始，中央财政开始以奖励的形式对进城务工农民工随迁子女接受义务教育问题解决较好的省份给予适当奖励。据统计，2008—2012 年，中央财政共安排进城务工农民工随迁子女奖励性补助资金 158.3 亿元。

在"两为主"政策指导下，各地结合实际，不断创新义务教育入学制度，切实担负起随迁子女教育职责。比如，在上海，通过加强郊区学校建设，随迁子女全部在公办学校或政府委托民办小学免费接受义务教育。浦东新区政府通过购买教育服务的方式，向社会评估机构购买对民办学校的评估，向民办农民工学校购买农民工子女的入学位置，委托万善正教育工作室为农民工子女学校组织教研联合师资培训等，保证随迁子女全部在公办学校或政府委托民办小学免费接受义务教育。在广东，各地创新分类管理、分类服务以及积分制管理等工作机制，在确保随迁子女"有学上"的基础上努力让他们"上好学"。在公办学校资源不能完全满足随迁子女入学需求的情况下，有的地方通过多种方式，把资金投入到民办教育或社会组织中，以购买学位或优质管理等方式解决随迁子女教育问题。辽宁对在指定学校就读的农民工子女，实行与城市困难家庭学生同样享受"两免一补"政策。在四川成都，2009—2012 年，各年度随迁子女在公办学校就读的比例分别为 90.9%、88.7%、87.1%、86.2%。随迁子女同等享受优质初中报名微机排位、普通高中指标到校生、艺体特长招生、各类加分等政策。江苏无锡始终高度重视解决随迁子女教育问题，目前随迁子女在公办学校的就读率稳定在 92% 以上。苏州建立"以奖代补"机制，以奖励的形式资助达到特定标准或要求的民办学校；对随迁子女学校的校舍采取零租金、低租金的优惠政策；由政府出资配置校车公交，专门接送民工子弟学生上下学，降低外来务工人员子女学校的运行成本；建立"资产拨付"机制，由政府购买一定量的资产（如计算机、设备、仪器等）无偿提供给学校使用，直至报废；以转移支付的方式直接拨付生均公用经费。广州、深圳、东莞等地都设立了民办教育发展专项资金，用于鼓励和扶持民办学校发展。

与此同时，留守儿童问题也引起了政府、学界、媒体乃至全社会的关注和重视。国务院为此多次召开了电视电话会议，出台一系列措施，加强对留守儿童的保护、维权、教育工作。2006年4月，由国务院农民工工作联席会议办公室、全国妇联等12个部门共同组成的"农村留守儿童专题工作组"在北京成立。2013年，为解决留守儿童在亲情关怀、生活照顾、家庭教育和安全保护等方面的突出问题，教育部、全国妇联、中央综治办、团中央和关工委，出台了《关于加强义务教育阶段留守儿童关爱和教育工作的意见》，明确了"政府主导、统筹规划，家校联动、形成合力，社会参与、共同关爱"的工作原则，提出要全面提高留守儿童的教育条件保障水平、教育教学质量，不论是寄宿制学校建设，还是营养改善计划实施、校车运营，都要优先满足留守儿童的需要。

各地特别是中西部人口流出较多的省份，围绕留守儿童的教育和关爱、服务工作进行了积极探索，相应的制度、机制和服务体系日益完善。比如，湖北建立留守儿童基本情况和发展情况专门档案，建立学校与监护人互动机制，采取学校与家庭结对、教师与学生结对、学生与学生结对、家庭与家庭结对等多种帮扶形式，构筑政府主导、社会共同参与的农村留守儿童关爱和服务体系。河南不断加强农村寄宿制学校建设，尽量满足农村留守儿童的寄宿需求，并切实加强对农村留守儿童的教育和管理。各有关部门密切配合，通过实施"代理家长"制度、与留守儿童谈心制度、家校联系制度以及建立留守儿童之家等措施，建立了留守儿童的关爱帮扶体系。成都市将农村留守儿童管理服务工作纳入全市统筹城乡发展和建设社会主义新农村的总体任务中，通过财力、物力、人力的合理配置，逐步建立了政府"属地管理、分级负责、分层落实"的农村留守儿童管理服务工作机制。

随着农民工随迁子女在流入地接受义务教育问题的逐步解决，他们在当地参加升学考试成为一个不可回避的问题，在一些人口流入较为集中的地区尤为突出。很多人为此奔走呼吁。2010年，《教育规划纲要》提出，研究制定进城务工人员随迁子女接受义务教育后在当地参加升学考试的办法。2012年8月，国务院办公厅转发了教育部等四部门《关于做好进城务工人员随迁子女接受义务教育后在当地参加升学考试工作的意见》，就随迁子女接受义务教育后在当地参加升学考试提出了明确要求。教育部会同有关部门采取多项措施指导督促各地制定出台具体办法。截至2012年年底，除西藏自治区外，全国30个省（区、市）按时向社会公布了方案。2013年，河北、重庆等12省市开始解决符合条件的随迁子女在当地参加高考问题，12省市普遍采取细化报考办法、补办报考手续等人性化措施，确保有关政策落实到位，共为4440名符合条件的考生办理了报名手续，录取2770名，录取率为62.4%，其中农村户籍学生占66.1%。2014年，全国共有28个省份开始解决随迁子女在当地参加高考问题，5.6万名符合条件的随迁子女在流入地完成高考。随迁子女在流入地参加升学考试开始破冰，是教育公平的一大突破。但由于其涉及户籍制度改革等一系列根本性问题，距离真正完全解决尚有很长一段路要走。

（四）推进城乡教育一体化

城镇化客观上是城乡二元结构的转变，有助于缩小城乡区域和社会贫富差距，对经济社会发展和造福人民群众产生广泛的"乘数效应"。探索城乡教育一体化发展机制，不仅是城镇化的内在要求，而且将积极放大城镇化带来的"乘数效应"。

在城镇化推进进程中，以城乡一体化教育为核心，各地都在加快完善公共政策体系，创新公共服务制度，不断提升农村基础设施建设和公共服务水平，城乡教育一体化建设的成效不断显现。成都市在构建新型的教育公共服务制度方面，建立起了以城乡教育一体化为核心的教育公共政策体系：以促进教育公平为核心，建立市域统筹的教育公共财政体制和教育监测机制；以"办人民满意的教育"为目标和标准，建立教育公共服务体系；以建设现代学校制度为核心，逐步转变教育公共治理结构。这些措施为实现城乡教育一体化和教育现代化打下了坚实的基础。上海高度重视缩小城乡教育差别，尤其是近年来，以贯彻落实《教育规划纲要》为契机，通过采取一系列重大政策举措，努力扩大城乡优质教育资源，优化资源配置结构，积极改善城乡区域教育的办学条件，有效促进城乡教育的持续发展，使得上海各级各类教育发展相对均衡，教育城乡差距相对较小。

各地积极探索城乡学校帮扶机制，也积累了不少经验。如成都市建立了"以城带乡、城乡互动"机制，推动名校进工业园区、进灾区、进山区，提升新建学校、农村学校、薄弱学校的发展水平。到 2010 年，成都市组建名校教育集团 115 个，其中学前教育 26 个，小学 39 个，初中 26 个，高中 24 个，覆盖了所有 20 个区（市）县。上海于 2006 年采取"区对区"对口合作形式，9 个中心城区（当时卢湾区尚未合并）与 9 个郊区县签订合作协议，从管理、教研、科研到教师培养等方面进行交流、合作，促进资源与经验的分享，整体促进郊区县教育发展。北京市顺义区实行"强弱结对，捆绑考核，联动发展"的对口支援一体化模式，实行强弱学校帮扶制度，以手拉手的形式促进农村薄弱校发展。东莞市 2012 年实施初中学校"1＋1"结对帮扶行动计划，按照强弱联合、以强扶弱、共同提高的工作思路，督促各结对学校制定工作方案，促进结对学校共同提高；同时，建立局领导分片联系和校际联盟制，将全市 33 个镇（街道）（含松山湖）分成 7 个校际联盟片区，各片区成立机构，制定方案，广泛开展各类交流互助活动，促进片区内各初中学校资源共享，全面提升初中教育办学水平。

过去这些年，国家层面在统筹城乡教育发展、加快城乡教育一体化方面也加快了步伐。一是加快推进义务教育均衡发展。将义务教育均衡发展作为战略性任务，着力缩小区域之间、城乡之间、学校之间教育发展差距，努力为所有学生提供公平而有质量的义务教育。采取教育部与各省级政府签署义务教育均衡发展备忘录的形式，构建中央与地方协同推进义务教育均衡发展的有效机制，明确了全国实现县域义务教育基本均衡发展时间表、路线图和任务书，并启动了省级政府推进义务教育均衡发展考核评估和义务教育基本均衡县验收认定工作。2012 年 9 月，国务院印发《关于深入推进义务教育均衡发展的意见》，提出深入推进义务教育均衡发展的具体政策措施，努力办好每一所学校，促进每一个学生健康成长。二是大力推进学校标准化建设。中央相继组织实施了国家贫困地区义务教育工程、农村中小学危房改造工程、中西部农村初中校舍改造工程、农村寄宿制学校建设工程、农村中小学现代远程教育工程、教学点数字教育资源全覆盖项目、农村学前教育推进工程等一系列工程项目，农村学校基础设施得到了很大改善。汶川地震后，实施了全国中小学校舍安全工程，重点加固改造地震断裂带等重点灾害地区的校舍。2010 年启动实施了农村义务教育薄弱学校改造计划（简称"薄改计划"），以基本解决"县镇学校太挤、农村学校太弱、设施设备太差"的问题。2013 年年底，国家又出台了《关于全面改善贫困地区义务教育薄弱学校基本办学条件的意见》，以集中连片特困地区为主，不断加大资源倾斜力度，重点支持改善农村学校基本教学条件和生活条件。2014 年，为配合全面改善贫困地区义务教育薄弱学校基本办学条件工作的实施，"薄改计划"在原有基础上扩充了内容，将信息化建设和农村学校必要的运动场、学生宿舍、食堂、饮水设施、厕所、澡堂等教学和生活设施纳入支持范围，并进一步要求各地结合本地实际，确保教育资源向中西部、农村、边远、民族地区和城市薄弱学校倾斜。截至 2014 年 6 月，中央财政累计投入资金 965.57 亿元。三是积极推进农村教师队伍建设。推动开展义务教育学校校长教师交流轮岗改革试点，并在此基础上研究制定《关于推进县（区）域内义务教育学校校长教师交流轮岗的意见》，推动建立科学完善的校长教师流动机制。2013 年起，在连片特困地区实施乡村教师生活补助，惠及 14 个省区的近 40 万乡村教师。实施边远艰苦地区农村学校教师周转宿舍建设项目，安排中央预算内资金 88 亿元，安排边远艰苦地区农村学校教师周转宿舍项目 7993 项，建设周转宿舍15.9 万套，建设面积 555 万平方米。四是建立全国统一的学籍信息管理系统，即全国中小学生学籍信息管理系统。该系统是教育部根据《教育规划纲要》的要求于 2010 年启动建设的，是目前世界上规模最大的学籍管理信息系统。通过构建覆盖全国城乡的中小学生学籍信息管理系统，建立中小学生数据库，实现系统全国联网，为每名学生建立全国唯一的电子学籍档案，对学籍注册、学籍档案管理、学籍异动、升级、毕业、成长记录等进行全程信息化管理，实现全国范围内学生流动情况的实时监控与管理，有效满足了各级教育行政部门和中小学校学籍管理、学生资助、义务教育经费保障、营养改善计划、控辍保学、事业统计、日常管理和科学决策、优化资源配置等方面的需求。

（五）推进教师人事制度改革

随着城镇化的推进，原有的教师流动、编制管理制度变得十分突出，改革任务迫切。

1. 改革教师收入分配制度

长期以来，由于经济社会发展严重不平衡，在地区之间、城乡之间、学校之间，教师的工资待遇差距明显，特别是在一些偏远农村地区，教师的工资待遇不仅偏低，而且存在着大量拖欠的问题。为依法保障和改善义务教育教师特别是中西部地区农村义务教育教师的工资待遇，提高教师地位，吸引和鼓励各类优秀人才长期从教、终身从教，根据《义务教育法》和事业单位收入分配制度改革的要求，从2009年1月1日起，率先在义务教育学校实施绩效工资改革。绩效工资分为基础性和奖励性两部分。基础性绩效工资主要体现地区经济发展水平、物价水平、岗位职责等因素，占绩效工资总量的70%，具体项目和标准由县级以上人民政府人事、财政、教育部门确定，一般按月发放。奖励性绩效工资主要体现工作量和实际贡献等因素，在考核的基础上，由学校确定分配方式和办法。根据实际情况，在绩效工资中设立班主任津贴、岗位津贴、农村学校教师补贴、超课时津贴、教育教学成果奖励等项目。绩效工资分配坚持多劳多得，优绩优酬，重点向一线教师、骨干教师和做出突出成绩的其他工作人员倾斜，充分发挥激励导向作用。

2010年2月，义务教育阶段教师基础性绩效工资基本兑现，1000余万名义务教育阶段教师工资待遇普遍提高。义务教育教师绩效工资的实施，是我国教师收入分配制度的一次重大改革和调整，解决了不少多年得不到解决的问题。根据范先佐等人的调查研究，义务教育教师绩效工资改革主要取得了三方面的成效。一是初步解决了教师收入偏低、与当地同级别公务员平均工资水平差距拉大的问题。绩效工资改革后，湖北义务教育学校教师收入均有所增加。其中欠发达地区，如恩施土家族苗族自治州、红安县和英山县等地义务教育学校教师年收入增加了 2000—4000 元；中等发达地区，如浠水县、黄冈市黄州区和赤壁市等地增加了 3000—6000 元；经济条件比较好的黄石市、宜昌市等地增加了 5000—8000 元；发达地区，如武汉市洪山区、武昌区等地增加了 15000—18000 元。二是保证了同一县域内教师工资水平大体平衡，促进了县域内义务教育的均衡发展。义务教育学校实施绩效工资后，各种津补贴在统一规范的基础上纳入绩效工资，所需经费全额纳入财政保障。学校各种非税收入一律按照国家有关规定上缴同级财政，严格实行"收支两条线"管理。这既有效解决了过去学校依靠自筹经费发放津补贴造成的学校之间收入差距问题，也有利于促进学校规范办学行为，集中力量做好教书育人工作。同时，绩效工资改革强化了向农村教师倾斜的导向，明确在绩效工资核定上对农村学校特别是条件艰苦的学校适当倾斜，设立农村教师津贴，从根本上消除了同一县域内教师收入差距。三是充分调动了广大教职工的工作积极性，大大促进了学校教育教学质量的提高。很多义务教育学校教师中都出现了"三多三少"现象：主动学习进修的多了，争当班主任的多了，要求任课、挑重担的多了；无事闲聊的少了，小病大养的少了，要求离开一线的少了。义务教育阶段教师绩效工资的实施充分调动了教师的工作热情和工作积极性、主动性，有力地促进了学校教育教学质量的提高。（范先佐，付卫东，2011）

2. 推进教师编制管理改革

长期以来，由于不合理的城乡倒挂的编制标准政策，我国农村教师队伍编制紧缺、数量不足问题突出。按照我国现行的 2001 年中小学教师编制标准，城市、县镇和农村小学生师比分别为 19∶1、21∶1 和 23∶1，初中生师比分别为 13.5∶1、16∶1 和 18∶1。这一编制标准以压缩编制和效率优先、城市优先为导向，存在编制标准整体偏紧、城市偏向和城乡严重倒挂的突出缺陷，与我国广大农村地广人稀、生源分散、交通不便、学校规模较小、成班率低，存在大量村小特别是尚存在数万个分散教学点的实际情况严重相违。北京师范大学庞丽娟教授研究认为，此标准实行几年来造成我国中小学教师尤其是农村教师编制大幅减少，全国和各地中小学教师编制数量整体压缩近10%，特别是加剧了农村中小学教师编制与数量的严重不足，造成农村学校运转和发展的困难，一些规模小的农村学校与教学点甚至由于缺少编制而难以为继。据不完全统计，2004—2006 年，全国约有10%的县连续三年未补充正式公办教师。不少农村中小学教师一人兼任几个班级的全部课程，周课时数平均为17—18 节，教师长期超负荷工作。不少农村学校无法开齐、开足全部课程；一些农村学校更由于教师编制进口卡死而难以补充新教师，为了保证学校正常运转，部分农村学校不得不聘用代课教师。

为扭转农村义务教育发展的这一困局，适应义务教育实行"以县为主"管理体制的需要，解决部分农村地区中小学教职工编制偏紧的问题，2009年，中央编办印发《关于进一步落实〈国务院办公厅转发中央编办、教育部、财政部关于制定中小学教职工编制标准意见的通知〉有关问题的通知》（以下简称《通知》），就进一步加强和完善中小学教职工编制管理的有关问题进行了安排。《通知》要求，进一步改进农村中小学教职工编制核定工作，按照中央关于推进基本公共服务均等化的要求，各省（区、市）可根据实际需要，在县域范围内和总量控制的基础上，按照有增有减的原则，参照县镇标准核定农村中小学教职工编制。并特别提出，各地要结合本地实际，切实保障编制紧张学校特别是农村寄宿制学校、教学点分散的地区教职工的基本需求。对内地民族班中小学，举办民族班的城镇普通中学和开设双语教学课程的班级，寄宿制中小学，乡镇中心小学，安排教师脱产进修、现代化教学设备达到一定规模的学校，承担示范和实验任务的学校，山区、湖区、海岛、牧区和教学点较多地区的中小学，按照从严从紧的原则适当增加编制。

3. 创新农村教师补充机制

针对城镇化所引发的教师流动及教师资源配置问题，国家出台了许多政策，地方也采取了一系列措施。在教育部六所直属师范大学实施师范生免费教育。2007 年起，每年招收 1 万名免费师范生，实施以来共招收免费师范生7.2 万名，90%以上的毕业生到中西部中小学任教，为农村培养、输送了大批优秀教师。上海、江苏、四川等 18 个省（区、市）的部分院校也开展了师范生免费教育试点，这项政策正在彰显出越来越大的示范引领作用。实施鼓励高校毕业生到农村任教的"特岗计划"。2006 年以来招聘 30 多万名特岗教师到中西部"两基"攻坚县和国贫县 3 万多所农村学校任教，服务期满特岗教师的留任比例达到 80% 以上，一大批优秀学生满怀化育天下的豪情，自愿到最艰苦的地方施展才华。

4. 创新教师轮岗交流机制

应对城镇化进程中教师流动的新特点，各地积极采取新的办法和举措，促进教师资源合理配置。建立县（区）域内义务教育学校教师校长轮岗交流机制。根据教育部教师工作司调研统计，截至 2013 年 8 月底，22 个省（区、市）地方政府出台了关于教师流动的相关政策，并在实际推进教师流动工作方面进行了积极探索。各地推进教师校长交流的途径和方式主要有七种：定期流动，支教，对口支援，教育联盟，走教制度，送教下乡，优质教师资源辐射。成都市针对城乡教师结构不合理，农村教师缺乏的现实，实施"县管校用"教师管理机制改革，动态配置教师资源。江苏建立健全县域内义务教育教师和校长交流制度，规定教师（含骨干教师）原则上以每年不低于 15% 的比例进行交流，校长在同一学校连任一般不超过两届。湖北 2012 年起实施"农村学校启明星计划"，每年在全省范围内从城镇学校选派 500 名左右优秀干部和骨干教师组成 150 个左右启明星团队，到农村乡镇以下学校任职任教三年。启动农村教师资助行动计划，在全省范围内建立起省级统筹的中小学教师补充新机制，落实"国标、省考、县聘、校用"的教师管理制度。成都市实施"常青树计划"，由市政府出资，面向成都市招募名优退休教师，到远郊区（市）县义务教育阶段学校担任学监、导师、把关教师。北京市顺义区组织特级教师讲学团赴农村巡回讲学，建立城镇教师定期支教制度。建立区外名师资源库，包括能够请到的高校专家及区外名师。同时，积极鼓励区内教师合理地到区外兼课。

（六）创新教育管理方式和手段

为了适应城镇化带来的变革挑战，从国家到地方都在积极探索新的管理方式，不断创新教育管理的方法、手段。

1. 调整教育行政部门机构

人口的大量涌入，给城市带来了繁重的教育管理责任，亟须调整、增设机构，更好履行教育公共服务职责。珠三角部分地区根据实际，在常住人口特别多、经济规模特别大的镇（街）独立设立教育行政管理部门，赋予县级教育管理权限。按照镇（街）学校数、在校生数、教师数三项指标，规范机构设置，优化编制配备。如东莞市实行"分级管理、合理分担"的管理模式，即高中阶段学校由市统一管理，中小学实行市镇"二级管理"，学前教育实行市镇村三级管理，镇（街道）设宣教办，配备教育专职或兼职管理人员，明确职责。深圳、东莞、中山都设立了学前教育办公室或处（科），各镇（街道）宣教办均配有一名专职或兼职幼教干事，建立起市、镇两级的幼教管理架构。成都市改革村小管理体制，保留的校区与中心校统一排课，统一教学进度和教学活动，办学情况纳入对各区（市）县考核评估范围，其师资由中心校重新调配，并分两年完成轮换、轮训；村小设立为独立建制小学的，保证三年内有50%以上教师交流轮换、培训提高和充实补充，学校校长由所属区（市）县的窗口小学派出，其考核评估纳入县域内小学的统一考评。

2. 探索管办评分离改革

城镇化扩大了人民群众对优质教育资源的需求，传统的新建公立学校的模式，也难以满足人民群众多元化、个性化的需求，同时也存在着效率不高的问题。在这种情况下，一些地方探索实施了教育管办评分离，并在此过程中深化了对教育服务标准、评估评价、购买教育服务的改革。比如，上海为提升郊区农村义务教育阶段相对薄弱学校的办学水平，探索实行委托管理模式，由中心城区品牌中小学以及长期从事教育研究实践的教育机构，接受郊区县教育行政部门委托，采取缔结契约转移办学责任、团队进驻等方式，对郊区县的义务教育阶段相对薄弱学校开展全方位的管理。无锡市从 2005 年起积极实施"管办分离"改革，按照"政事分开、管办分离"的要求，充分发挥教育行政部门统筹规划、政策引导、行业准入、资金拨付、信息服务、环境营造等方面的行业管理职能，强化了市学校管理中心办强办精市属教育事业的工作责任，提高了教育公共服务水平，促进了学校依法自主办学。

综上可以看出，面对城镇化对教育提出的新要求、新挑战，从国家到地方均进行了积极的应对，积累了不少行之有效的做法和经验。教育管理体制改革的某些方面已经走在了社会领域改革的前列，比如，在流动人口就业、医疗、住房、养老等都面临诸多困难的情况下，教育领域率先实施"两为主"政策，基本解决了随迁子女义务教育问题，并于 2013 年开始解决随迁子女在异地升学考试问题。但城镇化仍在进行之中，必将不断提出新的要求和挑战，如何应对城镇化的要求和挑战，做好教育改革和发展这篇大文章，既是重大课题，也是长期任务。

四、深化城镇化进程中教育管理体制改革的政策建议

城镇化是一场深刻的社会变革。根据世界城镇化演进的一般规律，城镇化发展进程可以概括成一条稍被拉平的"S"形曲线，这种现象被称为城镇化进程的阶段性规律。在初期阶段，农业在国民经济中占较大比重，推动城镇化发展的动力不足，城镇化水平低，发展缓慢；当城镇化水平超过 30% 时，进入中期阶段，城镇化发展呈加速状态；后期阶段，城市人口大约超过 70%，城镇化进入缓慢发展和注重提高城市质量的时期。目前，我国的城镇化发展已进入中期阶段，也就是城镇化发展加速阶段。2013 年 12 月，中央召开城镇化工作会议，客观分析了现阶段我国城镇化发展新形势，并明确了新阶段推进城镇化的主要目标、基本原则和重点任务。2014 年 3 月，《国家

新型城镇化规划（2014—2020 年)》出台，进一步明确了"走中国特色新型城镇化道路、全面提高城镇化质量"的新要求。"新型城镇化"道路更加强调以人为本，着重在质量和内涵上下功夫，推进高效包容可持续的城镇化。全面提高人的素质是推进城镇化的基础工程。城镇化既是农业人口向城镇集聚的过程，也是资源深度开发利用、产业结构演进、生产布局更加合理、经济发展形成新的格局的过程。不论侧重哪一方面，都离不开人的素质的全面提高，都有赖于各级各类人才的支撑。从这个意义上说，教育对城镇化的实施具有极为重要的作用。（邵清，2001）"推进城镇化，教育要优先。"（曾天山，2012）可见，城镇化的推进使得教育的地位进一步凸显，也要求教育发挥更大的作用。尤其是当前走新型城镇化道路，更加要求我们紧紧围绕促进基本公共教育服务均等化、提高教育服务经济社会转型升级能力，深化教育管理体制改革，有针对性地解决已经积累的突出矛盾和问题，理顺适应新型城镇化发展的教育体制机制。为此，课题组提出以下政策建议。

（一）牢固树立"城乡教育一体化"的理念

城乡一体化是新型城镇化所蕴含的一种重要的理论与政策视角。城乡教育一体化是一种结构化的思维，它反对孤立看待农村教育或者城市教育发展，而是要统筹城乡教育发展，整合和对接城乡教育资源，打破城乡二元经济结构和社会结构的束缚，构建动态均衡、双向沟通、良性互动的教育体系和机制，促进城乡教育资源共享、优势互补，推动城乡教育相互支持、相互促进，缩小城乡之间的教育差距，有效消除地域、经济等原因导致的教育不公平，改变农村地区教育的落后状况，使均衡化的公共教育服务覆盖城乡全体居民，实现城乡教育均衡发展、协调发展、共同发展（褚宏启，2009），"双强共荣"。

广义的城乡教育一体化不仅要求统筹当地城乡教育发展，缩小城市与乡村的教育差距，也要求统筹城市居民和农民工及其子女的教育问题，缩小城市内部"城里人"与"乡下人"的教育差距。与此相应，城乡教育一体化的制度建设不仅要求缩小城乡间的教育制度落差，更要求打破城市内部针对农民工及其随迁子女的教育制度歧视。（褚宏启，2010）这当中，城市中的管理者和市民，需要顺应这一社会发展的潮流，认识在城市化过程中人口流动的正当性、长期性和复杂性，调整自己的心态，确立正确的价值立场（杨东平，2013），即社会公平、教育公平，避免出现城市中流动儿童的边缘化，通过制度变革和创新，建立以常住人口为基准的公共服务提供机制。《2009年世界发展报告》引入了"无空间差别的公共制度"这一概念，并将其作为有效的一体化政策的基石。无空间差别的政策——不是根据其所在的地区，而基于人们的特征——应该普遍覆盖，特别是影响劳动力和社会服务的法规。对于教育而言，城乡一体化就是要通过改革让流动人口得到与城市居民同等的教育服务，同时确保农村地区获得同质同量的公共服务，从而促进所有人的教育机会均等。

考虑到目前城乡二元结构根深蒂固，可以预见要真正实现城乡一体化将是一个长期的过程，但这恰恰是教育管理体制改革的空间和动力所在。通过统筹城乡教育发展，努力破解城乡教育二元结构，增强城市对农村教育的反哺能力、带动能力，使教育能够成为城乡之间"填补鸿沟、弥合分裂"的力量，有力推动我国城镇化和现代化进程。

就义务教育阶段而言，城市教育要破除身份歧视，面向人人，落实当地户籍学生和非当地户籍学生的"同城待遇"。保障随迁子女就学，拓宽随迁子女入学渠道；加快新建、改扩建配套学校，落实学校与周边小区"同规划、同开工、同建设"的要求，增加学位；提前规划教育用地，为教育预留发展空间。采取各种措施，完成国家新型城镇化规划中提出的"到2020年农民工随迁子女接受义务教育比例≥99%"的目标。农村教育应总结近年来义务教育学校布局调整的经验教训，统筹考虑人口流动等因素，把保证农村孩子就近入学作为学校布局的基本要求，防止再出现因上学路程远而导致的失学和辍学问题。科学制定农村学校布局规划至关重要。要根据当地自然条件、政治经济文化发展、人口分布及未来变动趋势、学生在中心学校或寄宿制学校学习情况等多种因素，认真研究制定学校布局规划，增强规划的科学性、前瞻性和严肃性，减少随意性。要坚持把维护人民群众根本利益放在第一位，把保证农村孩子就近入学作为学校布局的基本要求，防止再出现因上学路程远而导致的失学和辍学问题。停止撤并以及恢复必要的村小和教学点，是对过去过度追求规模效益、盲目撤并学校做法的一种矫正，符合人民群众利益，对这一点，要始终坚持。对村小和教学点，要通过加大经费投入、输送优质师资、采用信息化手段等，保证就学的孩子受到有质量的教育，不能使之成为"被遗忘的角落"。

（二）提高统筹城乡教育发展的层级

新型城镇化同时要求新型的教育管理体制。面对城乡教育的"旧"分野和新型城镇化的"新"要求，教育应立足更高站位、提高统筹重心、提升管理主体级别，以推动资源、要素的流动和整合，走活城乡这盘棋。

1. 加大中央和省级政府教育统筹力度

中央和省级政府要在统筹城乡义务教育发展方面发挥更多作用。国际经验表明，大部分国家在义务教育财政投资体制上选择了集中模式或相对集中模式，意味着中央和省级政府应是义务教育的分担主体。例如，美国教育经费投入中州政府占40%以上，州以下政府占50%以上；日本中央政府一般提供义务教育经费的51%以上，地方政府提供义务教育经费的48%以上。鉴于我国目前中央和省两级财力雄厚、市县财力相对薄弱的情况，建议逐步提高中央、省级财政义务教育投入比例，将义务教育经费保障从"以县为主"改变为以中央、省财政投入为主。同时，也要建立相应的机制，鼓励基层政府加大对义务教育的保障力度，防止出现财政投入的"挤出"效应。

新型城镇化的重点之一是优化城镇化布局和形态，重视市镇培育，推动中心城市、中小城市、小城镇、农村社区互促共进。这要求我们必须围绕全国城镇化战略格局，从优化城市群、促进各类城市协调发展的角度出发，根据城镇常住人口增长趋势和空间分布，使教育发展与新型城镇化进程中城乡布局相适应、与人口结构变化相匹配、与经济结构调整相衔接，增强对人口集聚和服务的支撑能力。这当中尤其要关注教育体系和结构，根据地方经济社会发展实际，特别是产业发展需要，优化职业教育、高等教育空间布局和专业结构，增强中小城市凝聚要素的吸引力。中央政府和省级政府要从国家区域发展整体战略需要出发，优化城乡、区域教育发展结构，推动教育规划及相应的资源配置与经济社会发展相适应。

2. 建立对流动人口教育的财政补偿机制

流动人口的涌入使得教育需求增加，导致对城市教育服务资源的竞争更加激烈，这难免使户籍人口和外来居民之间的关系变得紧张，也让流入地政府左右为难。解决这一难题，必须完善教育财政分担机制，对流入地提供额外的财政资源，鼓励它们为流动人口提供教育服务。

中央财政要通过制度化转移支付，进一步扩大进城务工人员随迁子女奖励资金的规模，变奖为补，根据流入地义务教育阶段随迁子女实际在校生人数划拨，冲抵人口流入大省的部分教育成本，在解决随迁子女跨省流动方面承担更多责任。同样，对跨市流动的本省流动人口的教育，省级政府要加大转移支付比例；对跨县流动的本市流动人口的教育，市级政府要加大转移支付比例。目前，"钱随人走"的教育财政支付模式具备两个有利的条件：一是已经建立起全国联网的中小学生学籍管理系统，能够及时准确地跟踪学生流动情况，从而使财政体系能够与受益人高度匹配。二是国家正在实施全面改善贫困地区义务教育薄弱学校基本办学条件方案，按照缺什么补什么的原则，让所有学校都达到基本教学和生活条件。由此，就不必担心人口流出省市的基本办学标准因"钱随人走"而受到影响。

3. 建立多部门合作与协调推进教育发展的机制

城乡教育一体化必须加强政策制定和实施的协调配合，形成合力、落到实处。教育部门要明确自身定位，与发改、人保、财政、科技、建设等部门经常性地沟通与协调，建立部门间联席会议制度，共同研究和解决有关教育投入、人事管理、人才培养、教育结构、人力资源、就业等方面一体化推进问题，切实增强教育管理体制改革的综合性和配套性。

（三）改变城乡教育的制度落差

目前，我国多数地方还处于城镇化初期或中期，未来还会有大量农村人口进城，但即使这样，农村还是会有几亿农村人口，把农村教育办好，始终是城镇化的一项战略任务。办好农村学校，更是保护和延续中华文明、丰富教育生态的重要举措。仍然要坚持以城乡一体化为基本要求，努力破解城乡教育二元结构，不断增强城市对农村教育的反哺能力、带动能力，让广大农民共享教育改革发展的成果。

1. 加大对农村教育的补偿力度

繁荣的农村是新型城镇化的基础所在，农村教育也应当成为新农村建设和新的乡村文明的生长点。当前农村教育因当地人口大量流出和社会文化资本不足而遭受多重冲击，必须从多方面加大投入和补偿力度。要缩小城乡义务教育供给水平、供给质量和供给标准上的差距，重建农村学校的社会文化资本和支持系统，提高农村教育的吸引力。同时，健全在招生录取环节上的补偿机制，研究将优质高中入学名额在城乡间分配的办法，继续提高农村学生上重点大学的比例，争取实现"生源回流"，避免人口、学龄儿童及教育公共资源过度集中于大城市，实现农村人口就地城镇化。

2. 构建扩大优质教育资源的有效机制

当前，不少农村学校在硬件方面已经达标，关键是软件方面还有不小的差距，缺乏先进的教育理念，缺少现代管理水平和高素质教师。城市教育要以扩大优质教育资源为核心和长效路径选择，有效提高农村办学质量。进一步深化城乡一校两址、集团化办学、办学联盟等联合办学形式，积极发挥城区强校的示范引领和辐射带动作用，推动城乡学校间文化观念的有效融合，保障学校间长期合作的积极性，不断拓展联合办学的深度和广度。对于一些大城市中暂时保留的农民工子女学校，应在健全对其公共财政保障机制基础上，通过公办学校托管、加强教研指导、开展教师培训等途径帮助其提高教育质量。

3. 缩小城乡师资条件差距

教师决定了农村教育的品质。陶行知先生曾说，好的乡村教师是改造乡村生活的灵魂。当前各地已经有了很多积极探索，应当不断总结和完善，进行制度创新。一方面，健全城乡教师和校长流动机制。相对而言，这种机制旨在缓解城乡师资差距的燃眉之急。探索打破教师的区县归属、单位归属制度，实行教师双向流动机制。建立城乡一体的培训课程资源库和师资库，加强城乡教师间、校长间的经验交流与分享。切实解决目前存在的平级流动多，从优质校向薄弱校流动少，优秀教师流动少，以及流动教师的身份归属、福利待遇不明确等突出问题。另一方面，建立面向农村教师的补偿机制。这是农村教育固本强基的根本举措。探索建立农村教师发展动态监测系统，中小学编制标准、薪酬分配和职称评定"补偿性"地向农村地区教师倾斜。重视农村教师和校长的专业发展，加大培训经费投入，扩大培训机会，建立费用全免、内容适用、重心下移、形式多元的农村教师和校长培训机制，更好地解决当前存在的农村教师"逆向流动"问题。

4. 建立城乡教育一体化发展的监测、评价和问责制度

借鉴上海等地的经验，完善城乡教育一体化发展的评价指标体系，形成"一体化发展目标与标准—运行监测和预警—综合评价—动态调整"这样一个完整的良性循环系统，将教育城乡一体化发展，尤其是义务教育一体化发展纳入政府部门年度目标责任制考核，纳入领导班子和领导干部政绩考评体系，并逐步增加权重。加强对资金使用效率、效益和效果的绩效评价，将评价结果与财政拨款相挂钩，保障财政投入转化为有效公共服务的一体化供给。建立健全教育问责制度，降低城镇化发展中教育管理改革措施的风险成本。

（四）及时根据城镇化进程调整优化教育政策

教育问题最终都可以还原为教育政策问题，教育问题的解决也要依靠教育政策的调整。我国社会正处于新型城镇化快速变化的浪潮当中，必须根据城镇化的现实需求，及时调整和不断优化教育政策。

1. 加强对不同地区的分类指导

我国发展不平衡，城镇化进度不一，具有显著的区域特色。如东部地区和中西部地区、省域内的发达地区和欠发达地区、县镇地区和农村地区等，

城乡一体化水平不同，面临的教育压力和教育问题不同，不能强调甚至只允许一种教育发展方式。而应当根据当地城镇化进程的实际情况，因地制宜、灵活制定相应对策。对于东部地区省份、省域内的发达地区、县镇地区，要侧重扩大教育资源，提高承载能力，应对人口大量涌入带来的压力。而对于中西部地区、省域内的欠发达地区、农村地区，当前的主要任务仍然是提升教育的硬件和软件水平，仍然需要加大中央和省级政府的投入力度。

2. 根据城镇规模变化动态调整教育行政架构

针对近年来东部地区（如珠三角地区）一些发达市县出现的常住人口特别多、经济规模特别大的镇（街），以及一些不设区、县的地级市，建议加强乡镇教育管理机构的建设，赋予其县级教育行政管理权，主管该镇（街）及周边相关镇（街）的教育管理事务。针对一些地方正在推进的省直管县试点的发展趋势，随着市一级对县的管理职能逐步取消，市、县的教育管理体制和职能应及时地相应调整，赋予县一级更大的教育管理职权。

3. 加快建设现代职业教育体系

新型城镇化发展必须有产业转型升级的支撑，急需多层次、多样化的应用型人才，一些专家认为，我国经济潜在增长率下降的一个重要原因，是传统人口红利的减弱，迫切需要提高劳动者素质，再造新的人口红利乃至人才红利。要充分发挥职业教育的作用，在城镇化实践中服务地方经济和社会发展。探索以地级或以上的省市级政府作为统筹城乡职业教育发展的管理主体，统筹区域的职业教育资源，进行统一规划、管理、领导和运营。同时，进一步密切职业院校与地方城镇化、现代化建设的沟通和联系，有针对性地为地方培养高素质技能型人才，全面参与地方新技术、新工艺、新产品的开发与推广，提升与新型城镇化发展的契合度。

（五）不断创新教育管理方式和手段

地方政府是制度创新的主体，要在保证社会主义办学方向的前提下，放手让基层政府和学校大胆探索，积极改革，不断创新教育管理方式和手段以适应城镇化发展的新要求。同时，要在总结地方探索实践的基础上，抓紧出台相关政策措施，推动各地通过管理方式的创新，提高教育资源效益，提升教育服务质量。

1. 探索政府向社会力量购买教育服务的有效形式

政府购买教育服务能有效克服公办教育资源容易短时间内过剩或不足的弊端，具有方便、快捷、优质、高效的优点，有利于提高教育资源的配置效益。对于由于城市资源承载能力不足而不能在公办学校就学的随迁子女，可以采取这一方式，保障其能在普惠性民办学校接受学前和义务教育。应当按照《政府向社会力量购买服务的指导意见》，认真总结上海浦东、广东深圳、山东潍坊等地经验，重点在购买民办学校学前和义务教育学位、委托社会机构进行学校管理、开展农民工职业培训等方面，探索政府购买公共教育服务的有效形式，设计符合教育服务自身特点的购买机制。此外，还可鼓励社会公益组织举办非营利的公益学校，通过多种渠道扩大教育供给。为确保所购服务的质量，要加强教育标准制定工作以及建立相应的问责体系，包括政府体系内的问责、人民群众问责以及基于选择的问责。

2. 探索多渠道加强进城务工人员教育培训

城镇化进程中，外来务工人员是城市建设的重要力量，是城市市民的重要组成部分，应当积极推动将其纳入教育培训的重要对象。全国城镇化工作会议提出，从 2014 年开始，要实施农民工职业技能提升计划，用几年时间使每一个农民工特别是"80 后""90 后"农民工，都能至少得到一次免费的基本职业技能培训。同时，还要高度重视农民工的创业培训。为此，城市教育应加快探索实施所有的成人教育机构（成人高校、成人中专、社区学校、成人学校等）向进城务工人员开放，所有的成才渠道（自学考试、网络教育、远程教育等）向进城务工人员开放，真正做到无障碍入学。通过乡镇成人学校、街镇社区学校、行业企业、社会组织等渠道，有针对性地提升进城务工人员的职业技能，提升城市劳动力资源的整体水平。

3. 充分发挥数据分析在教育决策中的重要作用

哈佛大学社会学教授加里·金认为，大数据时代中，庞大的数据资源使得各个领域开始了量化进程。对于城镇化中人口的大量迁徙，教育领域也应当积极地运用信息化手段，基于精确、全面、科学、结构化的数据和分析做出决策，而不是凭经验和直觉。建议在全国中小学生学籍信息管理系统的基础上，加强对全国人口流动数据的研究，并与流入地和流出地的就业信息数据对接，进而加强对适龄学童的数量规模、年龄结构和分布等基本情况的统计和预测，科学预测和规划教育工作。探索建立随迁子女信息平台和登记制度，实时掌握随迁子女的总体流动情况。流入地建立接受随迁子女基本信息公布平台，及时向进城务工人员公布相关信息，尽量减少学校和学生间的信息不对称。

亚里士多德说："人们来到城市，是为了生活；人们居住在城市，是为了生活得更好。"中国的城镇化面临规模巨大、速度空前、民生问题凸显的挑战。从世界范围看，如此大规模、高速度的城乡建设史无前例，也没有可以直接照搬的经验，需要进一步以现实中的严峻问题为导向，探索自己的道路。（吴良镛，2012）城镇化进程中的教育管理体制改革问题同样如此。

参考文献

鲍传友．2005．中国城乡义务教育差距的政策审视［J］．北京师范大学学报：社会科学版（3）：16 – 24.

陈坚，陈阳．2008．我国城乡教师流动失衡的制度分析［J］．教育发展研究（Z1）：34 – 37.

陈丽丽．2006．关注"留守儿童"的教育问题［J］．观察与思考（22）：33 – 35.

褚宏启．2009．城乡教育一体化：体系重构与制度创新——中国教育二元结构及其破解［J］．教育研究（11）：3 – 10.

褚宏启．2010．教育制度改革与城乡教育一体化——打破城乡教育二元结构的制度瓶颈［J］．教育研究（11）：3 – 11.

杜晓俐，王贵福．2000．关于学校布局与规模的思考［J］．教育探索（5）：61 – 62.

范先佐．2005．农村"留守儿童"教育面临的问题及对策［J］．国家教育行政学院学报（7）：78 – 84.

范先佐，付卫东．2011．义务教育教师绩效工资改革：背景、成效、问题与对策——基于对中部4省32县（市）的调查［J］．华中师范大学学报：人文社会科学版，50（6）：

128-137.

顾明远.1999.教育大辞典［M］.简编本.上海：上海教育出版社.

改革开放30年中国教育改革与发展课题组.2008.教育大国的崛起（1978—2008）［M］.
北京：教育科学出版社.

柯春晖.2012.城乡二元结构背景下教育政策的偏好与困窘［M］//褚宏启.中国教育管
理评论（第7卷）.北京：教育科学出版社：146-182.

李岚清.2004.李岚清教育访谈录［M］.北京：人民教育出版社.

李森，杨正强.2008.关于教师流动的理性认识与管理策略［J］.宁波大学学报：教育科
学版，30（2）：71-74.

李培林.2012.城市化与我国新成长阶段——我国城市化发展战略研究［J］.江苏社会科
学（5）：38-46.

邵清.2001，发展教育，促进城镇化进程［J］.中国教育学刊（6）：1-3.

史湘琳.2004.基础教育公平问题的非经济因素研究［J］.江西教育科研（10）：8-9.

王桂新.2004.改革开放以来中国人口迁移发展的几个特征［J］.人口与经济（4）：
1-8.

吴亚林.2011.义务教育学校布局：10年来的政策回顾与思考［J］.教育与经济（2）：
14-18.

吴良镛.2012.科技发展议人居［C］.北京：清华大学第二届人民科学国际论坛，
2012-04-29.

项飚.1996.传统与新社会空间的生成——一个中国流动人口聚居区的历史［J］.战略与
管理（6）：99-111.

徐绍史.2013.国务院关于城镇化建设工作情况的报告［R］.北京：国家发展和改革委员
会，2013-06-26.

杨聪敏.2009.改革开放以来农民工流动规模考察［J］.探索（4）：131-135.

杨东平.2013.新型城镇化道路对教育的挑战［N］.中国教育报，2013-06-21.

杨进.2004.坚持科学发展观，做好流动儿童少年义务教育工作［Z］.流动儿童工作经验
交流会暨研讨会.

殷江滨，李郇.2012.中国人口流动与城镇化进程的回顾与展望［J］.城市问题（12）：
23-29.

袁边生.2013.流动儿童义务教育及财政问题研究［M］.北京：北京师范大学出版社.

曾天山.2012.推进城镇化　教育要优先［N］.人民日报，2012－12－19.

张声华.1998.上海流动人口的现状与展望［M］.上海：华东师范大学出版社.

　　（本报告由教育部政策法规司、北京师范大学教育学部承担，参与人：柯春晖、褚宏启、张雪、郑真江、黄浩淼、郑宁、刘博、何岩、朱庆环、李刚。）

广东省城镇化进程中教育管理体制改革研究报告

　　党的十八届三中全会提出"坚持走中国特色新型城镇化道路，推进以人为核心的城镇化，推动大中小城市和小城镇协调发展、产业和城镇融合发展，促进城镇化和新农村建设协调推进"。推进新型城镇化建设、加快城乡一体化进程已经成为我国经济社会发展的重中之重。作为经济大省、人口大省、教育大省和改革开放的先行地，改革开放以来，广东省城镇化进程一直走在全国前列，其中珠三角地区已成为世界最大的城市群之一。城镇化的快速发展，为经济社会发展注入了活力并提供了动力，极大推进了广东经济、社会、文化、教育的快速发展，促进了华南地区乃至全国的改革开放和经济增长。2013 年 3 月，广东省人民政府办公厅印发《广东省城镇化发展"十二五"规划》，明确了"十二五"时期广东城镇化发展的目标、任务和保障措施，标志着广东城镇化进入新的发展阶段。

　　教育在经济社会发展中具有基础性、先导性、全局性的地位和作用，是城镇化发展不可缺少的重要组成部分，既为经济社会发展提供了强有力的人才保证、科技支持和智力支撑，也为经济社会转型升级和新型城镇化建设发挥着重要作用。同时，城镇化发展进程的加快，对教育的改革发展不断提出了新要求、新任务。面对新的挑战，迫切需要大胆探索，对现行的教育体制机制进行改革和调整，促进教育为广东新型城镇化建设做出更大贡献。

一、广东城镇化发展历程与形势

（一）改革开放以来广东城镇化发展历程

1. 起步发展阶段（1978—1990 年）

改革开放以前，在高度集中的计划经济体制下，我国严格限制人口从农村向城镇流动，城乡分割的二元结构非常突出，城镇化水平长期停滞不前。按照户籍人口计算，1978 年广东城镇人口比重仅为 16.3%。改革开放以后，作为对外开放的前沿地带，国家在广东先后设立了深圳、珠海、汕头三个经济特区，外资企业、乡镇企业快速成长起来，外向型经济迅速发展，城镇化进程领先全国。1990 年第四次人口普查，广东城镇化率（即城镇人口占常住人口的比例）达到 36.8%。（刘建平 等，2006）

2. 加速发展阶段（1990—2000 年）

进入 20 世纪 90 年代，特别是邓小平南方谈话之后，广东进一步发挥区位优势，加快工业化进程，重点推进珠三角城市化发展，城镇化进入快速发展的快车道。第五次人口普查资料显示：2000 年广东城镇化率达 55.0%，比第四次人口普查时提高了 18.2 个百分点，高出同期全国人口城镇化平均水平（36.09%）近 20 个百分点。

3. 转型提质阶段（2000 年至今）

进入新世纪，一方面，一大批经济发达、人口众多的中心镇迅速崛起。以广州、深圳为核心，包括珠海、惠州、东莞、肇庆、佛山、中山、江门等城市的珠三角城市群，成为我国最有活力、城镇化程度最高的地区之一。另一方面，以新型工业化为动力，以统筹兼顾为原则，全面推进工业化、城镇化、集群化、生态化、信息化、现代化、国际化，城镇化发展质量和水平得到全面提升。截至 2013 年年末，广东有常住人口 10644 万人，其中城镇人口 7212.37 万人，城镇化率达 67.76%。（广东省统计局，国家统计局广东调查

总队，2014）

（二）广东城镇化的主要成效

广东积极稳妥地推进城镇化战略，以增强城镇群和中心城镇辐射带动能力、改善人居环境、提高基本公共服务均等化水平等为重点，在提升城镇化质量、促进区域协调发展等方面开展了大量卓有成效的工作，全省城镇化发展水平稳步提高，城镇化发展整体态势良好。一是城镇化水平稳步提高，中心城市发展日趋成熟。全省城镇面貌得到较大改善，节约集约用地水平逐步提高，基础设施逐步配套，城镇服务功能逐步完善，辐射带动能力显著增强，大量农村人口转变就业渠道并向城镇聚集，带来旺盛的城镇建设投资和消费需求，工业化与城镇化形成良性互动。二是区域发展格局不断优化，城市群建设取得新进展。全省已逐步形成珠江三角洲地区率先发展、东西两翼稳步发展、粤北地区加快发展的区域格局，以及大中小城市与小城镇协调发展的城镇体系；粤港澳紧密合作、携手共建优质生活圈和环珠江口宜居湾区，城市群建设取得初步成效。三是人居环境明显改善，宜居城乡创建成效初显。城镇各项公共服务设施建设取得显著成效。四是户籍制度改革步伐加快，积分入户办法不断完善。制定实施《广东省流动人口服务管理条例》《关于开展外来务工人员积分制入户城镇工作的指导意见》等法规和政策文件，不断放宽准入条件，推进基本公共服务均等化，有序引导进城务工人员入户城镇和享受公共服务，共享改革发展成果，一定程度上缓解了广东长期存在的城乡二元结构矛盾。

（三）广东城镇化发展存在的主要问题

目前，广东正处于从人均生产总值9453美元（2013年）的中等收入地区向10000美元的发达地区迈进的关键发展阶段，珠江三角洲区域已经跨过了发达地区的门槛，粤东西北地区经济发展滞后。城镇尤其是大城市集聚高端要素、发展高端产业的功能日益凸显，城镇群在促进城乡和区域协调发展等方面的作用进一步显现，城镇化在推进经济结构调整、改善民生、促进社会和谐发展中的战略地位更加突出。同时，广东正处于新旧发展模式交替的关键时期，这不仅为进一步推动科学发展提供了新的历史机遇，也对创新发展理念、发展模式、体制机制等提出了新的更高要求。

《广东省城镇化发展"十二五"规划》回顾了"十一五"期间广东城镇化发展的整体态势，同时指出广东城镇化发展进程中存在着五大问题：省内区域发展不平衡的问题比较突出，城镇化进程的区域差异明显（见表1）；城乡建设模式相对粗放，部分城镇产业结构失衡，低端产业占用了大量土地资源，公共服务设施用地比重偏低，制约了城镇建设水平的提升；公共服务设施配置不够均衡，与城镇化发展水平不匹配；生态环境问题依然严峻，珠江三角洲地区多数城镇面临生态用地萎缩、区域生态安全维护体系脆弱、环境对经济社会发展支撑能力不足等问题；异地务工人员分享城镇化成果程度偏低。受户籍制度、社会保障制度等因素影响，大量异地务工人员未能随着城镇化进程融入当地社会，无法平等享受基本公共服务，这削弱了他们对所在城镇的归属感与认同感，一定程度上制约了社会和谐发展。

表1 广东省城镇人口占常住人口的比例 （单位：%）

	2000 年	2005 年	2007 年	2008 年	2009 年	2010 年	2011 年	2012 年
全省	55.00	60.68	63.14	63.37	63.40	66.17	66.50	67.40
珠三角	71.59	77.32	79.50	80.17	81.60	82.72	83.01	83.84
东翼	50.45	54.75	56.93	56.63	57.69	57.71	58.21	59.05
西翼	38.64	40.23	39.40	39.28	39.62	37.67	38.29	39.72
山区	36.96	40.16	42.78	43.25	43.84	44.29	44.49	45.30

注：珠三角指广州、深圳、珠海、佛山、惠州、东莞、中山、江门、肇庆九市；东翼指汕头、潮州、揭阳、汕尾四市；西翼指湛江、茂名、阳江三市；山区指韶关、梅州、清远、河源和云浮五市。

数据来源：广东省统计局，国家统计局广东调查总队.2013.2013 年广东统计年鉴 [M].北京：中国统计出版社.

二、广东城镇化进程与教育改革发展的相互作用

（一）城镇化给教育带来的机遇和挑战

1. 城镇化给教育改革发展带来新契机

一方面，城镇化推进教育理念更新，引发人民群众对教育质量水平的新期盼，成为推动教育管理体制变革的良好契机。随着城镇化的推进，现代生活方式和先进教育理念得到广泛传播，人们加深了对教育规律和教育管理体制的认识，也为适应城镇化深入发展、推进教育管理体制改革创造了有利条件。另一方面，城镇化进程为教育发展提供了市场需求，催促教育资源丰富和发展。2013 年 12 月中央召开的城镇化工作会议提出："要把促进有能力在城镇稳定就业和生活的常住人口有序实现市民化作为首要任务，努力提高农民工融入城镇的素质和能力。"广东城镇化率虽居全国前列，但潜力依然巨大。教育在推进农业人口市民化、提高农民工融入城镇的素质能力和进一步提升城镇化质量方面的作用将更加凸显。这为广东各级各类教育提供了广阔发展空间，对广东教育改革发展提出了更高要求。

2. 持续增长的随迁子女就学需求给教育发展带来新压力

持续增长的随迁子女就学需求给教育发展带来新压力，以学前教育为例，数据显示，在粤接受学前教育的非本地户籍幼儿持续增加，2013 年非本地户籍在园幼儿达 113.69 万人，其中省外 56.42 万人（见表2）。可以预见，巨大的入学需求与教育资源供给不足之间的矛盾将会长期存在。

表2　2013 年广东省幼儿园非本地户籍分年级在园幼儿数　　（单位：人）

	合计	托班	小班	中班	大班	学前班
非本地户籍	1136865	23815	237911	370634	491791	12714
本地级市外户籍	919638	17817	191721	301502	399940	8658

续表

	合计	托班	小班	中班	大班	学前班
省外户籍	564212	10436	117751	186075	244700	5250
无户籍	59667	2067	15949	19701	20847	1103

数据来源：广东省教育信息平台。

3. 人民群众对优质教育资源的渴求给教育质量提升带来新挑战

随着经济社会的快速发展，人们对知识、技能日益重视，对自身教育质量的要求越来越高，家长不仅要求孩子有学上，而且要求"上好学"，希望学校的教学条件、师资水平、校园环境等都是优质的，希望自己的孩子能接受到优质的教育。"上好学"成为当前社会对教育的最迫切需求。但从目前情况来看，我省教育发展的整体水平离"上好学"的要求还存在一定的距离。以学前教育为例，2013 年省一级、市一级幼儿园共 1674 所（不包括附设幼儿班），比 2012 年增加了 584 所，但是占幼儿园总数的比例仍然较低。学前教育优质学位依然较少，无法满足人民群众对优质学位的需求。

4. 经济结构调整和产业转型升级对教育发展方式提出新要求

广东进入了工业化中后期和建立现代产业体系阶段，传统的劳动力密集型产业亟须向知识技术密集型产业转型升级，带来了人力资源需求的重大转变。城镇化程度越高，对高素质技术技能型人才和有创新能力的高端人才的依赖程度越高，这为各级各类教育特别是职业教育、高等教育改革发展带来了新机遇和新挑战。一方面，形成了新产业、新岗位，提供了更多的就业创业机会；另一方面，学校的专业设置、课程建设、教学内容、培养模式等需要适应新的更高的要求。

（二）教育改革发展对推进城镇化的作用

改革开放以来，广东教育事业发展取得了显著成绩，全省实现了学前教育和高中阶段教育普及化，义务教育均衡化水平不断提高，现代职业教育体系建设领先全国，给广东经济社会发展和城镇化进程注入了强劲动力。

1. 保障随迁子女接受义务教育，吸引并稳定城镇化建设大军

城镇化发展离不开流动人口，离不开农村劳动力的转移，但目前我国流动人口子女教育却往往成为制约因素，由于子女教育问题得不到解决而不得不放弃在外打工的人不在少数。广东省积极解决进城务工人员随迁子女的入学问题，为大量进城务工人员解决后顾之忧，激发他们长期在城市工作的信心和热情。2012—2013 学年初，广东义务教育阶段在校生共 1250.7 万人，较上年减少 50.4 万人。其中，跨县（市、区）流动的非户籍学生 366 万人（含进城务工人员随迁子女和其他非户籍学生），较上年增加 28.1 万人，其中随迁子女 300.6 万人，较上年增加 31.4 万人，约占义务教育阶段在校生总数的 24%，比上年提高 3.3 个百分点。全省 195 万非户籍学生（含进城务工人员随迁子女和其他非户籍学生）、158.5 万随迁子女入读义务教育阶段公办学校，分别占上述非户籍学生和随迁子女总数的 53.3%、52.7%，入读公办学校比例比上年分别提高 1.4 和 2 个百分点。

2. 大力发展职业教育，为城镇化建设提供高技能人才

教育通过提高人的生产能力，促进劳动生产率提高，促进国民经济增长，具有较大的社会经济效益和个人经济效益。城镇化需要生产要素的集聚，生产诸要素中最重要的是劳动者。资料显示：截至 2012 年年底，广东职业院校在校生接近 310 万人，其中中等职业学校在校生达到 238 万人。"十一五"以来，职业院校为广东经济社会发展输送了 330 万既有学历文凭又有专业技能的实用型人才，据估算，目前全省技术技能型人才中有 60% 以上来自职业院校。（邓文辉，李海东，2013）高校继续教育专业覆盖了高校 80% 的本专科专业，涵盖了本科 12 大学科门类、专科 19 大职业门类。2012 年培养本、专科毕业生 14.5 万多人，还有数十万管理干部、专业技术人员、教师等接受了岗位培训、继续教育和专业证书教育。2010 年 12 月推出 "北大 100" 圆梦计划，2011 年和 2012 年，分别资助 10000 名新生代农民工接受本科或专科网络教育。职业教育和继续教育对于推进农村劳动力转移、缓解剩余劳动力转移结构性供求矛盾，发挥了重要的促进作用，为经济结构调整和产业转型升级

提供了有力的人才支撑。

三、广东城镇化进程中教育管理体制改革的探索与成效

（一）提高决策层级，加强统筹协调

2011 年，广东被国家确定为省级政府教育统筹综合改革试点省，从省级层面加强统筹和顶层设计。成立了由省长担任组长的省教育体制改革领导小组，包括组织、宣传、编制、发展改革、经济和信息化、教育、财政、国土资源、住房城乡建设在内的 27 个省直部门为成员单位。领导小组定期召开全会或协调会议，及时统筹协调解决教育改革与发展涉及的重大问题，注重加强教育与相关部门的横向沟通，形成合力共同推进工作，较好地走出了教育部门单打独斗难以成事的困境。

如在职业教育方面，根据地区间经济社会及教育发展水平不平衡的现状，加大了省级统筹力度，突破行政区划制约，面向全省配置职业教育资源。一是政策指引、规划先行。2006 年、2011 年省委省政府两次召开全省职业教育工作会议，出台了相关决定和规划纲要，加强了政策保障，在全省形成了推动职业教育发展的合力。二是强化统筹、优化布局。明确以珠三角地区和粤东西北地区地级市城区为主做大做强职业教育，针对粤东西北地区学位不足的问题，组织珠三角优质中职学校面向粤东西北地区特别是农村地区开展"转移招生"，"转移招生"在校生已超过 50 万人，实现了全省"一盘棋"配置资源。三是统一要求、协调发展。根据中等职业教育多部门管理的现状，提出发展规划、招生平台、经费投入、资源配置、培养标准"五统一"的改革方向，推进了中等职业教育的省级统筹管理和协调发展。

（二）转变教育管理方式，简政放权

从 2011 年开始，广东加快转变政府职能、简政放权步伐。在教育领域，

一是取消、转移、委托管理原行政审批事项。按照"政校分开、管办分离"的要求，2012 年省政府又将 10 项涉及基本教育公共服务的事务列入省政府向社会组织购买服务第一批目录。二是报请教育部同意给予广东 16 项优惠政策。教育部和省政府在 2013 年 8 月召开共同推进教育体制综合改革联席会议，在省级政府教育统筹综合改革、深化人才培养模式改革、深化办学体制改革等重大领域支持广东开展一系列先行先试工作。

落实学校办学自主权迈出新步伐。2013 年 7 月，省政府办公厅转发省教育厅《关于进一步扩大和落实高校办学自主权促进高校加快发展若干意见》，从高校招生、学科专业设置、教育教学改革、对外交流合作、人事管理制度等 11 个方面进一步明晰和落实高校办学自主权的具体政策。佛山市顺德区取消中小学生学籍转移及职业学校专业设置审批权限，落实学校办学自主权。出台《关于进一步规范顺德区中小学学籍管理的工作意见》，取消区、镇（街道）两级教育行政部门学籍异动的审批权限，只做程序性盖章，将学生的学籍异动权限全部交给学校。取消职业技术学校专业设置的审批权限，学校可依照学校实际与市场需求，自行设置专业，此举大大扩大了职业学校的办学自主权。精简和规范教育考核检查评比表彰活动。第一批撤销区级教育评比表彰事项 9 项，合并 8 项；撤销区级教育考核检查事项 3 项，合并 3 项。减少对学校的行政干预，赋予学校办学自主权。如实现校服市场化运营，发挥市场的调节功能，将中小学生的校服管理还给市场，学校完全退出校服运作，政府统一款式和用料标准，对质量进行监管，培育市场，由家长自由选购。构建以市场为主导、优化服务、规范经营的校服运营机制，实现校服市场化运营。这一系列简政放权政策的实施，为广东推进省级政府教育统筹综合改革创造了良好环境和条件。

（三）适应城镇化需要，深化基础教育管理体制改革

由于各地实际不同，从办学主体、管理权限、经费投入等方面看，广东实际上大致形成了四种基础教育管理体制。第一种以东莞市、中山市（不设区、县的地级市）为代表。如东莞市实行"三转二"管理体制改革，从 2007

年1月起，中小学由市、镇（街道）、村（社区）三级办学管理转为市、镇（街道）统筹办学二级管理。将全市高中阶段学校收归市政府统筹管理，市财政承担全部办学经费；初中由市、镇（街道）共管，以镇（街道）为主，市财政承担90%经常性办学经费，其余经费由镇（街道）解决；小学由镇（街道）统一管理，并承担其办学经费，村（社区）不再负责学校办学和管理。第二种以佛山市为代表。佛山市实行"大部制"改革下的区级教育垂直行政管理，区教育局局长由区人民政府副区长兼任，设置镇（街道）教育分局，初步形成统筹规划与指导、标准评价与督导相对上移集中，管理落实与执行服务相对下置前移的教育管理体制。第三种以粤东西北地区为代表。乡镇中心校负责周边学校、教学点的教学指导和日常一般管理协调工作。第四种基础教育管理体制以县（市、区）为主，但同时中心镇（街道）成立教育管理部门，作为县（市、区）教育行政部门的派出机构，负责管理、指导本镇（街道）的教育发展工作。

（四）适应城镇化产业转型需要，创新职业教育管理体制

按照《广东省职业技术教育改革发展规划纲要（2011—2020年）》要求，统一发展规划，创新职业教育管理体制。根据经济转型、产业升级和就业需求以及城镇化发展需要，遵循教育和人才成长规律，以生源总量、技能人才需求为依据，科学预测，统筹布局，合理调控建设、招生和培训规模，统一制定全省职业技术教育发展规划并纳入各地经济社会发展总体规划，推动职业技术教育、普通教育与经济社会协调发展。进一步完善高等职业技术教育由中央、省、市三级办学，两级管理、以省为主的管理体制，中等职业技术教育珠江三角洲地区以县（市、区）为主、粤东西北地区以地级市为主的管理体制。积极推进政校分开，探索职业技术院校面向市场自主办学的新机制。改革内部治理结构，完善中等职业学校和技工学校校长聘任制、高等职业学院党委领导下的校长负责制以及校长选拔任用办法。探索建立职业技术院校理事会或董事会，健全社会支持和监督学校发展的长效机制。

（五）建立现代学校制度，创新学校内部管理体制机制

1. 探索建立校长职级制，推进校长专业化

中山市大力推进中小学校长职级制改革，出台了《关于深化中小学校长职级制改革的意见》和配套的《中山市中小学校长职级制改革实施办法（试行）》《中山市中小学校长聘任与交流办法》《中山市中小学校长职级评定办法》《中山市中小学校长绩效考核办法》《中山市中小学校长职级津贴实施办法》《中山市中小学校长培养培训管理办法》等"1＋6"文件。形成了较完整的校长职级制改革的政策保障体系，淡化了校长"官本位"思想，树立了"职业校长"和"专业校长"的理念，初步形成了校长追求全面发展和特色管理的内在驱动力，有效引领校长走专业化和职业化发展之路。

2. 深化学校内部管理创新，推动社会参与教育管理

佛山市广泛利用社会资源谋求学校发展，通过资助学校办学经费、参与学校事务和监督、提升学校管理的民主化和科学化水平，促进学校健康、和谐、快速发展。成立社会力量资助学校办学理事会，参与学校事务包括安全、德育、教学、体育等工作的管理和监督，对学校重大决策提出意见建议，协助学校处理公共关系，参与学校工作绩效的评价和考核等，为学校的发展提供了广泛的社会资源和社会监督。随着教育决策咨询委员会、学校理事会、园务监督会的成立，政府、社区、家长、社会等参与教育公共治理的格局初步形成。

（六）改进教育政策，逐步解决随迁子女义务教育问题

1. 逐步推行随迁子女免费接受义务教育

2012 年 4 月，经省人民政府同意，省财政厅和省教育厅联合印发《关于调整完善城乡免费义务教育政策的通知》，明确从 2013 年春季学期起，在广东普通中小学（包括民办学校）就读的义务教育阶段学生免收学杂费、课本费，将包括随迁子女在内的在粤义务教育阶段学生一起纳入财政保障范围。

2. 制定和实施随迁子女义务教育后参加中考政策

随迁子女完成义务教育后在当地参加升学考试是推进城镇化进程、提高城镇化发展水平的重要体现。各地级市根据当地实际情况制定了随迁子女参加中考的政策，采取多种形式，解决随迁子女在本地参加中考的问题。一是符合条件的与当地户籍学生一视同仁。大部分市允许随迁子女在当地参加中考，与户籍考生同等录取。二是对特殊群体的随迁子女实行政策性照顾。如广州等9市将从事地质勘探、殡葬和环卫等行业的进城务工人员随迁子女，列为政策性照顾借读生，与户籍生同等对待。三是广州、东莞等市每年在普通高中划出部分招生计划，招收符合一定条件的随迁子女就读普通高中。

3. 大力扶持招收随迁子女的民办学校发展

省财政2013年安排经费7000万元资助和奖励民办教育发展，其中有相当一部分用于资助主要招收随迁子女的民办学校和民办幼儿园。广州、深圳、东莞等地设立了民办教育发展专项资金。深圳市2012年颁布《深圳市民办学校实施义务教育阶段学位补贴试行办法》，规定"各区按小学不超过每人每年5000元、初中不超过每人每年6000元的标准给予学位补贴（学位补贴已包含深圳免费义务教育财政补助）。受委托学校的收费标准低于补贴标准的，最高补贴额度为其收费标准。受委托学校的收费标准高于补贴标准的，其差额部分由家长缴交"。目前深圳市已向民办学校购买义务教育学位5.1万个。

（七）创新保障机制，加大师资队伍建设和经费投入力度

1. 健全资助和待遇制度，全面提升教师职业吸引力

一是加强幼儿园教师队伍建设。2012年，省编办会同省教育厅、财政厅出台了《广东省幼儿园编制标准（试行）》，为促进学前教育发展提供机构编制保障。将公办幼儿园教师纳入广东中小学教师工资福利待遇"两相当"政策范围（即县域内教师工资福利待遇与公务员大体相当，农村教师工资福利待遇与城镇教师大体相当），提高幼儿园教师职业的吸引力。鼓励和支持师范院校和具备教育类招生资格的高职院校申报设置学前教育专业或专业方向，

并扩大五年一贯制学前教育专业招生规模。将学前教育师资队伍建设列入"强师工程",加强幼儿园教师培训,完善学前教育师资培训体系。二是重点落实中小学教师工资福利待遇保障机制。推进落实中小学教师工资福利待遇"两相当"。截至 2012 年年底,全省 98% 的县(市、区)已实现教师工资福利待遇"两相当"。三是大力实施"强师工程",加强农村教师队伍建设。建立山区和农村边远地区义务教育学校教师岗位津贴制度,加强农村教师培训,加强农村学校合格教师补充,建立对农村学校的帮扶制度,促进教师队伍均衡发展。

2. 创新经费保障机制,加大教育投入力度

广东尽管经济总量全国第一,但发展不平衡,既有经济发展水平较高的珠三角地区,又有人均 GDP 低于全国平均水平的粤东西北地区。因此,广东强化了分类指导功能,提出教育"创强争先建高地"的总体思路,推动区域教育均衡协调发展。一是加快粤东西北地区"教育创强"。进一步提高粤东西北地区的教育普及水平,抓好教育基础设施标准化建设,不断提高教育质量,缩小与珠三角地区的教育发展差距。二是推进珠三角地区"教育现代化"。珠三角要继续完善优质均衡教育体系,提高教育国际化水平,通过率先实现教育现代化带动全省教育现代化。三是加大教育投入。一方面,在义务教育阶段,从 2012 年春季学期起,全省农村、城镇免费义务教育公用经费补助标准统一调整为小学 550 元/学年、初中 750 元/学年,同时,统一城乡免费义务教育公用经费补助比例、拨付方式。在此基础上,2013—2015 年省财政进一步提高城乡义务教育公用经费补助标准,其中,小学每生每学年提高 200 元、初中每生每学年提高 400 元,到 2015 年达到小学 1150 元、初中 1950 元。2012—2015 年,省财政安排欠发达地区基础教育"创强"经费共达 100 亿元。另一方面,逐步扩大省属中职学校实施生均综合定额拨款制度试点范围。省委、省政府《关于大力发展职业教育决定》要求,从 2008 年起,公办职业院校经费按照学校类别和现有的财政预算关系,以在校生人数为基数,鼓励实行生均综合定额为主的预算管理体制。2010 年 10 月,经省人民政府同意,省财政厅、教育厅、人力资源社会保障厅下发了《关于印发

〈广东省省属职业技术教育经费预算管理改革试点暂行办法〉的通知》，明确从 2010 年起在 3 所职业院校实行生均综合定额拨款试点，其中，高职生均基准定额为 3300 元/年，高级技工和国家重点中职为 3030 元/年，普通中职和技校为 2800 元/年。2011 年，将试点范围扩大到 5 所职业院校。

（八）建立健全督导评估机制，提高教育质量

1. 健全督导体制机制

目前，全省 21 个地级以上市和 120 个县（市、区）均成立了教育督导室，形成了省、市、县（市、区）三级教育督导网络，教育督导机构健全，形成了一支专兼职结合的督学队伍。督导制度的日益完善，督学力度的不断加大，有力推进了各地各校"创强争先"工作。截至 2014 年 8 月，全省共有教育强市 10 个、强县 80 个、强镇 1140 个，覆盖率分别为 47.6%、60.0% 和 72.0%，比 2012 年分别提高 9.5、8.8 和 11.0 个百分点。东西两翼所有地级市都创建了教育强镇，深圳、佛山两市已率先成为推进教育现代化先进市。

2. 完善义务教育质量评估制度

建立符合素质教育要求的教育教学质量、学生学业质量评价体系和综合素质评价体系，引导学校全面实施素质教育。制定义务教育学校素质教育督导评估标准和实施方案，组织开展素质教育示范学校创建活动。

3. 实施普通高中优质发展工程

在基本普及高中阶段教育基础上，继续加大投入，着力调整学校布局结构，加强薄弱学校改造，优化资源配置，增加优质学位。实施优质学校建设工程，推进国家级示范性普通高中和省一级普通高中建设，发展优质普通高中，扩大优质教育学位。充分发挥示范性普通高中辐射作用，通过实施"城乡帮扶""校校帮扶"措施，带动全省普通高中办学水平和教育质量的整体提高。

4. 坚持中高职一体化培养

坚持以高职为引领，加强中高职协同合作，共同研究制定人才培养方案

和专业课程标准、考核评价标准，并对中职生源学生单独编班和教学，促进高技能人才成长。

四、广东城镇化进程中教育管理体制改革存在的主要问题

（一）部分地区和部门举办学前教育的责任未能有效落实

按照《广东省发展学前教育三年行动计划》规定，县（市、区）人民政府是发展学前教育、解决"入园难"问题的责任主体，然而在实际中由于政策、体制等诸多原因，部分地区幼儿园的规划、建设、投入难以得到有效落实和保障。具体表现为以下三点。一是城镇住宅小区配套幼儿园建设有待加强。近年来，不少城镇新建了许多住宅小区，但很多小区没有按照国家有关规定配套建设幼儿园；有些地方虽将幼儿园纳入建设规划，但住宅小区配套的幼儿园建设不规范，已建好的很多配套幼儿园也没有及时移交教育部门管理，而是被承建商或物业管理部门用于租赁，收取租金，造成公益性学前教育资源短缺。二是幼儿园规范管理有待加强。部分地区无证办园现象依然存在，部分幼儿园教育"小学化"倾向严重。三是部分地区幼儿园教师待遇明显偏低，相当部分幼儿园教师未取得教师资格证，教师队伍素质有待提升。

（二）基础教育管理体制有待完善

1. 基础教育统筹层级有待提高

受城乡二元结构和区域经济发展水平制约，各县（市、区）财力差距较大，很多欠发达地区仍然是吃饭财政，教育经费投入严重不足，造成城镇与农村、珠三角与非珠三角地区基础教育特别是义务教育发展水平存在明显差距。在我国教育管理体制中，省级政府具有独特地位和优势，相对于中央而言具有贴近基层、就近管理的优势，相对于县（市）而言则具有较强的财政统筹和行政调控能力，因此必须加强省级政府教育统筹。

2. "以县为主"管理体制不适应发达地区发展需要

以东莞为例，撤销镇一级教育行政管理部门后，东莞教育在行政架构层面只存在一级管理，东莞市教育局直接管理各级各类学校，实际上无法实施有效的管理。2013—2014 学年，东莞市共有幼儿园 841 所，在园（班）幼儿共 277777 人，小学 321 所，在校生 659138 人，初中 167 所（不含完全中学），在校生 201244 人，高中阶段学校 65 所，其中普通高中 40 所，在校生 77045 人，中职学校 25 所（含技工学校 3 所），在校生 63247 人。这么多的学校和学生，都由东莞市教育局直接管理，存在较大困难。

（三）职业教育发展的体制机制性障碍依然存在

长期以来，广东与全国大部分省份一样，职业教育管理体制沿袭的是"条块分割、以块为主"的管理格局，中等职业学校（含技工学校）分别隶属教育、人社部门，各部门分治，各自为政、沟通不畅，缺乏一个权威的统筹协调职业教育的组织或机构，给中等职业教育教学和技术技能人才培养带来不少矛盾，重复布点、重复建设、浪费资源的现象无法遏制。由于缺乏统筹，职业教育发展与当地经济社会发展不相适应，专业及课程设置与现代产业结构不相适应，职业教育推进区域经济社会发展和新型城镇化建设的作用没有很好发挥出来。

（四）教育经费保障机制有待完善

义务教育实行"以县为主"的管理体制，经费投入主要由县级政府负责，中央和省通过转移支付给予适当补充。这种教育经费保障机制在运行中存在的主要问题有：一些欠发达地区，由于地方财力有限，教育经费投入不足，造成县域之间教育经费投入极不平衡；现行教育经费仍以户籍学生和公办学校在校生为基数核算，导致流动人口子女教育经费得不到保障；现行的流动人口子女义务教育财政政策，只是规定了流入地的教育责任，但并没有规定流出地政府的财政责任，未能实现流出地的教育经费与流入地的某种联动；目前中央财政对广东等东部省份教育转移支付大部分实行分省核定的办法，没有考虑学生规模、生均支出水平等因素。以 2012 年为例，广东全省随迁子女义务教育阶段在校生 300.6 万人，占全省 1250.7 万义务教育阶段在校生的 24.0%，占全国随迁子女义务教育阶段在校生的 21.6%，比北京、上海、天津、江苏、浙江 5 省市随迁子女义务教育阶段在校生的总和仅少 2 万多人。在全省随迁子女义务教育阶段在校生中，省外迁入为 161.4 万人，占比为 53.7%。从 2013 年春季学期起，省级财政把随迁子女全部纳入免费义务教育补助范围，以全部在普通中小学（包括民办学校）就读的义务教育阶段学生数为基数，按小学每生每学年 750 元、初中每生每学年 1150 元标准安排免费义务教育公用经费补助。2013 年，全省免费义务教育公用经费补助为 788917 万元，比 2012 年增加了 249572 万元。据了解，2011 年中央财政对义务教育补助达 1265.1 亿元，其中对广东省义务教育补助为 26.25 亿元，占比仅为 2.1%，而当年广东义务教育在校生占全国的 8.7%。因此，如果切实贯彻国家"两为主"政策，让在民办学校就读的非本地户籍学生全部入读公办学校，或者按照公办学校标准购买民办教育服务，作为外来人口流入大省，广东解决流动人口子女就学问题在财政上将存在巨大困难。

五、城镇化背景下深化教育管理体制改革的建议

要适应新型城镇化发展需要，办好人民满意的教育，必须根据教育规律、经济社会发展规律和教育现代化要求，结合广东转变经济发展方式、推进产业优化升级需要，构建新型的政府、学校、社会关系，建立系统完备、科学规范、运行有效的教育管理体制机制，深入推进教育治理体系和治理能力现代化。

（一）加大省级政府统筹教育发展权限

我国幅员辽阔，各省（区、市）经济社会发展很不平衡，教育改革发展需求也千差万别，确有必要赋予地方政府更多的根据经济社会发展需要和财

政承受能力统筹地方教育发展的权限。省级政府必须加强教育改革发展战略、规划、政策、标准等的制定，充分调动辖区内各级政府推进教育改革发展的积极性、主动性和创造性，统筹落实区域内农村义务教育经费和教师队伍建设，统筹推进区域内义务教育均衡优质发展工作，统筹协调中等职业教育（含技工学校）一体化发展，统筹安排学校教育、继续教育、培训就业协调发展，实现教育领域各项改革协同推进。

（二）健全现代教育治理体系

1. 因地制宜，健全省、地级以上市、县（市、区）、镇（街道）权责明晰的基础教育管理体制

一是理顺学前教育办学体制，明确各级政府特别是县（市、区）政府对学前教育的办园责任和经费投入责任。坚持学前教育归口教育行政部门管理的原则，实行地方负责、分级管理、有关部门分工配合的管理体制，有效扭转学前教育管理较为混乱的局面。二是义务教育和普通高中办学的统筹规划、标准设置和督导权限适度上移，加强省级和地级以上市对义务教育、普通高中教育的统筹。在珠三角发达地区，根据镇（街道）的经济发展水平、人口规模和教育发展需求，教育管理落实和执行服务相对前置，赋予珠三角地区规模较大镇（街道）教育管理权限。

2. 权限下移，健全政府主导、学校主体、行业指导、企业参与的职业教育管理体制

由教育行政部门具体统筹管理包括技工学校在内的中等职业教育。中等职业教育管理权限在坚持地级以上市为主的同时，明确县（市、区）发展中等职业教育的责任，以适应县域经济社会发展和城镇化进程的迫切需要。政府要明确企业支持校企合作培养人才的社会责任，教育行政部门要充分发挥行业和专门机构在预测人才需求、制定职业标准、指导专业设置、深化培养模式改革、开展质量评价等方面的重要作用。

（三）完善以公共财政为主的多元化教育投入体制

一是进一步明确学前教育经费来源。改变学前教育投入缺乏依据、随意性大的局面。根据各地财政能力、当地的物价水平、幼儿园的办园成本确定财政核拨标准，明确各级财政及家长在幼儿园办园经费上的负担比例，制定公办园的年生均财政核拨标准。二是进一步打破当地户籍学生和非当地户籍学生的界限，逐步实行统一的财政支持政策。争取中央财政更大支持，进一步完善城乡免费义务教育政策。对在民办学校就读的学生，不分户籍统一给予学位补贴，并逐步提高补贴标准。三是扩大经济发达镇（街道）或规模较大镇（街道）教育财政权，完善教育经费投入机制。要按照"简政强镇"的要求理顺县（市、区）、镇（街道）财政分配关系，调整优化市、县（市、区）、镇（街道）三级政府财政收支结构，增强县（市、区）和中心镇（街道）的财政能力，为镇（街道）履行教育职能创造有利条件。四是健全中央财政转移支付机制。争取中央支持，建立流出地和流入地的省、市、县（市、区）三级政府合理分担的机制，根据各地教育人口比重结合经济发展增量制定动态标准，不断调整分担比例，使流入地政府在接受随迁子女教育方面做到财权与事权相匹配。五是健全各级各类教育经费统筹使用机制，力争教育资金使用效率最大化。

（四）建立基本能力统考、学业水平考试、综合素质评价三位一体的招生评价制度

招生评价制度改革是教育领域综合改革"牵一发而动全身"的重点领域和关键环节。完善考试招生的顶层设计，建立基本能力统考、学业水平监测考试、综合素质评价三位一体的招生评价制度，是从根本上解决"一考定终身"顽疾的关键。一是落实义务教育免试就近入学制度。严禁小学升初中考试，试行学区化办学和九年一贯对口招生。合理划定入学范围，有序确定入学对象，规范办理入学手续，全面实施阳光招生。逐步减少特长生招生学校和招生比例。二是继续深化中考和高中学业水平考试的考试内容和考试

形式改革，建立初高中学业水平监测考试、综合素质评价与基本能力统考相结合的招生评价制度。三是加快推进高考综合改革。积极争取成为国家高考综合改革试点，加快推进职业院校分类招考或注册入学，探索基于高考的综合评价招生制度改革和高职招生评价与选拔机制，扩大高职院校自主招生规模。

（五）探索建立分类管理、分类支持、分类指导的民办教育管理体制

随着城镇化深入推进，大量农业人口进入城镇，为民办教育发展带来难得的机遇。各级政府应当按照建设服务型政府的要求，切实履行统筹规划、政策引导、监督管理和提供公共教育服务的职能，从制度上保障民办教育的地位，规范民办教育的办学行为，推动民办教育规范特色发展。推进民办学校分类管理改革，进一步明确民办学校的法人属性，民办学校应当享受与公办学校同等的优惠政策。督导民办学校充分落实教师待遇，切实保护民办学校教师的合法权益。扩大民办学校收费自主权，充分发挥市场在资源配置中的决定性作用。

参考文献

邓文辉，李海东 . 2013. 广东省现代职业教育体系建设的成就、问题与对策［M］//广东省教育研究院 . 广东教育改革发展研究报告：上册：理论战略政策研究卷 . 广州：广东高等教育出版社：96.

广东省统计局，国家统计局广东调查总队 . 2013. 2013 年广东统计年鉴［M］. 北京：中国统计出版社 .

广东省统计局，国家统计局广东调查总队 . 2014. 2013 年广东国民经济和社会发展统计公报［EB/OL］. （2014 - 03 - 04）. http：//www. gdstats. gov. cn/tjzl/tjgb/201403/t20140305_139764. html.

刘建平，等 . 2006. 全面建设小康社会的必由之路——广东城镇化进程研究［M］. 北京：经济科学出版社 .

（本报告由广东省教育厅承担，参与人：王斌伟、黄崴、许顺兴、张耀荣、邵博、王健、聂武刚、黄妍、詹春青、曾阳。）

案例：深化教育管理体制改革，加快推进顺德城镇化进程

一、城镇化进程中的顺德教育管理体制改革

顺德作为省直管县改革试点地区，行政管理体制改革走在全省乃至全国前列。在城镇化进程中，顺德明确提出深化行政管理体制改革，建设服务型政府。建设服务型政府，首先要转变行政管理理念，树立管理就是服务的思想，从管理型向服务型转变，在服务中体现和履行管理职责，增强服务意识。顺德在城镇化进程中紧紧围绕服务型政府这一核心理念，深化行政审批制度改革，简政放权，从根本上转变教育管理方式。

（一）以教育管理体制改革为抓手，进一步转变政府职能

面对城镇化进程，顺德结合本地教育发展实际，积极构建区级教育行政部门综合统筹、镇街教育行政部门具体执行、社会各方力量广泛参与的教育管理体制。

1. 改革管理体制，提升管理效能

（1）加强组织领导，建立大部制下的统分耦合教育管理体制。2009 年，顺德全面启动了大部制改革，主管教育的区领导兼任教育局局长，镇（街道）教育局局长由镇（街道）分管领导担任。大部门首长制减少了教育决策、审批的环节，为教育改革发展提供了组织保障。同时，统一全区教师待

遇、生均经费、专项资金的标准，为教育改革发展提供了财政保障。

（2）厘清管理职能，明确管理权限。为满足经济社会发展对优质教育的需求，为市民提供更好的公共教育服务，顺德区委、区政府在大部制改革的基础上，进一步完善镇（街道）的教育管理体制，在镇（街道）单列设置教育局。同时，厘清区、镇（街道）两级教育行政管理部门职能，避免对学校的多重管理，提升管理效能，使基层教育管理更加专业化。顺德区教育局制定了《关于区、镇两级教育行政职能和事权划分的通知（试行）》，既明晰权责，又给镇（街道）教育局以更大的自主权，使之能更有针对性、更有效地进行微观管理。

（3）转变管理模式，构建"小政府、大社会"的教育管理服务方式。一是成立了区教育决策咨询委员会，汇民智、聚民意，保证政府教育公共决策的科学性和民主性。二是成立了区民办教育协会，形成政府指导性管理、学校自主性管理、行业自律性管理相结合的独立运作体系。三是成立了区职业教育发展指导委员会，为职业教育发展提供政策咨询、信息服务与业务指导。

2. 加大简政放权力度，深化行政审批制度改革

建设服务型政府，基础是理顺行政管理体制，核心是转变政府职能，突破口是行政审批制度改革。为加快政府职能转变，顺德以"简政放权、转变职能"为核心，全方位推进教育行政审批制度改革，构建职权合理、标准统一、便民高效、公开顺畅、共管共治、监督到位的教育行政审批制度。

首先，清理教育行政审批事项目录，将原有的46项教育审批事项压缩为20项。以"取消学籍审批"为试点，探索由事前审批向事后监督管理的新模式转变。以"民办非学历教育机构审批下放"为突破点，强化事权审批向基层集中。其次，撤销区级教育考核检查项目3项，合并3项，保留3项；撤销区级教育评比表彰项目9项，合并8项，保留5项。减少教育行政部门对学校教育教学秩序的行政干预，扩大学校办学自主权。最后，实行审批流程标准化和规范化，压缩办理时限，全部20个事项办理时限减少59%。

通过简政放权，初步实现从"重审批、重管制"向"重服务、重法治"转变，逐步走上决策权、执行权与监督权相互独立、相互制约的现代管理轨

道，激发了基层教育改革发展活力。

（二） 以构建现代学校制度为核心，改革学校管理方式

1. 厘清政校关系，促进学校自主管理

明确学校与政府的关系、给予学校办学自主权，是建设现代学校制度的前提。为此，顺德区教育局积极引导学校自主管理，大胆尝试取消区、镇（街道）两级教育行政部门学籍异动的审批权限，取消职业技术学校专业设置的审批权限，实现校服市场化运营。

2. 引进社会力量参与教育工作，促进学校自我发展

"社会参与"是现代学校制度的重要特征之一，也是建设现代学校制度的关键环节。顺德区教育局在这方面进行了积极的尝试，包括引入容桂青少年促进会参与幼儿园管理，成立龙山中学社会力量资助学校办学理事会、顺峰中学和美教育促进会、青云中学校友参事会以及勒流勒北小学特色教育发展委员会等。

3. 完善学校内部治理结构，增强学校自我约束机制

学校根据自身条件，自主选择，建立学校理事会、校友会、家长委员会等组织，逐步扩大社区、校友、家长在学校事务中的决策和监督权。以实施绩效工资为契机，重新明确教代会的权责。区属学校试点教师、学生、家长多方参与校长绩效考核评价机制，保证相关利益主体对学校工作的参与，增强学校自我约束机制。

（三） 以城乡教育资源配置一体化为核心，实现基本公共教育服务均等化

1. 优化校舍布局，确保城乡教育资源均衡配置

随着城镇化进程的深入推进，一些中小学因校舍条件落后、适龄人口减少，规模逐渐缩小。2002 年，顺德启动了"教育强区""教育强镇"创建工程，全面推进校舍建设工作。2004 年，顺德实现 10 个镇（街道）100% 教育

强镇的目标，实现了城乡教育的均衡协调发展。同时，顺德区政府编制下发了《佛山市顺德区基本公共服务均等化与设施建设规划》及实施方案，调整中小学校舍建设布局规划，实施"优化""强化"工程。2009—2012 年，顺德共完成中小学新建、扩建工程 30 个，新增中小学学位近 2 万个。

2. 改革教师管理制度，盘活优质教师资源

一是统一全区城乡教师工资标准，实现教师待遇"两相当"，并建立全区教师工资统发机制；二是统一师资配置，实行全区教师实名制与公开招聘制度；三是加大教师交流力度，盘活优质教师资源。

3. 改革非户籍学生管理制度，解决进城务工人员随迁子女入学难问题

一是规范招生程序，推行"积分制"。一方面，由镇（街道）教育局根据公办学校的剩余学位情况、积分的高低统筹安排，优先解决政策性借读生入学问题，再按"积分入学"的办法根据积分高低安排普通借读生入学，给外来工子女和本地居民提供同等的教育机会。另一方面，在外来工集中的容桂街道、北滘镇、乐从镇分别建立外来工子弟学校，解决近 4700 个学位需求。二是规范学籍管理，合理配置学位。落实学籍实名制管理，严格控制班额，通过信息技术手段规范学籍管理。一方面，动态监测进城务工人员子女入读及需求情况，从而科学制定教育发展规划。另一方面，对全区富余学位进行精确监控和调配，在保障"政策性借读生"100% 入学的基础上，最大限度满足普通借读生入学需求。全区学位调节机制的建立，有效缓解了部分中心片区学校学位紧张情况，解决了进城务工人员随迁子女入学难问题。

4. 改革招生考试制度，保障进城务工人员随迁子女就地升学

实行统筹各镇属普通高中 10% 的招生计划面向全区招生的改革，实行招生录取"系统内补录"制度，为学生创造更加公平的录取环境。按照《广东省教育厅等部门关于做好进城务工人员随迁子女接受义务教育后在广东省参加升学考试工作意见的通知》要求，分步骤落实随迁子女就地升学考试工作。

二、顺德教育管理体制改革取得的成效

顺德在办学体制、管理机制等方面主动顺应城镇化的时代发展趋势，初步构建了自主开放的教育格局，教育管理体制改革取得显著成效。

（一）理顺管理体制，构建了多元参与的教育管理新格局

通过教育管理体制改革，初步理顺了区、镇（街道）两级教育行政部门的权责，按照"一级决策、二级管理、三级服务、社会参与"的原则，提高了区属行政部门决策的能力，扩大了镇（街道）的管理权限，提高了执行力。通过成立教育决策咨询委员会、学校理事会、园务监督会，极大地激发了社会力量参与教育决策与管理的热情，逐步形成了社会、政府、社区等广泛参与的教育管理新格局，架构起多元参与的教育公共治理格局。

（二）改革办学模式，构建了现代学校制度

紧紧围绕现代学校制度建设这一核心，大胆探索办学模式改革，通过下放学籍管理权限和职业教育专业设置权限、推行校长组阁制、改革中小学校财务管理等方式，扩大和落实学校办学自主权。同时，社会力量参与学校的决策、发展和监督，为学校提供了大量的社会资源，促进了学校决策的科学性，逐步构建了学校依法办学、自主管理、民主监督、社会参与的现代学校制度。

（三）确保资源共享，实现了均衡优质发展

顺德全区的义务教育阶段学校均是广东省规范化学校。全区义务教育教师交流人数达到义务教育阶段教师总数的 6.7%，优质教师资源进一步被盘活。22 所高中除新成立的两所民办高中外，其他均为省一级学校。13 所中职学校全部为省级重点职校，其中有 10 所是国家级重点校。目前，全区非顺德

籍中小学生共 13.2 万人,占在校生总数的 43.4%。其中,有近 12.7 万进城务工人员随迁子女在公办学校就读,占异地务工人员随迁子女总数的 96% 以上,实现了"以流入地为主、以公办学校为主"的工作要求,实现了教育均衡优质发展的目标。

(四)探索社会参与机制,营造了良好的教育发展环境

各镇(街道)教育局、学校相继利用社区、家长、校友等资源,参与教育教学监督和评价等工作。社会各界参与学校管理、谋划学校发展的热情空前高涨,逐步形成"政策咨询、资助共建、参事议事、特色支持"的社会参与教育发展的工作机制,营造了良好的教育发展环境。

三、亟须解决的问题及工作思路

应对新型城镇化的需求,顺德教育在办学体制、管理体制和内涵发展方面都进行了有益的探索和大胆的尝试。与此同时,如何应对异地中考、高考政策导向带来的大量随迁子女入读需求,如何突破高中学段区、镇(街道)两级双重管理模式导致的管理效能不高的瓶颈,是下一阶段亟须解决的问题。下一阶段的主要工作思路如下。

(一)进一步完善教育投入与管理体制

在明晰区、镇(街道)职权划分和财政分担的基础上,进一步理顺办学体制。按照义务教育阶段由镇(街道)负责,高中教育阶段由区负责的工作思路,科学规划学校布局,加快学校建设,满足城镇化进程带来的学位需求。

(二)进一步提高规范管理水平

加快现代学校制度建设,全面推进依法治校。完善学校内部治理结构,建立学校依法办学、自主管理、民主监督、社会参与的体制。进一步完善社

会组织和家长参与学校管理的机制，加强社区与学校的联系，形成开放办学的新格局。充分发挥教代会的作用，完善重大事项集体决策的流程与制度，进一步推动民主管理。

（三） 进一步提升教育服务能力和服务水平

创新人才培养模式，推进学生综合素质成长评价和学科教学的基线与增值评价，实现从功利性评价向诊断性评价过渡。深化校企合作，推动中、高职衔接，完善研究生层次教育，培养高技能、高层次人才。推进学生参与社会实践，形成社会、家庭、学校多方参与的人才培养格局。

（四） 进一步完善教师管理制度

建立合理的教师准入制度，探索教师退出的管理机制；建立顺德教师职业发展标准，完善岗位设置，建立引导教师善教乐教的评价机制；完善教师培养培训体系，加强学习型团队建设；优化教师资源配置，推动教师交流。

（本报告由广东省佛山市顺德区教育局承担。）

江苏省城镇化进程中教育管理体制改革研究报告

党的十八大提出了积极稳妥推进城镇化，坚持走中国特色新型工业化、信息化、城镇化、农业现代化道路。十八届三中全会指出："健全城乡发展一体化体制机制，形成以工促农、以城带乡、工农互惠、城乡一体的新型工农城乡关系，让广大农民平等参与现代化进程、共同分享现代化成果。""完善城镇化健康发展体制机制。坚持走中国特色新型城镇化道路，推进以人为核心的城镇化，推动大中城市和小城镇协调发展、产业和城镇融合发展，促进城镇化和新农村建设协调推进。"教育既要适应新型城镇化发展趋势，又要努力为新型城镇化建设提供各类人才与服务。随着城镇化进程的加快，必将对教育工作与教育管理体制产生深刻影响。和全国相比，江苏城镇化处于较高水平，在发挥城镇化引领作用的同时，也面临许多新的挑战。对此，江苏借鉴发达国家和地区的城镇化发展经验，探索中国特色的城镇化道路，努力实现教育发展与城镇化进程的良性互动。

一、江苏城镇化发展的阶段与特征

江苏城镇化快速发展始于20世纪80年代，是全国城镇化起步最早的地区之一。30多年来，城镇化水平持续快速提升，每年有100万以上的农村人口进入城镇，50万左右的农民到城镇安家落户，城镇人口超过4000万，

2013 年全省城镇化率达到 64.1%。改革开放以来，江苏抢抓发展机遇，实现了"由农到工""由内到外"的转型发展，城镇化进程也随之不断展开新的实践，形成了鲜明的阶段特色。

（一）20 世纪 80 年代，伴随乡镇企业发展，形成以推进小城镇发展为主导的阶段

党的十一届三中全会后，江苏乡镇企业异军突起，成功实现百万农民非农化转移，创造出著名的"苏南模式"，促进和带动了小城镇迅速发展和繁荣。1982 年，全省第二次城市工作会议提出"以城市为中心、农村为基础、小城镇为纽带，实现城乡协调发展"的方针；1983 年，江苏在全国率先实行"市管县"体制。这一阶段，江苏城镇化进程主要源于对基层实践的总结推广，乡镇工业快速发展成为城镇化发展的主要动力，形成了"小城镇、大发展"的城镇化发展格局。这一时期，全省城镇人口占总人口比重从 1980 年的12.1%，上升到 1990 年的 17.6%。

（二）20 世纪 90 年代，伴随开发开放，形成以促进开发区集聚建设为主导的阶段

江苏抓住浦东开发开放的机遇，大力推进开发区建设，开放型经济迅猛发展，城镇化水平大幅提升。这一时期，全省各地大力推动"三外齐上、三外齐抓"，积极兴办各类开发区。昆山自费开发区上升为国家级开发区，张家港保税区和太湖旅游度假区经国务院批准设立，南京、苏州、无锡、常州等高新技术开发区加快建设，省政府先后批准建立港口开发区、台商投资区等 68 个省级开发区，1994 年中国与新加坡合作开发苏州工业园区，目前苏州工业园区已发展成为各类园区的典范。这一阶段，开发区的迅速成长激发了城镇化发展的内在动力，带动了城市经济的快速增长和新城镇的迅速崛起。这一时期，全省小城镇发展继续升温，建制镇数量逐年增加，大中城市稳步发展，全省城镇非农人口占人口的比重，由 1990 年的 17.6% 上升到 1999 年年底的 34.9%，平均每年提高约 2 个百分点。

（三）21 世纪初期，伴随实施城镇化战略，形成以优化城镇化为主导的阶段

顺应城镇化发展规律和区域竞争态势，2000 年江苏提出"大力推进特大城市和大城市建设，积极合理发展中小城市，择优培育重点中心镇，全面提高城镇发展质量"的方针，城镇化被确定为"十五"时期五大发展战略之一。这一阶段，江苏率先在全国编制完成省域城镇体系规划，形成"三圈""五轴"的城镇空间布局框架，积极引导城乡建设有序推进。这一时期，江苏城镇化水平加速提升，苏南一些县市的外来人口超过本地常住人口。中心城市综合实力显著增强，全省 13 个省辖市区以占全省五分之一的面积，集聚了全省三分之一的人口，创造了全省二分之一的 GDP 和财政收入。城镇空间布局更趋合理，基本形成以特大城市和大城市为核心、城镇规模等级较为健全、与现代化进程相匹配、与产业布局相适应的城镇体系。

（四）2005 年至今，伴随统筹城乡发展，形成以推动城乡发展一体化为主导的阶段

统筹城乡发展是党的十六届三中全会提出的新要求，十六届四中全会进一步提出了"工业反哺农业、城市支持农村"，建设社会主义新农村的战略思想。根据中央的大政方针，2005 年全省城乡建设工作会议按照以城带乡、以工促农、城乡互动、协调发展的目标，确立了"城乡统筹、集约发展、规划引导、改善环境、保持特色"的城乡建设发展指导思想，江苏城镇化步入统筹城乡加快发展的新阶段。2010 年在制定"十二五"规划时，江苏又将城镇化战略拓展为"城乡发展一体化战略"。这一阶段，江苏认真贯彻落实统筹城乡发展、城乡发展一体化战略，统筹城乡发展力度不断加大，城乡发展一体化步伐不断加快。这一时期，城乡产业结构发生重大变化，农村基础设施和公共服务水平不断提高，城乡差距逐步缩小，新农村建设扎实推进，农村发展活力显著增强。农村人均纯收入增幅连续三年高于城镇居民，有力促进了江苏经济持续健康发展。当前，江苏城镇规模不断扩大，城镇人口持续增加，城镇化质量不断提升，正加速向破除城乡二元结构、城乡融合发展的

新阶段迈进。

经过多年发展，江苏城镇化形成了鲜明特色。一是区域发展不均衡。由于历史积淀和经济文化差异，苏南、苏中、苏北三大区域城镇化进程存在较大差距。到 2012 年年底，苏南 5 市平均城镇化率达 71.2%，苏中为 58.4%，苏北为 54.3%。二是局部地区城乡一体化程度高。苏南经济发达地区，特别是苏州、无锡等地城乡之间通过资源和生产要素的自由流动和优化配置，相互协作，优势互补，以城带乡，以乡促城，推进城乡平等与融合发展，初步形成农业现代化、农村工业化、农村城市化、生态和谐化、社会文明化等整体推进的发展格局。三是中心城市和县城规模迅速扩张。城镇化进程中，人口向中心城市和县城快速集聚，江苏现有特大城市 8 个、大城市 9 个、中等城市 33 个。南京、徐州、苏州三市人口均超过 800 万。大规模县城不断增多，江阴、昆山、邳州、沭阳等人口均已过百万。四是中心镇兴起与"老乡镇"衰落并存。1998 年以来，江苏对布局不尽合理和规模偏小的乡镇、村进行了撤并，至 2012 年年底共撤并乡镇 1042 个，全省乡镇平均规模 87.8 平方公里，6.06 万人，其中有些中心镇人口超过 20 万。与此同时部分原建制乡镇的公共设施仍保留，但由于发展中心的转移，逐步呈现萎缩趋势。五是部分村庄初具现代城镇规模。这在苏南城镇化进程较快地区表现明显，如江阴华西村、常熟蒋巷村、高淳武家嘴村等，其经济、文化、人口等方面现代化程度较高，已具备现代城镇发展的基本样态。

二、城镇化的机制解析

城镇化是推动中国经济增长的一个重要引擎。中国社会目前整体处于经济社会转型期，城镇化是实现社会转型的重要动力之一。自党的十六大提出"要逐步提高城镇化水平"以来，中国的城镇化进程逐渐加速，城镇化的广度和深度逐渐加大，城镇化率逐渐提升，由 1978 年的 17.90% 提高到 2010 年的 49.68%。但与发达国家比起来，我们还有很大发展空间。（张学英，

2003）中国城镇化发展，一方面需要借鉴西方发达国家的城市化发展经验，另一方面要立足本土，探索中国特色的城镇化道路。在理论上厘清城镇化的发展机制，对于探索中国特色城镇化道路，系统解决城镇化进程中的各种现实问题具有重要的先导意义。

从人的角度看，城镇化是将农村剩余劳动力转变为市民的过程，即农民市民化。农业生产率的提高客观上产生了大量的农村剩余劳动力，而工业发展、城市扩张客观上又需要大量的人力资源，这就为实现劳动力的均衡配置提供了可能性，为人口的合理流动提供了充分的理由。但实际上，农民市民化的过程非常缓慢和艰难，最大的障碍是计划经济时代产生的城乡二元户籍制度以及农民生活方式的变化。此外，农民市民化还存在一个素质结构不匹配的问题，即没有受过专业培训的劳动力与工业、城市发展所需的产业工人之间的矛盾，"有人没活干、有活没人干"现象的实质，是作为新市民的农民素质的结构性失衡。农民进城后对城市功能也会带来挑战，即城市能否提供足够的公共服务以满足新增市民的教育、社会保障、养老等需求。同时，农村劳动力进城后，在农村养老体系不健全与农村中小学布局调整的情况下，老人如何赡养，留守儿童如何教育？这些都是城镇化进程带来的突出问题。

从资源配置的角度看，城镇化是产业结构升级调整，社会资源逐渐转向第二、三产业的过程。资源配置必然带来产业结构调整，进而加速相应产业工人的转移和聚集，随后就会形成以产业为中心的城镇集群，产业工人是这些城镇的主体居民。人口聚集，必然带来一系列社会管理、公共服务、社会保障等问题。目前，许多工业园区、高新区、开发区的建设，实质上就是通过产业调整来推动城镇化进程。

从管理体制的角度看，城镇化是社会转型升级、政府职能转变、市民幸福满意的过程。城镇化促进现代化成果惠及广大农民，逐步让他们享受到政府公共服务。经济基础决定上层建筑，城镇化意味着经济基础的变化，上层建筑必然要做出相应调整，政府职能转变、社会管理体制的改革就是上层建筑做出的适应性调整，教育管理体制也应做出重大的、根本性的变革。十八届三中全会提出的深化教育领域综合改革，就是对城镇化背景下教育挑战的积极应对。

从教育的角度看，城镇化是教育资源重组、教育管理体制更新、教育机制完善的过程。作为人口流入地的大中城市，教育供给能力受到空前挑战，作为人口流出地的乡镇与县城，大量教育资源闲置。随迁子女教育、留守儿童教育、教育资源的空间布局调整，以及教育管理中的体制性、制度性、结构性障碍等问题，都是城镇化过程中亟须研究解决的问题。

综上所述，基于教育的立场，城镇化背景下的教育问题主要是"两个小孩、一个大人"，即随迁子女、留守儿童上学与进城农民工的教育培训问题。从教育管理体制的角度看，需要从城镇化的宏观背景出发，系统考量教育面临的问题，统筹安排，从教育体制机制上寻求对策，同时，加强与其他相关部门的协调和配合。

三、城镇化与教育发展的互动关系

美国城市地理学家诺瑟姆（Ray M. Northam）在对英、美等西方国家工业化进程中城镇化率变化趋势分析的基础上，于1979年提出了城镇化发展的一般规律：一个国家或地区城镇化的轨迹为一条稍被拉平的"S"曲线，即诺瑟姆曲线。（段学慧，侯为波，2012）该曲线为中国城镇化发展提供了可资借鉴的理论参照，但也应充分考虑其逻辑依据和实践基础，应在研究吸收的基础上，探索中国特色的城镇化道路。城镇化与教育发展之间存在较强的相互影响、相互促进关系，城镇化发展需要教育培训、服务水平的提升，而教育资源配置水平的提升又能够为城镇化发展提供强有力的人力资源支撑。

（一）城镇化对教育发展的影响

1. 城镇化为教育发展提供经济基础和市场需求

城镇化是经济发展的过程，即工业化和产业升级的过程，它推动经济增长和经济结构转变，带来第二、三产业发展，带来人均国民生产总值

（GNP）的大幅增长。这一方面为教育发展提供了有力的物质保障，另一方面也对人力资源开发提出了新的要求，由此形成教育事业发展的巨大推动力。

2. 城镇化促进了教育理念和机制转变

城镇化是社会转型的过程，即传统乡村文明向现代城市文明转化的过程，将引致教育理念与教育机制的变迁。在这一社会转型过程中，城镇化加速了城市现代生活方式和思想观念的传播，使全社会都受到现代城市文明的熏陶和影响，有助于提高人们对教育重要性的认识，促进教育的需求和发展。

3. 城镇化强化了教育提升人口素质的功能

城镇化进程中，农村人口转变为城市人口，这种转变不仅是身份的变化，而且要适应城市的产业结构、劳动力市场、社会规范、文化环境等诸多变化。这对人口素质提出了更高要求，需要发挥教育培养、塑造、提升人的功能。贝蒂内利（Luisito Bertnelli）和布莱克（Duncan Black）通过开展专项研究，得出城镇化率每上升 1 个百分点，人力资本平均应提升 0.144 个单位，即平均受教育年限提高 0.72 年（见图 1）。（斯捷潘年科，1988）

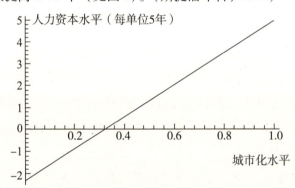

图 1　城镇化与人力资本提升的关系

资料来源：Bertnelli L, Black D. 2004. Urbanization and growth ［J］. Journal of Urban Economics, 56 （1）: 80 – 96.

4. 城镇化对教育布局带来了新挑战

城镇化是农村人口转变为城市人口的过程，形成人口向城市的规模迁移，扩大了外来人口子女对中小学、幼儿园的需求，导致学校学生人数大量增加。

研究表明，我国城镇化率每增加 1 个百分点，将涉及 1000 万人口流动，其中六分之一是适龄青少年儿童。（堵力，陈小娅，2010）粗略测算，"十二五"期间，江苏城镇化率年均增长 1 个百分点，外来学龄少儿增加 50 多万人。人口快速向城镇集中，对原有教育布局带来较大挑战，对人口流入地教育资源形成巨大压力。如苏州作为全国第二大移民城市，总人口超过 1300 万，其中外来人口超过 650 万，流动人口与常住人口之比超过 1∶1，大量外来务工人员随迁子女的入学需求，对当地教育资源配置带来了巨大挑战。

5. 城镇化加剧了优质教育资源竞争

伴随人口向特大城市、大中城市和县城集中，对优质教育资源的竞争更为激烈。由于受限于城乡二元结构，优质教育资源向县城集中后，学生往中心镇转移，涉及校车管理、校舍建设和交通生活费用等方面，增加了教育成本，而原乡村公办学校出现资源过剩与忽视教学点建设等现象。此外，过度城镇化扩张了"名校"规模，导致教育不均衡发展，有的地方"名校"成为开发商的金字招牌，成为政府招商引资的砝码，推进教育公平的阻力加大。

（二）教育对城镇化进程的影响

1. 教育推动城市规模扩张

城市能够吸引人口，不仅因为它拥有发达的工业、商业、物流等资源，也往往因为其文化教育的吸引力。长期积累的优质教育资源可以吸引大量的外来人口，包括求学的学生和陪读的家长，促进了城市规模扩张。近年来，通过兴办教育园区或大学城，形成人口集聚效应，教育成为城镇化快速发展的有力助推器。测算表明，一个 50 万左右人口的县（市），在城区边缘兴建 1000 亩的教育园区，可以在短期内聚集 5 万人左右，再造一个新城区，可以使该县（市）的城镇化指标大幅上升。（李昌平，2010）

2. 教育拉动城市经济发展

教育消费和投资可以拉动社会总需求，促进产业发展、经济增长和就业。政府和社会投资办教育，家长投资培养子女，教育投入与消费随着政府财力和居民收入的增长而增长，形成拉动经济增长的重要力量。据江苏省有关部门统计，教育消费已占到家庭总支出的 7% 左右。除去住房与汽车，教育在家庭开支中的占比甚至超过 50%。中心城市和县城规模扩张后，以新建学校、"名校办分校"等形式，带动了周边房地产、文化、体育、娱乐、餐饮等产业的发展。

3. 教育提升人力资本素质

教育对城市经济社会发展发生作用的方式最终还是对人力资本素质的提升。教育将适龄劳动人口转化为城市发展所需要的适合劳动力或有效劳动力，促进人口素质的提高。教育是积累人力资本的重要途径，是人力资源开发的必要手段。城镇化所需要的人口集聚，不是一般劳动者的集聚，而是一大批"蓝领"与"白领"的集聚。此外，思想观念的改变、生活方式的养成、市民意识的增强等因素无不对城市建设产生影响。智力支持是城市生产力中最重要的因素，日本的城镇化进程，就得益于农村教育对农村剩余劳动力的培养。（张学英，2003）

4. 教育构建城市文化品质

城市文化主要以城市人口的文化素质、文化消费来表现，良好城市文化形成的关键在于市民素质的提高和城市精神文明的提升，而教育起着基础性的作用。良好的城市文化能形成城市持续发展凝聚力，提升城市形象和城市品质，有利于吸引和集聚人才、技术和资本，从而加速城镇化的进程。在城市文明塑造的过程中，外来人口中的农耕文化将转变为现代城市文化，对此教育起着至关重要的作用。

四、江苏城镇化进程中教育管理体制改革的实践与成效

近年来，江苏以改革促发展，立足城镇化发展特点，针对新型城镇化的趋势，采取多项措施扎实推进教育管理体制改革。

（一）以区域教育现代化建设加强省级统筹

立足城镇化进程，以小康社会建设为基础，江苏将区域教育现代化建设作为调动政府发展教育的抓手，加大教育投入，调整学校布局，改善办学条件，统筹基础教育、职业教育和社会教育发展，初步形成了与城镇化进程相匹配、与人民群众需求相适应的教育体系。自2007年全面推开以来，根据全省规划由苏南向苏中、苏北梯度推进，已有98个县（市、区）通过区域教育现代化建设水平评估。各地党政"一把手"把发展教育事业作为最大的民生工程，落实教育优先发展战略，充分运用多种资源发展教育，有力地夯实了教育发展基础。全省统筹使所有通过区域教育基本现代化评估验收的县（市、区），学校面貌焕然一新，城乡差距大大缩小，教育信息化水平普遍提高，多媒体电教设备广泛应用，农村中小学布局更加合理，办学（园）点条件大大改善，办学特色显著增强，人民群众对教育的满意度不断提高。区域教育现代化创建，强化了城镇化进程中农村办学点和城市中心区的教育资源建设与配置。

（二）学前教育管理体制改革强化政府责任

在撤乡并镇、加强中心城市建设的过程中，江苏坚持政府主导、社会参与、公办民办并举的办园体制和县级统筹、县乡（镇、街道）共建的管理机制。各级政府履行发展学前教育的责任，在统筹规划、政策引导、制度建设、标准制定、投入保障、评估督导、日常监管等方面充分发挥主导作用。县（市、区）政府负责本行政区域学前教育的规划、布局调整，落实学前教育经费，统筹管理城乡各类学前教育机构。乡镇政府、街道办事处承担发展农村和社区学前教育的责任，负责建设区域内公办幼儿园，加强幼儿园周边环境治理。省市政府加强对学前教育的宏观规划、政策制定、协调管理和督促检查，规定每1万至1.5万常住人口设置一所幼儿园，每个乡镇（街道）至少设立一所省优标准公办幼儿园。

（三）义务教育管理体制改革以县为主、分级管理

完善省级政府统筹规划实施、以县级政府为主管理的义务教育管理体制，在落实县级政府主要责任的同时，注重发挥乡镇在参与支持义务教育中的作用。在苏南部分经济发达地区，从镇村经济规模和财力实际出发，实行以县（区）为主、县（区）镇共管体制，县（区）政府统一实施义务教育发展规划和学校布局、资产管理和处置，统一发放教师工资和奖金，统一学校日常公用经费标准和拨付，统一中小学校长聘任和管理，统一教师管理和教学管理等，并依法保证教育财政拨款的增长高于财政经常性收入的增长、生均教育经费逐步增长、教师工资和学生人均公用经费逐步增长。镇政府按照统一规划组织布局调整，维护学校和校园周边环境治理，划拨新建、扩建校舍所必需的土地，并在镇级财政预算中安排校舍建设经费和校舍维修经费等。

（四）高等教育管理体制改革重心下移、部省共建

完善部省共建、省市共建的高等教育管理体制，在加强省级统筹的基础上，充分调动地方政府、行业企业和社会力量举办高等教育的积极性，增强高校发展活力和为地方服务的能力。近年来，江苏省政府与教育部共建国家高等教育综合改革试验区，与教育部、财政部、国家审计署以及中石油、中石化等部委和行业企业共建 13 所高校，同时与市、县政府共建地方高校。适应地方经济社会发展、产业结构调整需求，推进有条件的独立学院迁址办学，拓展独立学院发展空间，每市至少有一所本科院校，部分县（市、区）如昆山、江阴、宜兴、张家港、常熟等也设有高校。

（五）建立"以城带乡"机制支持农村教育发展

省级层面加强统筹，强化对农村地区和经济薄弱地区的财政转移支付与政策支持，促进教育基本公共服务均等化。设立奖补专项经费，引导和扶持经济薄弱地区加快发展农村教育。组织实施义务教育学校现代化建设工程、薄弱初中质量提升工程、中小学校舍安全工程、校车安全工程。推动县城学

校与农村学校结对帮扶，扩大优质教育资源的覆盖面。组织苏南苏北 12 所高校结对共建。从苏南选派优秀教师到苏北支教，从苏北选派大学生到苏南交流学习。实施千校万师、万名大学毕业生支援农村教育工程，鼓励优秀人才到农村任教。实行每 5 年一周期的中小学教师和校长全员培训制度，近两年省级培训规模年均达 12 万人次，其中农村教师占一半。

（六）优化教育资源配置形成公民办并举体制

随着江苏城镇化加速推进，城市公办教育资源供不应求，民办学校取得长足发展。江苏将民办教育作为教育事业发展的重要增长点和促进教育改革的重要力量，纳入教育发展总体规划，充分发挥江苏民营经济优势，鼓励社会力量捐资、出资办学，以独立举办、共同举办等多种形式兴办教育。2012年全省有独立设置的民办高校 27 所，占江苏高校总数的 21.1%，依托普通高校举办的独立学院与民办二级学院 40 所，民办高校在校生数占大学生总数的 22.8%；全省有民办中小学（幼儿园）1895 所，占中小学（幼儿园）总数的 16.9%。江苏各级教育行政部门对民办学校实施与公办学校一体化的管理体制，所有行政部门均为民办学校提供指导与服务。

（七）扩大优质教育资源推行集团化办学

为改善办学条件，缩小校际差距，放大优质教育资源，江苏实行集团化办学策略，按照就近组合的原则，多所学校组成教育集团，集团内部教师流动、管理联动、教研互动，让优质学校带动薄弱学校发展。同时，支持社会力量通过公办民助、委托管理、合作办学等方式参与举办非义务教育公办学校，支持公办学校和民办学校之间联合组建教育集团。推进职业教育集约发展，以示范院校为龙头，其他职业院校为主体，企业广泛参与，建立了 20 个省级职教集团，建立健全政府主导、行业指导、企业参与的办学机制，大力推动教育与产业、学校与企业的深度合作，实现了校企融合、互利共赢。

五、城镇化进程中深化教育管理体制改革的挑战与建议

江苏城镇化率超过 50%，教育公平与优质教育资源不足之间的矛盾凸显，江苏教育已经进入了一个由量的快速扩张向质的全面提升转变的发展阶段。为此，江苏教育将适应城镇化发展趋势，积极应对挑战，全面深化教育管理体制改革，提高公共教育服务水平。

（一）政府尽责，建立基本公共服务均等化教育管理制度

按照小学就近入学、初中相对集中的原则，优化学校布局，加强和改善基础教育设施，均衡配置教育资源，推进教师与校长流动轮岗，努力形成均等化的办学条件，促进教育公平。江苏义务教育阶段随迁子女在校生数达 84 万人，针对外来人口与就学人口过度增长的现实和外来农民工子弟学校办学条件较为落后的现状，要统筹体制内外资源，加强对民办教育的扶持，体现政府管理和服务的责任，落实进城务工人员随迁子女在流入地就学的同城同等待遇，并建立农村留守学生普查登记和社会结对帮扶制度。针对中小城市办好教育，对稳定人口流动、避免过多人口涌入大城市导致城市病具有积极的作用，建议对县镇给予特殊的教育倾斜政策，增加教育经费，实行乡镇教师岗位津贴制。

（二）分类指导，建立统筹推进城乡教育一体化的机制

城镇化进程具有区域特色，进度不平衡现象客观存在。苏南城乡一体化程度较高，但对于苏中、苏北而言，城乡一体化仍是较为漫长的过程，对此要加强分类指导。对苏南等经济发达地区做到"三个统筹"，即统筹规划城乡教育发展、统筹安排城乡教育经费、统筹管理师资队伍建设。对经济落后

地区，相对统筹城乡教育资源，即以县城为范围考虑资源均衡配置，乡镇之间教育资源配置相对均衡。

（三）合理分担，建立对转移人口的教育财政补偿机制

城镇化进程中，大量外来人口涌入经济发达地区，给当地教育资源带来巨大压力，加重了地方财政负担。建议探索以常住人口为财政分成依据来调整各级政府之间的财政分配关系，建立中央财政专项资金转移支付制度，对吸纳流动人口较多的城市补助建设资金，支持城市建设更多面向流动人口的义务教育和职业教育等公共服务设施，解决各地政府因城市流入人口增加而面临的公共支出增长问题。

（四）简政放权，优化教育管理层级体系

江苏自 2012 年起推行省直管县试点，昆山、泰兴和沭阳是首批试点地区。从省直管县的发展趋势看，层级上将形成中央、省、县三级管理体制，市一级对县的管理职能逐步取消，教育管理体制也要随之变化。江苏不少乡镇规模较大，相当于小的县城，被撤并的乡镇中小学依然要办，许多村还要保留办学点，乡镇范围大了，相应要加强乡镇教育管理机构的建设。关于高等教育，目前以省为主、省级统筹，省直管县以后，市这一级将以中心城市的功能区来定位，建议适应省市县管理体制调整的要求，增强中心城市和经济发达县域参与管理高等教育的职能，市县教育行政部门要强化高等教育管理机构的设置。

（五）增强活力，完善社会参与管理机制

新市民具有现代公民特征，民主、权益意识增强，要加强校务委员会等制度建设，强化社区和学生家长参与教育教学管理，推动教育民主决策、社会参与，改变由政府和教育行政部门单一管理学校的格局。理顺职业学校的管理体制，建立组织、人社、教育、科技、财政等部门联席会议制度。健全行业参与机制，让行业、企业参与举办和管理职业学校，增强职业教育服务

经济社会建设的能力。适应社会老龄化趋势，加强社区教育中心建设，建立社会参与管理的终身教育体制。

参考文献

堵力，陈小娅.2010.城镇化进程加快对教育公平提出新要求［N］.中国青年报，2010 – 11 – 09（6）.

段学慧，侯为波.2012.不能照搬"诺瑟姆曲线"来研究中国的城镇化问题［J］.河北经贸大学学报（7）：22.

李昌平.2010.警惕把教育当成城镇化的工具［N］.新京报，2010 – 02 – 25（3）.

斯捷潘年科.1988.发达社会主义条件下的城市［M］.姜典文，等，译.上海：上海社会科学出版社.

张学英.2003.从典型国家城镇化发展看我国城镇化道路选择［J］.技术经济与管理研究（3）：77 – 78.

Bertnelli L，Black D.2004.Urbanization and growth［J］.Journal of Urban Economics，56（1）：80 – 96.

（本报告由江苏省教育厅承担，参与人：冯大生、褚天生、朱文学、王从庆、陈幼迪、王晴、赵中伟。）

案例：苏南地区保障随迁子女平等接受义务教育

随着苏南地区城镇化进程和经济社会的快速发展，外来就业人口呈急剧增长态势，他们为苏南地区经济发展做出了重要贡献。解决好随迁子女的教育问题，是苏南地区相关部门的重要任务，也是构建苏南教育现代化示范区的重要内容。经过多年实践，苏南各地在保障随迁子女平等接受义务教育方面取得了明显成效。

一、贯彻落实"两为主"政策，保障随迁子女就近入学

各级教育行政部门按照国务院关于随迁子女教育问题的"两为主"原则，进一步加强领导、统筹安排，按照"属地管理"原则和"归口负责"原则，建立健全管理网络，明确各自职能分工、审批和备案学校的职责，明确公办校吸纳外来人口子女的要求，将外来人口子女义务教育工作纳入"一把手"工程，列入年度目标考核，充分保障随迁子女就近入学。

二、优化教育资源配置，新建新市民子女学校和改扩建公办学校

苏州市出台了《苏州市外来工子弟学校合格标准（试行）》（以下简称《标准》），对新建学校进行分类指导。规定学校举办者应当提供符合《标准》的校舍、场地、教育教学设施和生活设施，生均占地面积不得低于 7 平方米，生均建筑面积不得低于 3 平方米。学校选址合理，无污染源；有独立、安全、能较长期使用的校园；新建、扩建或改建校舍，必须严格执行法定程序，杜绝"四无"工程（建筑无设计、项目无审批、施工单位无资质、工程无验收）；办公用房、普通教室、专用教室（辅助用房）按标准配齐；校内道路、上下水道、供电通信、消防设施、消防安全通道等基础配套设施齐全；图书室、科学室、多功能室，音乐、美术、体育设施，以及广播系统等按标准配齐。

张家港市在随迁子女比较集中的杨舍镇、金港镇、锦丰镇、大新镇和塘桥镇等 5 个乡镇新建新市民子女学校，与公办学校一起吸纳新市民子女就读，制定新市民子女学校的建设标准，并加强对这类学校的教育管理。同时，不断加大对民办新市民子女学校扶持、管理的力度，促进义务教育均衡发展。

为鼓励新市民学校发展，改善其办学条件，2006—2008 年，张家港市实施民办新市民子女学校标准化建设工程，并对通过评估验收的学校实行一次性奖励：达示范级标准的按投入总额的 20% 予以奖励，总额不超过 60 万元；达合格级标准的按投入总额的 15% 予以奖励，总额不超过 40 万元；奖励经费由市、镇两级财政负担。2008 年起，积极鼓励外来务工人员子女学校创建"苏州市合格外来工子弟学校"，旭东学校、蓝天学校、阳光学校等 10 所学校顺利通过了苏州市教育局组织的验收评估。

江阴市为解决新市民子女入学问题，大力推进学校改扩建和新建工程，

加大教育布局调整力度，建立健全财政保障体系，按照学校数量适当、区域发展合理、办学规模适度的原则调整全市教育布局，编制出台《江阴市学校布局规划（2008～2012年）》，同时充分考虑新市民子女数量增加，大力推进学校新建、改扩建。四年来，全市共投入财政资金27.8亿元用于学校建设，新建学校（幼儿园）29所，改扩建学校（幼儿园）63所，为新市民子女就近入学提供了良好的基础条件。

三、出台政策，全面保障随迁子女的同城待遇

（一）出台全面保障和支持新市民子女平等接受教育的政策文件

建立教育、财政、计生、公安等部门参加的联席会议制度，及时研究解决新市民子女入学问题。明确各部门职责，教育部门承担新市民子女入学主要管理职责，及时制定入学方案，做好政策宣传，指导督促各学校做好接收工作；公安、计生部门健全流动人员管理，加强信息沟通；财政部门按有关政策合理安排落实相关经费。如江阴市2005年出台《关于来澄务工就业流动人口子女接受义务教育的若干意见》，明确属地管理、就近入学的原则；2006年，出台《江阴市新市民安居乐业工程实施意见》，提出2007年新市民子女在公办学校接受义务教育的入学率达90%，并做到和本市市民同等待遇；2010年，市教育、人社、计生、公安等部门联合出台《关于做好新市民子女入学（园）预登记报名工作的实施办法》，对新市民子女入学入园基本条件及报名手续等做出明确规定。2013年，出台《关于进一步做好江阴市外来务工就业人员子女义务教育工作的意见》，进一步细化预登记报名办法，进一步明确各级政府和学校的责任。

（二）建立"以奖代补"机制，引导新市民子女学校规范办学

张家港市制定了《关于进一步做好外来人员子女就学工作，提高民办外来人员子女学校办学水平的意见》和《张家港市新市民子女学校办学水平考评办法》，每年组织对民办新市民子女学校的办学水平进行考核评估。凡考核达"优秀"等级的学校，根据办学规模给予 10 万—20 万元的奖励，奖励经费由市、镇两级财政各承担 50%。对考核达不到"良好"等级的学校，进行通报批评，责令整改；对连续两年考核等第为"不合格"的学校，依法取消其办学资格。这些举措，激发了民办新市民子女学校举办者规范办学的积极性与责任心。

（三）完善教育管理体制，保障有关随迁子女的教育投入总量

江阴市充分发挥镇（街道）财政优势，将义务教育经费全部纳入财政预算保障范围，有力保障了全市基础教育优质均衡发展。2010 年、2011 年、2012 年全市教育经费总投入分别为 27.40 亿元、32.37 亿元、38.29 亿元，高标准达到了"三增长一提高"的要求，为新市民子女享受同城待遇提供了充分保障。凡在江阴市接受教育的新市民子女均享受同城待遇，与本市户籍学生同样免收学杂费，并补助生均公用经费，其中 2010 年达 2126 万元，2011 年达 3966 万元。2010 年和 2011 年，省财政厅、教育厅及中央下拨的新市民子女就读专项经费分别为 1133 万元、1355 万元，江阴市按接收新市民子女的数量进行合理分配，全额拨付到接纳学校，用于学校的设施设备添置、校舍维修等。

四、创新办学模式，加大对民办公助新市民子女学校的扶持力度

教育主管部门将民办新市民子女学校纳入统一管理体系，与公办学校一

视同仁。苏州市逐步建立外来人口子女接受义务教育的经费筹措保障机制，落实对定点中小学校和外来工子弟学校的政策倾斜。对吸纳外来人口子女比例较高的定点中小学，在教师编制核定、生均公用经费拨付、设施装备添置、义务教育免费等方面，予以扶持和激励。对按标准建设、规范办学的合格的外来工子弟学校，在建设资金、教学设施设备、生均公用经费、教育用房租金、校车公交化等方面给予优惠政策和扶持措施。对优秀的办学者、教师进行奖励和补助。建立公办学校对外来工子弟学校的援助机制，鼓励合作办学；选派、任命干部参与学校管理；按师生比，增加配备公办教师数量到外来工子弟学校任教；支教教师列入公办教师基数，享受原派出学校的工资、福利待遇，并适当给予补贴。

江阴市定期举办民办新市民子女学校举办者、校长培训班以及"规范学校管理，提高教育质量"现场研讨会，提高其法规意识与管理能力。每学期开学时，组织人员对民办新市民子女学校的管理进行较为全面的检查，指出学校存在的问题，提出整改要求；随后，再组织人员，对各校的整改情况进行"回头看"。学期中，围绕教师管理、学生管理、教学科研管理、校园管理等方面，采用听课、访谈、实地察看、查阅备课以及作业批改等方式，对全市民办新市民子女学校的常规管理、学科质量等情况进行调研；调研后，及时撰写调研报告，编发调研通报。学年末，评比表彰"常规管理先进学校"，引导与督促民办新市民子女学校不断提高管理水平与办学质量。

张家港市在 2006 年春季财政投入 2000 多万元购置了统一的校车，目前日接送学生近 1.2 万人，其中新市民子女占 70%。明确凡在张家港市义务教育阶段学校就读的新市民子女乘车，同本市户籍学生一样享受财政补贴。

五、主要成效与不足之处

在政府和社会共同努力下，随迁子女在苏南地区接受义务教育问题总体上得到了妥善解决，基本实现了与本地学生的"同城待遇"，实现了"三个平等"。

入学平等：充分挖掘公办学校资源，义务教育学校全部面向新市民子女开放，对符合条件的新市民子女做到公办学校应收尽收。按照属地管理、就近入学的原则，超过90%的义务教育阶段学生在公办学校就读。

教学平等：新市民子女与本市户籍学生共享优质资源，在编班、参加教育教学活动、表彰奖励等方面对新市民子女一视同仁，保障其平等享有学校教育资源。

升学平等：对于城区小学毕业生，由教育部门统一安排，根据相对就近的原则以及城区初中学校的招生计划，按一定比例对符合条件的新市民子女划分施教区、统筹安排，录取名单与本地学生的一起发放到各初中学校。此外，在新市民子女学校就读的学生与本地学生一样享有参加各项比赛、评优评先等权利，一样可以进入相应的职业中学或普通高中就读。

但是，由于随迁子女数量大、分布广，还无法保证每位随迁子女接受优质教育，部分新市民子女学校虽然硬件建设已达标，但软件方面如教师素质、学校管理、文化建设等还比较薄弱，许多学校存在大班额现象，学校整体教育质量普遍不高，对于区域教育均衡发展形成不利影响。此外，部分公办学校越来越多地吸纳随迁子女就读，客观上导致原地段生的择校现象，生源质量持续走低，进一步拉大了义务教育学校间的差距。对此，将进一步加大投入，加强统筹，通过新建、改扩建学校和结对帮扶等形式，切实满足随迁子女的入学需求，推动义务教育优质均衡发展。

（本报告由江苏省教育厅承担，参与人：冯大生、褚天生、朱文学、王从庆、陈幼迪、王晴、赵中伟。）

湖北省城镇化进程中教育管理体制改革研究报告

湖北省是我国中部地区的农业大省，城镇化发展任务艰巨。特别是当前城镇化正在由东部向中西部加快推进，湖北省城镇化的发展不仅为湖北省发展提供强大的动力，也对中部地区以及整个国家经济社会发展有重大影响。2011年，湖北省城镇化率实现过半，城镇人口超过农村人口，城镇发展出现具有里程碑意义的变化。城镇化与人口流动冲击了我国基础教育管理体制，湖北省作为中部地区的大省，其教育管理体制也直接受到城镇化潮流的冲击。

一、城镇化进程与教育的双向互动

从现有的发展阶段来看，城镇化发展对湖北省教育管理体制的冲击主要体现在三个方面。

（一）城镇化与学前教育发展

1. 城镇学前教育规模不足

随着城镇化发展，学前教育资源短缺问题日益显现。城镇化发展遭遇生育高峰，城镇学前教育面临规模严重不足的压力。同时，随着城镇化政策的推进，农村人口不断向市、镇集中，势必引起市、镇数量增加及其规模扩大，居住在市、镇地区的人口占总人口比例增长较快。这一过程促使大量0—6岁学龄前儿童向城镇聚拢。一些学龄前儿童跟随进城务工的父母背井离乡流入外地大城市，成为"流动的花朵"；另一些学龄前儿童随着父母向附近城镇区域迁移，由本地农民变成"市民"。"人口流动引起人们对教育观念的改变，既包括流动者自身对教育的需求的变化，更促使他们对子女教育的观念改变。"（石人炳，2005）这些儿童和父母进入城镇后，逐渐习惯并认可了城镇的生活方式和教育习惯，在"望子成龙"的动机驱动下，"孩子一定要上幼儿园""幼儿园是上小学的必要准备"已经成为大多数家长的共识。同全国许多地方一样，湖北省学前教育发展欠债较多，学前教育的普及率不高，在农村人口密集向城镇流动的社会变迁过程中，"公办园入园难，民办园入园贵"的矛盾更显突出。如部分进城务工人员的子女面临无园可上的境地，只能流入存在安全隐患的无证园。学前教育"供不应求"，人民群众对接受普惠性学前教育的需求强烈。

2. 城镇优质学前教育资源短缺

湖北省是教育大省，人民群众素有重视孩子教育的优良文化传统。人口流动让许多农村居民开阔了视野，社会上闯荡的经验使许多人亲身体验到多读书的优势、少文化的苦恼，加深了他们对子女教育意义的理解。农村居民观念的更新，使得新城镇变成了农村人、财、物的汇集地，这些农村精英已经深刻地认识到学前教育的基础性和重要性，他们不仅积极送子女入园，经济实力强的还在寻求优质教育资源，让孩子上好幼儿园。人民群众盼望优质学前教育资源的扩充，期待享受高质量的学前教育。

（二）城镇化与义务教育发展

城镇化进程加快，农村人口流动性增强，人口的城市化速度加快，势必对义务教育的规模、格局等产生影响。

1. 农村留守儿童教育问题

2010 年全国第六次人口普查千分之一抽样数据显示，湖北省农村留守儿童（0—17 岁）规模为 270.34 万人，占全国农村留守儿童比例为 4.43%，占湖北省农村儿童的 48.61%。构建政府主导、社会参与的关爱服务体系，构筑学校教育、家庭教育和社会教育立体化的关爱网络，需要教育管理体制变革和创新。

2. 义务教育学校布局调整问题

城镇化对义务教育学校布局带来巨大挑战，城镇"大班额"与农村学校"空壳化"问题并存。2006—2012 年，湖北省小学由 11422 所调整到 6614 所，初中学校由 2509 所调整到 2047 所，教学点由 2583 个调整到 2470 个。如何适应城镇化发展趋势，在城市、县镇与乡村之间对义务教育学校进行合理布局？"地方政府负责、分级管理、以县为主"的义务教育管理体制下，如何处理好学校布局的属地化与中央调控、省级政府统筹的关系？在义务教育"以县为主"管理体制下，如何协调好社区、乡镇与教育局的权责关系？这些都成为现实问题。

3. 农民工随迁子女教育问题

大量随迁子女进城，导致城市教育资源紧张，城乡分割的义务教育体制面临着严峻考验。保障农民工随迁子女接受教育，中央政府、省级政府与流入地城市的责任如何划分？流入地与流出地政府责任如何划分？民办打工子女学校应如何发展？随迁子女教育是否应当纳入城市教育发展规划？要解决上述问题，亟须在体制机制上予以创新。

（三）城镇化与职业教育发展

1. 农村职业教育面临的挑战

相对于城镇居民而言，农村进城人员的整体素质和技能水平偏低，从而制约了他们自身的生存发展能力以及生活水平的提高，难于适应城镇化建设发展的需要。因此，职业院校要积极为农村劳动者及其他社会成员提供多形式、多层次的职业教育和职业培训，对他们进行现代生产技术、信息技术、安全生产、环境保护、法制纪律、心理健康、职业道德等的培训（刘征，2008），以提高科技素质、职业技能和经营能力为核心，通过大力发展面向农村的职业教育，培养服务农村经济社会发展、数量充足的农村实用技术人才和适应产业转型升级的高素质产业工人。要增强服务"三农"的意识，为城镇建设提供强有力的智力支持，促进城镇的现代化与可持续发展。

2. 专业设置面临的挑战

科学调整专业设置，优化服务产业，无疑也是加快城镇化发展，转移农村劳动力的内在需求。要提高城镇化的发展速度和质量，需要职业教育积极探索教育教学改革，调整专业设置和培养方式，积极应对挑战，促进产业结构升级，尤其是以服务为主的第三产业，物流、物业、营销、建筑装潢、装饰设计、城市艺术设计、酒店管理等行业发展迅速，人才需求旺盛，这些专业都应该成为重点专业，职业教育应该进行专业调整，重新设置一批适应城镇化发展的重点专业，加大专业建设力度，确保城市发展与城市经营管理有机结合，产业结构与就业结构有机结合，城市人口数量与人口质量有机结合，从而推动城镇化进程。

3. 结构布局面临的挑战

城镇化建设不仅需要综合性大学培养的研究型人才，也需要各类职业院校培养的技能型、应用型人才。现代化建设离不开高科技，但高科技产业的就业比重以及科研对城镇化发展的直接影响有限，相反由高科技推广、应用或引领而产生的庞大的中、低技术产业群为农村劳动力提供了大量的技能型服务岗位。同时，就业市场对善于将科研成果及时转化为满足社会需求产品的应用型工程技术人员的需要更加迫切。

二、深化教育管理体制改革的举措及成效

（一）学前教育管理体制改革的举措及成效

学前教育管理体制改革举措主要体现在积极落实政府主导、社会参与、公办民办并举的办园体制。将幼儿园用地统一纳入本地土地利用总体规划，

优先保障和满足幼儿园合理用地需求。探索公办、民办学前教育机构合作办园，鼓励推进优质园办分园和股份制办园，走连锁化、集团化、品牌化道路。公办园主要由财政资金投入建设，民办园主要由社会资金投入建设。

1. 加大公办幼儿园建设力度

省、市、县安排专项建设资金，有计划地建好一批公办幼儿园，努力扩大公益性、普惠性办园资源。城区在进行旧城改造、新区建设和城中村改造时，优先规划和预留幼儿园建设用地。城镇幼儿园的建设，充分考虑进城务工人员随迁子女接受学前教育的需求。

2. 重点加快农村公办幼儿园建设步伐

全省各地优先安排在每个乡镇至少建设一所中心幼儿园，三年内实现乡镇全覆盖。生源充足的村，可独立办园；生源不足的村，可联合办园或办乡镇中心幼儿园分园。各地对农村中小学布局调整后富余的校舍，优先改扩建为幼儿园。鼓励有条件的农村小学开办相对独立的附属幼儿园。

3. 引导、支持社会力量开办托幼园所

积极研究制定支持民办幼儿园发展的具体政策，鼓励社会资金投入发展民办教育事业。利用闲置国有资产、集体资产开办民办幼儿园，降低或免除租金。民办幼儿园的用水、用电、用气价格，按照居民用水、用电、用气价格执行。

（二）义务教育管理体制改革的举措及成效

1. 实施"两为主"政策，解决随迁子女教育问题

一是建立政策保障机制。2003 年 4 月，湖北省政府出台《湖北省保障流动人口适龄子女接受义务教育暂行办法》，提出按照"两为主"原则解决农民工随迁子女入学的一系列具体政策。湖北省 2013 年 1 月颁布《关于进城务工人员随迁子女接受义务教育后在我省参加升学考试实施办法》，坚持落实"两为主"政策，保障进城务工就业农民工子女接受义务教育。2011 年，全省各城市共有农民工随迁子女 38.32 万名，其中在公办学校就读的占

87.24%，在民办学校就读的占 12.76%，真正做到了"以全日制公办中小学为主"。

二是积极筹措教育经费。湖北省委、省政府明确提出，科教优势是湖北省最大、最根本的优势，要把教育优先发展作为促进湖北科学发展、跨越式发展的第一战略，教育投入要成为湖北公共财政的第一投入。2012 年，全省共筹措基础教育资金 92 亿元，中央和省共落实全省农村义务教育经费保障机制资金 46.14 亿元，其中中央 34.79 亿元，省级 11.35 亿元，有效保障了义务教育学校的正常运转。仅 2012 年，省教育厅就争取中央安排进城务工农民工随迁子女接受义务教育奖励经费 1.26 亿元，专项用于对接收进城务工农民工随迁子女学校给予公用经费补助，改善办学条件。

三是落实工作机制。全省各地把随迁子女入学纳入当地义务教育事业发展规划和城镇化进程，逐步增加接收流动人口子女入学的公办学校数量，促进流动人口子女相对就近入学。实施随迁子女入学绿色通道制度、建档管理制度、结对帮扶制度、心理咨询制度和贫困生资助制度等。有针对性地设置教学内容，加强对随迁子女的习惯养成教育、安全教育、青春期教育和融入教育。

2. 部门联动，共同促进农村留守儿童健康成长

近年来，湖北省在促进农村留守儿童教育发展方面，多部门联合行动，着力推动落实家庭、社会、学校监管责任，优化关爱服务，努力构筑政府主导、社会共同参与的农村留守儿童关爱和服务体系。

一是加强服务阵地建设，打造留守儿童"快乐之家"。教育、妇联等部门积极争取各方资源，努力建设各类留守儿童关爱阵地，争取地方财政配套，累计投入项目资金 5022 万元，在留守儿童集中的乡镇建起了 73 个农村留守家属综合服务体系，命名援建省级留守儿童服务站 52 所。各地自筹资金，依托村级阵地和学校，创建留守儿童服务站 2396 所。

二是强化父母责任，培养负责任、懂方法的合格家长。努力提高留守儿童家长的责任意识和科学育儿能力。教育部门和妇联等部门利用春节、农忙季节等特定时段，到外出务工人员较多的村镇，开展"家庭教育楚天行"活

动，让更多的外出务工人员增强家庭教育意识，加强对留守儿童的关注与关爱。2012年春节，湖北省妇联向全省发出了《给留守儿童家长的一封信》，情真意切地呼吁家长强化法定监护责任和家庭教育意识，加强对留守儿童的关心，就近就地务工，或带着孩子打工，给孩子们更多的温暖和亲情关爱，让留守儿童健康快乐成长。

三是创新留守儿童教育管理体制。建立"属地管理、分级负责、分层落实"的留守儿童教育管理工作机制，进一步健全和完善关爱留守儿童工作模式，充分发挥党员、干部、教师、"五老"队伍、志愿者、"爱心爸爸妈妈"等社会各方力量的积极作用，建立关爱农村留守儿童专兼职工作队伍，确保工作有人管、有人抓，共同做好留守儿童教育管理工作。在此方面，崇阳县与秭归县有很好的经验。

3. 构建城乡一体化中小学布局结构

2010年湖北省启动了中小学布局规划制定工作。2013年2月，省教育厅下发《关于做好农村义务教育学校布局专项规划制定工作的通知》，要求各地对前期已经制定的"十二五"中小学布局规划进行修订和完善，科学制定县域内农村义务教育学校布局专项规划，进一步明确保障措施。上述做法，较好地体现了"省级统筹"的理念，为城乡一体化学校布局奠定了制度基础。

伴随湖北省城镇化发展，大量人口向武汉等城市聚集，流入地城市学校布局规划显得尤其重要。随着武汉市经济飞速发展，新建区教育设施不足、老城区教育设施布点过密的问题越来越突出。为解决适龄儿童、少年就近入学问题，武汉市根据国家和省有关标准、规范，进行了常住人口规模、学龄人口比例、教育需求总量以及学校办学规模、服务半径、用地标准等专题研究，编制了《武汉市普通中小学布局规划（2004—2020年）》，提出未经市级规划、教育行政部门同意，任何单位和个人不得改变规划教育用地用途；加大教育建设用地供应力度，要求开发项目用地由开发单位代为整理，整理好后由开发单位立即移交教育行政部门；加大财政投入力度，将基础教育设施建设资金纳入城市基础设施配套费支出范围，市级每年安排补助资金不少于 1 亿元，对实施规划的建设项目进行补助。

4. 构建适应城镇化发展需求的农村教师配置机制

一是建立农村教师补充机制。2004 年，启动"农村教师资助行动计划"，通过 12 项优惠措施，每年遴选一批应届大学本科毕业生到乡镇学校任教三年。八年来，已有 2 万多名"资教生"和"特岗生"充实到全省 83 个县（市、区）的 1300 多所乡镇学校任教，其中 60% 以上服务期满后自愿留在农村中小学校继续任教。2012 年 3 月，省政府制定了《关于创新农村中小学教师队伍建设机制的意见》，提出在全省范围内建立起省级统筹的中小学教师补充新机制，落实"国标、省考、县聘、校用"的教师管理制度。从 2012 年起，每年招录一批（2012 年招录 1.7 万名）大学本科应往届毕业生到农村中小学任教，实行年薪制（3 万—3.5 万元），所需资金由省级财政负担。

二是建立农村教师培训机制。2005 年，启动实施"农村教师素质提高工程"，每年安排 2000 万元，组织 2 万名农村中小学教师、校长到武汉市内高校免费集中培训。七年共有 143246 人次参加了培训，占农村教师总数的 42%。"农村教师素质提高工程"的实施，提高了农村教师的教育教学水平。积极组织实施"国培计划""楚天中小学教师校长卓越工程""湖北省中小学教师海外培训计划"等，构建了比较完善的农村教师培训体系。

三是建立城乡教师交流机制。2006 年，启动实施"城镇教师援助农村教育行动计划"，坚持"以城带乡、城乡互动、政策引导、整体推进"的策略，建立城乡教师交流机制。组织特级教师讲学团赴农村县（市）巡回讲学，建立中小学校长定期交流和城镇教师定期支教制度，城镇学校管理干部到农村和薄弱学校任职，农村学校校长到城区或其他教育发达地区挂职，加强城乡教师的双向交流。从 2012 年起，开始实施"湖北省农村学校启明星计划"，每年在全省范围内从城镇学校选派约 500 名优秀干部和骨干教师组成约 150 个启明星团队，到农村乡镇以下学校任职任教三年，帮助农村学校提升管理水平、提高教育质量。

四是建立教者从优的条件保障机制。在全国率先开展了农村教师周转房建设。2007—2010 年，省级财政共投入资金 1.1 亿元，争取中央试点经费

6000 万元，推动全省投入资金近 5 亿元，新建和改造教师周转房 57 万平方米、近 2 万套，免费提供给城乡交流教师、特岗教师和无房教师使用。2011年，省政府将这项工作纳入利民惠民的十件实事之一。建立教师与当地公务员津贴补贴联动机制，建立农村教师津贴补贴制度，各地按高于城区教师绩效工资 12% 以内的水平确定农村教师津贴补贴标准。实施长期在农村从教的优秀骨干教师的特殊津贴补贴制度，按占农村教师总数的 10% 的比例，依照相关的评审程序，对从教 10 年以上的农村优秀骨干教师给予每人每月 2000元的特殊岗位津贴。

5. 统筹城乡和区域教育，建立优质教育资源共建共享机制

一是推进武汉城市圈优质教育资源共建共享。2008 年，省政府与教育部签订武汉城市圈教育综合改革协议。为推进城市圈各级各类教育改革发展，实现资源联动共享，教育部门启动实施了"武汉城市圈部省高校和地方高校支持合作计划""示范性高职院校对口合作交流计划""武汉城市圈基础教育对口交流合作计划"，组建了武汉城市圈职业教育联盟。组织武汉市中心城区和城市圈内的一批县（市、区）签订"合作协议"，从互派干部挂职任职、教师定期交流任教、学生互访交流学习等六个方面，促进城乡教育的统筹和互动。

二是推进县域内优质教育资源共建共享。全省各地创造性地实施了一些优质教育资源共建共享的办学模式改革。比如，"联校走教""教育发展协作区""一校制"等多种办学模式改革。这些模式先在试点县（市、区）试行，目前已向全省推广。通过改革学校治理结构，试点地区整体提高了义务教育质量，有的试点县市的城镇学校和农村学校的教育水平大体持平、更趋均衡。

（三）职业教育管理体制改革举措及成效

1. 完善立法规范管理，深入推进职业教育质量保障机制发展

制定统一的职业教育质量标准，完善职业教育立法规范，建立职业教育质量保障机制。2012 年以来，通过加强职业教育与行业、企业结合的方式，建立健全职业教育质量保障的相关机制。武汉市在政策导向上通过立法加强

引导与管理，规范职业教育管理体制的建立和运行，逐步完善职业学校的职业教育质量保障机制。宜昌市通过立法规范保障行为，制定质量标准和办学标准，指导、统筹、协调、检查中职教育质量保障活动，建立教育质量保障信息网络。

2. 加强政府宏观管理，建立健全城乡教育服务体系

教育行政部门和其他政府部门强化沟通与交流，进一步加强宏观管理，改革职业教育管理体制，实现城镇化建设中对人和物两方面管理的平衡协调，有力地促进了职业教育的健康发展。仙桃市将职业教育列入全市经济社会事业发展总体规划，既加强对职业教育的宏观统筹管理，又突出城乡职业教育服务体系在经济社会发展中的战略地位和基础性作用。黄冈市对区域内城乡职业教育加强管理，针对当地职业教育发展现状、经济社会发展状况等进行深入剖析，建立健全职业教育服务城镇化建设的体制机制，完善职业教育的服务功能。

3. 强化入学招生管理，提高职业教育办学质量和效益

为建立公平、开放、有序的入学招生制度，从制度入手，保障职业教育管理体制的改革与发展，促进城镇化建设中职业学校办学质量和效益的提升。荆州市以职业岗位和就业为本位，深化职业学校入学招生制度改革，规范招生管理秩序，努力提高职业教育的质量和效益，确保职业教育在城镇化进程中得以稳步发展。荆门市为应对城镇化建设与发展，积极改革职业教育管理体制，构建符合城乡职业教育实际的管理体制，有效促进了社会经济和职业教育的良性发展。

4. 改革办学体制，形成职业教育多元化办学格局

鼓励多方社会主体参与职业教育办学，加快职业教育多元化办学格局的形成与发展。天门市为促进校企合作办学体制的发展，探索政府主导、行业引导、校企合作、社会参与的多元办学格局，保证了办学体制的稳定性、紧密性和有效性，有力地促进了职业教育的发展，推进城镇化建设进程。黄石市深化职业院校办学体制改革，加强对办学体制的管理，以多元办学主体推

动职业教育办学体制的形成、发展与完善。

三、教育管理体制改革的问题

（一）教育投入不足，资源配置不均衡

湖北省对教育的经费投入滞后于国内生产总值增长与财政收入增长，由此导致生均财政投入等指标在全国排名靠后。以职业教育为例，根据全国教育科学"十一五"规划国家级课题"区域职业教育均衡发展"课题组提供的数据，生均预算内事业费最高的是北京市 11127.10 元，最低的是湖北省 1778.80 元，二者相差 9348.30 元。从平均数来看，东、中、西部地区中等职业教育生均预算内公用经费的平均数分别为 1751.90 元、658.80 元、1081.10 元。中部地区的平均数最低，比全国平均数低 551.40 元。最低的 5 个省区中有 4 个为中部省份，分别为湖北省、安徽省、湖南省和江西省，均在 500 元以下（马树超 等，2011）。

学前教育资源缺乏总体规划和配置，导致资源严重失衡，出现了上好幼儿园比上大学还难的社会问题。优质教育资源均集中于城镇，绝大多数为公办园。公办园所占比例并不高，以公办园为代表的优质教育资源严重匮乏，远远不能满足人民群众对优质学前教育资源的需求。从学前教师队伍看，存在以下问题：一是结构性缺编严重。2010 年调研发现，全省公办幼儿园教师普遍存在结构性缺编，情况最严重的是在乡镇，因为许多乡镇根本没有幼儿园教师的编制。二是年龄结构老化。武汉市教育大区江岸区的 17 所公办园中，10 所幼儿园教师平均年龄为 40—43 岁，5 所幼儿园教师平均年龄为 37—40 岁，2 所幼儿园教师平均年龄为 33—36 岁，幼儿园严重缺编导致教师队伍老化，无新生力量补充使得教师队伍缺乏生机和活力，职业倦怠较普遍。三是师资专业水平不高。尤其是农村幼儿教师师资紧缺，许多幼儿园很难招到幼师毕业生。

（二）流入地政府与流出地政府权责不明晰

农民工举家迁移已经成为城镇化进程的重要现象，随迁子女的就学问题也日益凸显。然而，激增的就学需求给城市的公共服务和资源配置带来巨大压力，由于流入地政府与流出地政府权责不明晰，压力逐渐转变为城市发展的潜在矛盾。对于"两为主"政策的积极意义应充分肯定，但大量涌入的外来就学需求确实给流入地政府带来额外负担。在我国当前教育转移支付制度不完善与分权式教育财政体制相结合的背景下，中央政府对流入地政府财政补偿不足，无法解决流入地政府巨大的财政压力。

（三）部门协作的教育发展机制有待进一步确立

义务教育管理体制变革不能局限于教育系统内部，应当建立多部门的协作机制，以应对城镇化的挑战。湖北省由于地区发展不够平衡，城镇化建设任务繁重，低收入人群保障性住房、医疗卫生、教育、文化活动场所、道路交通、环保等基础设施的容纳能力跟不上城镇化进程的需要，大大影响了城市功能的发挥。教育、人事、编办、财政、发改等部门的协作机制不完善、不健全，影响了教育可持续发展。

（四）政府对教育发展的权责不明晰

以义务教育为例，在"以县为主"的教育管理体制下，中央政府和省级政府的财政责任不明确，其在整个义务教育经费支出中占有较低的比重。随着城镇化进程的加快，这种权责不明晰、财权与事权不对等的制度安排，严重制约了湖北省义务教育发展，影响了农民工随迁子女义务教育经费保障，农村教师工资与福利待遇问题难以解决。

学前教育亦是如此。政府主导地位缺失，城镇化过程中学前教育发展遇到机制障碍。一是地方学前教育政策法规空白，事业发展缺乏法律保障。城镇化背景下，学前教育的迅速发展需要有相关的政策法规为依据，否则就会导致学前教育发展缺少可持续和有序发展的制度和法律保障。二是管理职责不清，相关部门缺少联动机制。当前，湖北省大多数地区学前教育管理还存在着职责不清、多头管理、有利则管、无利不管的现象，同时相关部门之间缺少沟通和联动，导致管理效率低下。特别是近年来，城镇及农村民办园数量激增，一些地方工商、民政等部门越权对民办园进行审批，向民办园收取审批、年检、税收等费用，教育部门很难协调解决。

四、深化教育管理体制改革的建议

（一）进一步加强省级政府教育统筹权

我国各地经济发展水平差异较大，全国实施分税制，加上现行以县为主的义务教育管理体制，使中、西部地区县级政府的实际财政能力难以负荷。因此，必须依靠中央和省级政府在农村义务教育经费筹措问题上强化责任分担，而目前各级政府在新的管理体制中的事权责任还不够明确，省级政府没有发挥应有的作用。因此应强化省级政府在基础教育事业上的决策和统筹权。省级政府应该从宏观着眼，强化教育统筹，合理安排中小学布局，核定编制，制定教师引入培养计划，审核学区调整和学校合并计划，特别是针对农村中小学合并进行审核。在资金安排上，省级政府要做好向经济欠发达地区转移支付，以强化对贫困地区的教育扶持。

（二）构建适合流动人口的教育管理体制

首先，继续深化户籍制度改革，促进二元社会管理体制的整体变革，把流动人口子女教育问题纳入城市经济与社会发展的统一规划当中。其次，建立流动人口子女的义务教育财政分担机制，通过制定与实施相关政策法规，形成中央、省级、地市、流入地各自权责分明的管理体制与经费保障机制。肯定流动人口子弟学校的合理性，制定地方标准的补偿制度，并通过多渠道鼓励接纳流动儿童接受义务教育。

（三） 构建城乡一体的教育发展机制

根据湖北省"十二五"规划，到 2015 年全省城镇化水平将达到 52% 以上。从湖北省新型城镇体系结构来看，它是以武汉市城市圈、鄂西生态文化旅游圈和湖北长江经济带为地域载体，通过武汉市向周边城市辐射形成"两圈一带"的城镇化格局。随着周边城市的迅速发展，教育需求的增量与变化使得构建开放性、跨区域性、包容性的城乡一体化教育发展机制势在必行。城乡一体化教育发展机制还需要在城市规划、乡村建设、政府责任划分、财政体制等方面进行深层次变革，以此为基础教育管理体制改革提供基本的制度保障和政策环境。

（四） 建立城乡一体的督导评估机制

完善系统的督导评估机制是推动城乡教育一体化发展的重要保障。应当进一步深入开展国家义务教育基本均衡县验收认定工作，形成长效机制。同时结合当前管办评分离的有关要求，加大专业评价组织的培育力度，健全政府购买教育评价服务机制，建立健全社会监督机制，运用社会力量对城乡教育一体化发展进行评估，形成有效的社会监管和舆论监督。

参考文献

刘征 . 2008. 城镇化建设与职业教育发展研究：以湖南省为例 [J]. 中国职业技术教育（35）：36 – 38.

马树超，等 . 2011. 全国教育科学"十一五"规划国家级课题"区域职业教育均衡发展"报告 [R].

石人炳 . 2005. 人口变动对教育的影响 [M]. 北京：中国经济出版社 .

（本报告由湖北省教育厅、华中师范大学、湖北工业大学、湖北省教育科学研究所、武汉市教育科学研究院等单位承担，参与人：雷万鹏、李梦卿、冉铁星、李碧武。）

上海市城镇化进程中教育管理体制改革研究报告

一、上海市城镇化发展的基本阶段

改革开放 30 多年来，上海市城乡统筹工作取得了长足进步，城乡综合经济实力显著增强，城乡基础设施不断完善，城乡居民得到更多实惠，城乡统筹发展格局初步形成，城乡发展始终朝着一体化方向推进，主要经历了以下四个阶段。

（一）第一阶段：20 世纪 80 年代，城镇化发展初步实践

1984 年，上海市制定了全国第一个城市经济发展战略，并率先提出"城乡通开""城乡一体"的发展理念。1986 年，上海市又提出"一二三四"工作方针，即加快城乡一体化建设，坚持两个立足点（农民口粮立足自给，城市主要副食品供应立足郊区），促进三业协调发展，建设四个基地（大工业扩散基地、副食品生产基地、外贸出口基地、科研中试基地）。城乡封闭的体制逐渐被打破。城乡居民收入差距较小且保持相对稳定，城乡居民人均可支配收入比基本维持在 1.3:1 左右，低于全国平均水平。

（二）第二阶段：20 世纪 90 年代，城镇化发展积极推进

随着乡镇企业的迅速发展，城乡经济的联系在深度和广度上都发生了历

史性的变化，城乡之间的要素流动逐步加速。"三个集中""市区要体现繁荣繁华，郊区要体现实力水平""农业定位于都市农业，农村定位于郊区，农民定位于现代农业劳动者"等方针相继出台，城乡功能布局进一步优化。然而，由于发展重心集中在中心城区，占用了大量的资源和要素，导致城乡基础设施和面貌出现明显分化，城乡差距有所拉大。

（三）第三阶段：进入 21 世纪，城镇化发展全面加速

进入新世纪，上海市城乡一体化发展开始提速。2002 年召开了第一次上海郊区工作会议；2006 年，市委全会进一步提出建设社会主义新郊区、新农村；2009 年市委九届七次全会根据党的十七届三中全会精神，进一步提出农村改革发展的实施意见。伴随着相关政策的出台，各级政府对郊区农村建设的投入不断加大，郊区城镇化进程显著加快。

（四）现阶段：城镇化发展跃上新台阶

进入"十一五"以来，上海市城乡经济实力得到明显提升，特别是各郊区县经济快速增长，在全市经济格局中的地位不断提高。"十一五"期间，郊区年均经济增长 13.7%，高于全市平均水平 2.6 个百分点；产业结构加快调整，产业布局不断优化，中心城区与郊区产业分工格局日益清晰；城乡社会事业发展取得新成就，初步形成城乡一体的基本公共服务体系；基础设施投资布局开始向郊区农村倾斜，中心城区和郊区基础设施投资强度比从"十五"的 2.5∶1 降低至"十一五"的 1.6∶1，各类基础设施建设加快向郊区延伸；围绕强化规划统筹、发展特色经济、提高公共服务水平、深化制度改革，城乡一体发展体制机制改革取得新进展。

二、城镇化发展与教育发展互动关系

上海城市发展形态从原来的城乡二元结构到城乡一体化发展，教育管理

体制也经历了从强调分级管理、充分调动地方政府积极性到加强市级统筹、注重教育公平的演变过程，促进了城乡教育均衡发展，进而最终促成了城乡教育一体化发展。

（一）20 世纪 80 年代，城乡封闭体制逐渐打破，农村义务教育迎来大发展

1985 年，《中共中央关于教育体制改革的决定》颁布后，上海实施了"分级管理"的基础教育体制，加上城乡居民收入逐步提高且差距相对较小，充分调动了地方政府和农村群众办学积极性，于 1993 年完成了上海基础教育的第一轮发展任务——在全国率先普及了九年义务教育。

（二）20 世纪 90 年代，乡镇企业迅速发展，城乡之间的要素加速流动，积极发展高中阶段教育和学前教育

率先普及义务教育后，上海市基础教育的普及向两头延伸：一是抓住上海城市大发展的契机，发挥市级统筹协调作用，建设了一批大型现代化寄宿制高中和现代化职业学校，于 1997 年基本完成了普及高中阶段教育的目标；二是通过多方努力于 2003 年普及了 3—6 岁学前三年教育。

教育规模发展的同时，上海市着力推进办学条件的改善，先后通过"薄弱学校更新工程""中小学标准化建设工程""加强初中建设工程""远郊现代化高中建设"等一系列重大工程，投入大量资金，使全市尤其是郊区基础教育的布局更趋合理，校舍设施、装备水平有了极大提高，农村基础教育、职业教育、成人教育也相应得到发展。

（三）新世纪以来，在城乡一体化发展进程中积极推进城乡教育一体发展

进入新世纪，尤其是"十一五"以来，上海市立足建设"四个中心"和国际化大都市的需要，从率先基本实现教育现代化的目标出发，积极推进城乡教育资源均衡配置。按照上海市委《关于推进社会主义新郊区新农村建设的决议》的精神，上海市教委制定并颁发了《关于推进新郊区新农村教育改

革和发展的若干意见》，提出了新郊区教育的发展目标、工作任务和主要举措：不断优化城乡学校布局，加大郊区学校建设力度；加大教育经费统筹力度，缩小城市教育经费差距；创新教育公共服务提供机制，缩小城乡学校办学差距；健全管理制度，切实保障随迁子女和外来人口教育权益；加强教师资源统筹，提升郊区师资水平，各类教育质量得到显著提升，城乡教育朝着一体化方向发展。

城乡一体化发展，有力地促进了城乡教育发展，但是，城市化发展进程也为教育发展带来了巨大挑战：人口向城郊接合地区和郊区集镇聚集，造成资源配置不均，外来人口教育矛盾一时还比较突出；城市产业结构升级，教育人才培养还不能完全满足城市发展需要，教育发展水平与城市发展水平匹配度还有待提高；城乡教育资源硬件设施建设一体化进程相对较快，城乡教育内涵均衡发展相对较慢，城乡师资、教育质量仍有一定差距，这些对教育管理体制的完善提出了新的要求。

三、城镇化进程中教育管理体制改革的特点及成效

（一）基础教育以区县政府为主管理，市级政府统筹，促进基础教育高位均衡发展

上海市城乡基础教育管理体制（中等及中等以下教育）经历了由三级政府（乡镇、区县、市）向二级政府（区县、市）的转变，目前确立了以区县政府为主、市级政府统筹协调的管理体制。这一转变顺应了上海市的财政管理体制（市与区县"分灶吃饭"），从而激发了区县政府举办基础教育的积极性，为实施和推进上海市城乡基础教育一体化发展奠定了基础，主要做法有以下几种。

1. 调整城郊学校布局规划，加快郊区学校建设

"十一五"期间，市、区教育行政管理部门结合市及各区县经济社会发

展规划，科学布局中小学校和幼儿园，加快推进校舍建设，共完成基础教育基本建设项目592个，竣工建筑面积421.51万平方米，投入资金136.68亿元。其中郊区竣工项目499个，占项目完成总数的84.29%。"十二五"期间，为适应常住人口发展、城乡一体化建设的需要，又制定实施了《上海市区县基础教育"十二五"基本建设规划》，9个郊区规划实施基础教育基本建设项目688个，占全市基础教育基本建设项目总数的85.15%，其中七成项目集中于浦东新区、闵行、宝山、松江和嘉定等五个外来人口导入大区。

通过加强郊区学校建设，上海市有效增加了基础教育校舍资源供给，基本满足了城乡居民对子女入园、入学的需求，幼儿园入园紧张得到有效缓解，保障了进城务工人员随迁子女全部在公办学校或政府委托民办小学免费接受义务教育的权利。

2. 加强基础教育经费统筹，加大对郊区教育经费转移支付力度

上海市坚持通过加强教育经费市级统筹，完善教育经费投入保障机制等措施，促进基础教育均衡发展。从2007年起，市级财政加大统筹力度，并加大对区县教育费附加的转移支付力度，转移支付占比从2008年的44.54%增加到2012年的72%。

2012年，上海市对基础教育经费实施"三个统筹"：一是按照规范统一、均衡保障原则，综合考虑各区县在校学生规模、生均经费水平、财政努力程度等因素，统筹分解财政教育支出占地方公共财政支出的比例到各区县；二是按照重点向郊区县、人口导入区县倾斜的原则，将教育经费增量部分，统筹安排用于远郊和农村地区发展义务教育；三是对个别人口导出、生均经费水平明显高于全市平均水平的中心城区（黄浦、静安），采取"限高"的措施，统筹其一部分财政教育资金，专项用于生均经费水平偏低、人口导入困难的区县义务教育发展。

3. 推进教师资源统筹，提升郊区师资整体素质和专业水平

"十一五"时期，上海市推进"促进均衡发展的人事制度改革计划"，确保农村学校和初中教师高级职务比例达到国家规定的要求，在远郊地区试行

设置农村教师特设岗位，落实高级职务教师、特级教师聘用前必须去农村或师资相对薄弱的学校任教一年的制度，有计划地安排城区学校高级教师、特级教师和优秀校长到郊区支教，鼓励大学毕业生到农村、郊区学校任教，改善农村学校教师发展条件。上海市实施了"支援郊区教师培训计划"，将郊区教师培训放在全市培训工作的优先位置加以规划和落实，加大市区、近郊区学校与远郊区学校挂钩结对的力度，促进了各市区教师进修学院对口支援郊区县骨干教师、校长培训。

"十二五"时期，上海市实施"促进教师队伍均衡发展计划""见习教师规范化培训制度"，设立了郊区新城教师队伍建设项目，鼓励优秀教师作为志愿者到农村学校、发展中学校支教，支持离退休后身体健康且仍有能力的优秀教师到农村学校、新开办学校任教，加强以招收随迁子女为主民办学校教师的管理与培训等，有效提升了郊区师资队伍的水平。

为促进基础教育高位均衡发展，充分发挥优秀校长的示范、辐射和引领作用，上海市教委决定在三年一度的特级校长评定中，通过特设特级校长流动指标，从中心城区选派一批优秀校长进行区域柔性流动，研究制定了《关于进一步推进中小学特级校长流动的实施办法》。

4. 发挥优质教育资源辐射作用，促进郊区教育内涵发展

为促进郊区教育的发展，上海市于 2006 年采取"区对区"对口合作形式，9 个中心城区（当时卢湾区尚未合并）与 9 个郊区县签订合作协议，从管理、教研、科研、教师培养等方面进行交流、合作，促进资源与经验的分享，整体促进郊区县教育发展。

上海市为提升郊区农村义务教育阶段相对薄弱学校的办学水平，探索实行委托管理模式，由中心城区品牌中小学以及长期从事教育研究实践的教育机构，接受郊区县教育行政部门委托，采取缔结契约转移办学责任、团队进驻等方式，对郊区县的义务教育阶段相对薄弱学校开展全方位的管理。目前，托管学校覆盖到全市的所有远郊区县，已开展的三轮学校委托管理所覆盖学校总数达到 80 所，受益学生 8 万余名。

为促进学校间的教育资源共享，各区县还积极探索区域间、校际的联动

发展。如浦东新区着力于机制建设，形成了"委托管理、合作办学、城郊结对、集团办学"等多种模式，推出"局镇合作"和"办学联合体"两项新举措，调动了镇政府的积极性，促进了城郊学校的互动交流和连片发展。奉贤区于 2010 年出台《奉贤区建立紧密型办学资源联盟促进区域义务教育均衡发展实施方案》，将城区优质学校和农村学校分成 8 个联盟体、12 个工作组，形成了区域内师资、课程、教育设施等优质资源共享辐射机制，促进了"管理互动、教师流动、教研驱动、课程走动"。

通过对口合作、委托管理、组团发展等形式，上海市创新了教育公共服务供给机制，有效提升了郊区新建学校和农村受托管学校的管理水平与教育教学效率，进一步缩小了城乡学校"软实力"差距。

5. 实施农村中小学教育信息化应用推进项目，助推郊区学校跨越式发展

为促进郊区教育的发展，上海市于 2007 年启动了"400 所农村中小学信息化环境设施建设"市政府实事工程，为学校配备了多媒体教学设备，并先于市区为每位郊区中小学专任教师配备了一台教学用计算机，极大地改善了农村学校的信息化应用条件和环境。在此基础上，又开展了为期五年的"上海市农村中小学教育信息化应用推进项目"，聚焦农村中小学内涵建设，努力探索利用信息化推动本市农村中小学校教育整体提升的途径和方法。这些实践和探索有效提升了郊区学校的管理水平，推进了教与学方式的转变，改变了农村学校信息化应用薄弱的状况，锻炼了教师和管理队伍，也培育出一批借助信息化快速发展的农村中小学校，有力地促进了郊区教育的跨越式发展。

（二）职业教育从以行业为主向以教育部门为主管理转变，通过加强农村职业教育发展，促进现代职业教育体系构建

上海市中等职业教育的办学体制和管理体制，经历了从以部门、行业、企业为主办学、管理，向由教育行政部门办学、管理的转变。这一转变，顺应了国家建立现代化企业制度的要求，特别是郊区及边远地区的中等职业教

育有了长足的发展，改变了职业教育相对集中在市区及中心城区的状况，为郊区经济社会发展提供急需人才，主要做法有以下几种。

1. 统筹规划中等职业学校布局，推进郊区学校建设

为进一步适应产业结构调整和就业需要变化，整合职业教育资源，加强职业学校基础能力建设，推进郊区中等职业学校建设，2009 年，上海市政府决定将部分职业学校整体迁建至郊区，并在郊区建设四所开放实训中心，推进郊区职业学校的建设。其中将江南技校迁建至长兴岛，将临港科技学校整体迁建至上海临港新城。同时为加强郊区的办学条件，分别在金山区的上海石化工业学校，浦东新区的上海市东辉职业技术学校、上海港湾学校，松江区的上海市城市科技学校建设四个开放实训中心。在全市各个区县普遍设点布局开放实训中心的基础上，对郊区予以重点关注和倾斜。

2. 开展涉农学生和专业专项补贴，加大对农村学生和涉农专业扶持力度

为进一步减轻农民家庭的经济负担，提高农村学生职业技能，提高职业教育对农村学生吸引力和涉农专业的吸引力，加大对农村学生参加职业教育的保障力度，确保涉农专业的持续发展，2009 年，上海市政府办公厅转发市教委三部门制定的《关于对本市中等职业学校农村、海岛家庭学生和涉农学生实施免费教育意见的通知》，决定从 2009 年秋季开学起，在全国率先对中等职业学校农村、海岛家庭学生和涉农专业学生实施免费教育。

3. 全日制普通中等职业学校向农民工同住子女开放，努力探索农民工同住子女升学新通道

为了探索向农民工同住子女开放中等职业教育，贯彻落实教育部"开展东部向西部、城市对农村中等职业学校联合招生合作办学"的精神，2008 年起，上海市教委在部分全日制中等职业学校试行招收农民工同住子女，全市共有 32 所中职学校参与试点工作，由于 80% 以上的农民工同住子女生活在郊区，招生计划安排以郊区为主，其中郊区占 64%，市区占 36%。自 2008 年首次招生 1380 人以来，中等职业学校招收农民工同住子女的人数逐年提升，2013 年共招生 10150 人。

（三）构建以各部门分工负责、教育部门为主的体制，加强市和区县政府统筹，确保农村和外来务工人员接受培训，加快构建终身教育体系

上海市终身教育管理体制机制逐步从相对分散，从各部门、各系统各自为政，向相对集中、以教育部门为主、市级统筹协调、整体推进的方向转变。在市级层面成立了学习型社会建设和终身教育促进委员会，区县人民政府也进一步加强了对终身教育工作的领导，这一体制为保障各类人群尤其是外来进城务工人员和农村人口享受终身教育创造了有利条件，促进了终身教育体系构建，其主要做法如下。

1. 加强农村终身教育学习平台建设，促进镇乡成人学校建设标准化

上海市委、市政府《关于推进学习型社会建设的指导意见》提出"每个乡镇要建设好一所符合标准的成人学校"，进一步加强乡镇成人学校建设，改善乡镇成人教育办学条件。2008 年市教委制定《关于进一步推进镇（乡）成人中等文化技术学校标准化建设的意见》，提出"建立镇（乡）成人学校标准化建设评估制度"的要求，2008 年对 11 所镇（乡）成人学校进行"标准化评估"，2009 年、2010 年又分别对 16 所、19 所成人学校开展了技术化建设评估。通过标准化建设，促使镇（乡）成人学校办学层次逐步提高，教育质量稳步上升，办学规模不断扩大，品牌效应日益显现，为各类农村人员尤其是进城务工人员培训提供了渠道，搭建了平台。据不完全统计，标准化建设的成人学校在 2008—2010 年共承担 126 万余人次的教育培训任务，培养了一批"有文化、有技术、会经营"的新农民，活跃在新农村建设第一线。

2. 通过多种形式和渠道，确保进城务工人员培训广覆盖

上海市进城务工人员具有数量多、居住分散、从事工作的范围较广、生存是第一要务等特点，开展培训难度很大。上海市针对不同的对象，采取多部门联合、多形式组织、多渠道培训的方式，切实把进城务工人员的培训纳

入构建终身教育体系的规划，纳入创建学习型城市的目标，做到进城务工人员培训广覆盖。

四、上海市城乡教育发展面临的挑战和问题

尽管上海市通过多年努力，在统筹城乡各级各类教育资源，促进均衡发展中取得了不少成绩，但由于人口的快速且不均衡增加、产业结构及城市形态布局的调整，在教育发展上还存在以下问题。

（一）郊区人口快速增长成为制约城乡教育均衡发展的突出矛盾

2012 年全市各区县基础教育公办学校在校学生比 2011 年增加 52113 人，其中市区增加 3883 人，增长 0.86%，郊区增加 48230 人，增长 4.71%。

随着上海市经济社会的高速发展，来沪人口在不断增加，随之而来的就是导入人口子女教育问题。据统计，2011 年市区非沪籍人口子女人数为 81335 人，而同期郊区非沪籍人口子女人数是 420349 人，是市区人数的 5 倍；2012 年市区非沪籍人口子女人数为 82472 人，比上年仅增长 1137 人，增幅为 1.40%，而同期郊区非沪籍人口子女人数已增至 455503 人，一年增加了 35154 人，增幅高达 8.36%（见表 1）。

表 1　2012 年上海市进城务工人员随迁子女义务教育就读情况

区县	2012 年（人）	2011 年（人）	增加人数（人）	增长率（%）
市区	82472	81335	1137	1.40
郊区	455503	420349	35154	8.36
全市	537975	501684	36291	7.23

（二）校舍资源增长缓慢成为制约城乡教育均衡发展的瓶颈

为满足常住人口的就学需求，本市各区县尤其城郊接合部采用公建配套、

新建、改建、扩建、布局调整和退租还教等一系列措施，还创造性地提出了公建配套学校建设与住宅建设的规划、建设和交付使用"三同步"制度，在一定程度上缓解了教育资源的不足。但从实际情况来看，基础教育校舍建设仍面临较大压力。截至2013年6月底，上海市基础教育"十二五"基本建设规划808个项目中，已开工项目406个（含竣工），占调整后规划总数的50.25%。

由于新建学校工程建设从前期办理手续至交付使用需2—3年时间，所以在短期内靠新建、补建学校来容纳新增学生难度较大，各区县和学校只好采取增加班级、扩大班额的方式，挖掘容纳潜力，尽最大努力满足适龄儿童的就学需求。从而直接导致校均、班均学生数增加，生师比扩大，单位数量教育资源承载的负荷上升，使原本相对薄弱的郊区教育资源显得更为薄弱。

（三）教师队伍建设任务艰巨成为城乡均衡发展的难点

新建学校、增加班级需要相应增加教师数量。以未来三年全市新建153所幼儿园测算，需补充幼儿园园长153位，教师4590余人（按每园15个班，每班2位教师计算），保育员2295人（按每个班级1位保育员计算）；以新建义务教育学校133所测算，约增加4000个班级，按每班配备3名教师计算，则需增加1.2万名教师。新增的教师主要是招录自大学毕业生，使得整个郊区教师队伍平均年龄降低、高级职称比例降低，培训需求则相应增加。同时，新进教师学习工作背景更为多样，发展需求更加多元，给建设高素质师资队伍带来更多的课题。

增加班级、扩大班额给教师增加了工作量。在学额增加的情况下，教师批改作业、补缺补差、管理班级等工作量倍增。但按目前的绩效工资政策，教师并不能因此而获得相应的绩效工资，一定程度上不利于有效调动教师工作积极性。

（四）各区县财力水平不一成为城乡教育统筹发展的制约因素

我国基础教育实行"分级管理、分工负责、以区县为主"的管理制度，在经费投入上以区县为主。根据《教育法》规定："各级人民政府教育财政拨款的增长应当高于财政经常性收入的增长，并使按在校学生人数平均的教育费用逐步增长，保证教师工资和学生人均公用经费逐步增长。"法律明确了各区县落实"三个增长"的责任，由于各区县财力水平不一，再加上人口分布因素带来的教育负担不一，尽管上海市加大了对郊区县教育经费转移支付力度，但客观上仍存在市区与郊区教育经费投入的差异。

五、深化教育管理体制改革、推动城乡教育发展的建议

要解决以上问题，除了教育部门自身的努力外，教育管理体制的优化也是重要一环。上海市因地域的特殊性决定了城乡教育差距相对较小，其教育管理体制机制改革经验也不一定适用于全国。但上海市历来敢于先行先试，并愿意为全国的改革发展提供探索的经验。从当前看，为适应城镇化发展进程，上海市城乡教育一体发展还需要从以下方面加以改进。

（一）进一步完善教育管理体制

基础教育阶段，建议优化"两级政府、两级管理"，以区县为主，进一步强化市级政府统筹的管理体制。职业教育阶段，建议优化"中等及中等以下教育"以区县为主的管理体制，加大市级政府统筹协调职业教育的力度，引导和激发部门、行业、企业、社会共同关注和支持职业教育，形成"以区县政府办学为主、社会各界共同参与、市级政府政策引导"的办学与管理体制。终身教育阶段，建议优化各部门分工协作，以教育部门为主，充分发挥区县政府办学和管理积极性，强化市级政府统筹的管理体制。高等教育方面，鼓励和支持高校积极为周边区域的经济和社会发展服务，形成"大学校区、科技园区、公共社区"三区联动发展，丰富和拓展地方高等教育管理体制的内涵。

（二）进一步优化教育管理机制

1. 实现全市教育统筹管理机制创新

建立多部门合作与协调推进教育城乡一体化发展新机制。加强教育部门与发改委、人保、财政、科技、建设等部门经常性的沟通与协调，建立部门间联席会议制度，共同研究和解决有关教育投入、人事管理、人才培养、教育结构、人力资源、就业等方面一体化推进问题，促进教育率先一体化发展。

根据上海率先实现经济社会城乡一体化发展要求，针对目前制约义务教育均衡发展的资源、保障条件、管理和质量等突出的差距问题，着重统筹义务教育资源一体化配置制度改革，推进区县内义务教育城乡一体化发展，增强市级政府对城乡、区县的投入、设备、师资、运行费用等资源统筹权力。

2. 推进公共财政投入制度改革创新

实施公共教育投入的倾斜性政策。在现有市财力加大对教育经费投入的基础上，进一步优化内部结构，增加对远郊区、县的投入，促进教育公平；提高义务教育财政支出比重，学前教育、义务教育支出和均等化标准随财政收入增长而增长，确保学前教育、义务教育预算支出增速不低于财政收入增速；增加市级政府在学前教育和义务教育的支出责任，加大财政转移支付力度；探索横向转移支付，使中心城区支援远郊区县制度化、规范化；进一步完善对所有适龄儿童、少年接受教育给予生均公用经费的平等财政补贴的制度。同时完善教育转移支付资金分配决策机制，加大薄弱环节的资助力度，建立转移支付资金绩效评估机制。

3. 加快提高农村教师队伍素质水平

以建立上海市城乡教育一体化发展规划和基本质量标准监测制度为突破口，着重形成义务教育教师资源的城乡均衡发展监测、激励、督导机制，加大对口支援力度，扩大对薄弱学校实行委托管理的范围和数量，并实行县域内教师和校长交流制度，加强郊区农村学校的师资队伍建设，改善其教学和管理水平，均衡配置教师资源。

鼓励优秀人才到郊区县任教。加快制定引进优秀人才到郊区县任教的倾斜政策，在职称评审名额分配中适当向郊区倾斜，解决教师工作和生活上的后顾之忧，为教师提供事业上的发展平台。深化实施"骨干教师和离退休名师支援计划"，在全市组织有志于服务郊区县的骨干教师和离退休名师到郊区领衔"特聘岗位工作室"，发挥辐射作用，引导郊区教师素质提升。鼓励和引导教师积极参与教育改革，对因扩班或因承担教育改革而增加的工作量，由市人保、市财政部门与市教委共同加强调研，制定相应的工作量计酬政策。加强农村各级各类学校校长培训，提高校长管理能力。

4. 实施弱势群体子女教育保障新机制

积极推进实现户籍和非户籍常住人口子女在学前教育、义务教育阶段的同城待遇、机会均等和保障条件均等。对建立面向常住人口的义务教育管理体制的可行性进行调研，从体制上突破以户籍为主的教育管理体制限制，为向常住非户籍人口提供均等公共教育服务提供制度保障。探索义务教育阶段后教育的成本分担机制，完善农民工子女接受义务教育后在当地参加升学考试的政策，给予农民工随迁子女更多的升学机会。探索从入学到升学全过程的农民工随迁子女学籍和教育管理制度，建立农民工随迁子女动态信息监测体系。

通过扩大政府委托购买、提高转移支付和专项补助水平等方式，对农民工随迁子女实行以区县为主的财政供给制度。推动区县真正将农民工随迁子女义务教育纳入本地区教育事业发展总体规划，将农民工随迁子女义务教育经费纳入地方教育预算。可规定将一定比例的城市教育费附加用于农民工随迁子女教育。

5. 强化城乡教育一体化发展监测与评估

建立上海市城乡教育一体化发展的监测、评价和问责制度。将城乡教育一体化发展，尤其是义务教育一体化发展纳入政府部门年度目标责任制考核，纳入领导班子和领导干部政绩考评体系，并逐步增加权重，用制度调动各地推进教育一体化发展的积极性，为上海各级各类教育可持续发展提供制度保障。

　　构建上海市教育一体化发展的动态监测体系。完善城乡教育一体化发展的评价指标体系，形成一体化发展目标与标准——运行监测和预警——综合评价——动态调整的良性循环系统，加强对资金使用效率、效益和效果绩效评价，将评价结果与财政拨款相挂钩，保障财政投入转化为有效公共服务的一体化供给。

　　（本报告由上海市教委承担，参与人：张慧红、钟智、王磊、朱蕾、焦小峰、劳晓芸、庄俭。）

案例：上海以构建和谐社会为目标，大力开展进城务工人员培训

一、开展外来务工人员职业培训的背景

20世纪90年代以来，上海市外来人员持续增加，外来人员在城市的沉淀性增强，在沪长期居留的倾向日益明显。根据第六次全国人口普查结果，外省市来沪常住人口占比由第五次全国人口普查的18.6%提高到39.0%。常住流动人口达到900万之多，2000—2010年外来常住人口年均增长量达到66万人。近年来，上海市户籍人口每年出生10万人，而流动人口每年增加60万—70万人。增量中的绝大部分都是非上海市户籍的外省市迁入人口。

上海市进城务工人员已成为本市劳动力资源的重要构成部分，为上海的建设做出了重要贡献。但是约90%的务工人员文化程度在初中及初中以下，约60%从事制造业、建造业和商业服务业等低技能要求的职业，绝大多数务工人员无技术等级证书或职业资格证书。这不仅制约了他们自身的生存和发展能力以及生活水平的提高，也给上海的经济建设和社会发展带来了不少问题。因此，加强务工人员的培训，对于提升上海市人力资源的整体水平，为产业发展源源不断地提供合格的劳动者意义重大。

二、上海市开展外来务工人员职业培训的政策和措施

加强对外来务工人员职业培训,不仅有利于提升外来务工人员的职业技能和自身竞争力,也是体现教育公平和城市文明的标志,有利于构建和谐社会。多年来,上海市切实将外来务工人员职业教育培训纳入本市教育发展的总体规划,作为终身教育工作的重要内容予以落实。

(一) 将外来务工人员职业培训纳入政府部门职责

1. 通过立法,明确将外来务工人员培训工作纳入法制保障

2011 年上海市人大常委会通过的《上海市终身教育促进条例》将外来务工人员职业培训纳入保障范围。该条例第十四条规定:人力资源和社会保障行政部门负责进城就业农村劳动者就业培训工作。教育培训机构应当按照人力资源和社会保障行政部门的培训计划和要求,开展进城就业农村劳动者的就业培训和创业培训。进城就业农村劳动者参加就业培训,可以按照国家和上海市有关规定享受培训费补贴。

2. 制定相关政策,推动外来务工人员培训工作的开展

2003 年,《上海市人民政府关于大力推进本市职业教育改革与发展的决定》中提出实施职业教育八大工程,全面提升职业教育发展水平,其中第四项就是外来务工人员培训工程。文件规定:各级职业学校特别是中等职业学校要结合自身条件和专业特色,按照"实际、实效、实用"的原则,面向外来务工人员开展职业教育和职业培训。在招生上,以求学者持有的初中、高中毕(结)业证书为依据,取消年龄限制,简化入学手续,实行注册入学,一年多次招生。在收费上,既要考虑教育和培训的成本,也要考虑外来务工人员的实际承受能力,可通过助学金或酌情减免收费等形式,对经济困难的

农民工予以资助。各行业、企业要从生产工作需要出发，组织外来务工人员学习文化知识、技能知识、法律常识等，提高他们的素质。通过制定相关的政策措施，引导、倡导各行业、企业和社会团体关注对进城务工人员的培训，鼓励各类社会培训机构为进城务工人员培训提供教育服务。

3. 统筹各类教育资源，为外来务工人员提供教育服务

教育行政部门把对外来务工人员培训工作纳入年度工作目标，统筹各类教育资源为务工人员提供培训服务。从 2000 年起，上海市就把对务工人员的培训作为乡镇成人学校的考核指标，并作专项统计；鼓励职业学校开展非学历培训，把对务工人员的培训作为一项重要内容。

（二）通过多种渠道，采用多种措施开展外来务工人员培训

1. 通过乡镇成人学校开展培训

对居住在郊区的务工人员，充分发挥乡镇成人学校的作用。据对上海市郊区成人学校的不完全统计，2001—2004 年培训务工人员分别达 5.8 万人、9.9 万人、10.7 万人和 23.1 万人。如浦东新区祝桥镇成人学校组织镇域范围内服务行业务工人员学法律、学知识、学技术，培训结束后发给结业证书，务工人员持证上岗。松江区泗泾镇成人学校，对务工人员实行分段付费办法，缓解他们的经济压力，吸引了大批务工人员参加培训。该校开办的文化、技术班中，务工人员占 30% 以上。

2. 通过街镇社区学校开展培训

上海市中心区也有不少务工人员在从事家政、安保、绿化等工作，上海市通过街道社区学校对社区内的务工人员开展法制、安全、计划生育等方面的教育和家政、绿化、保安、环卫等社区服务项目的职业技能培训。上海市的五个国家级社区教育实验区，都把对务工人员的培训作为社区教育实验的重要工作来抓。据不完全统计，这五个区每年接受培训的务工人员在 35 万人次左右。

3. 通过行业、企业开展培训

对在企业工作的务工人员,按照"谁用人、谁负责"的原则,由行业、企业根据生产工作的实际需要,组织他们学习文化知识、技术技能、法律常识等,提高他们的素质。如上海建工集团有务工人员 7 万多人,根据需要,开办了安全知识、技能知识、等级工等培训班,各项培训的参加人数都在 2 万人次以上。又如上海国际港务集团公司,有务工人员 9700 余人,每年举办岗位安全知识培训 30 多期,法律法规培训 20 多期,操作技能培训 65 期,极大地提升了员工的职业技能。

4. 通过社会组织,开展对特定群体的培训

近几年来,配偶为上海户口的外来女性人数逐年增加,其中绝大部分来自外省市农村。她们暂无上海户口,又没工作,家庭普遍比较贫困。为使她们提高择业能力,创造就业条件,为推进上海市现代化建设创造良好的人口环境,2004 年 2 月由上海慈善基金会启动实施"万名外来媳妇就业技能培训"慈善项目,由上海市慈善基金会出资 170 万元培训外来媳妇 2441 名,其中 1326 人上岗,上岗率为 54.32%。2004 年 4 月,上海市劳动和社会保障局又出资 500 万元,支持该项目的实施,该项目目前正在继续实施中。

5. 通过群众团体开展普通性培训

由上海市总工会、团市委会同有关部门联合开展"千校百万"农民工培训活动,针对一部分务工人员法制观念淡薄的特点,积极开展法制教育活动,建立了"上海外来流动人口法制宣传教育基地"。几年来,上海市已建立起 120 多所各种形式的外来人员普法学校,百余万人参加了法制培训,其中 50 万人取得了培训合格证书。在所有这些培训活动中,各级各类成人学校都积极参与,大部分的培训基地、培训学校都建立在成人学校内。

三、取得的成效和存在的不足

通过以上措施,上海市外来务工人员职业培训工作取得显著成效,主要

有三点工作经验。

第一，坚持开放的理念是做好外来务工人员职业培训的前提。外来务工人员是上海城市建设的重要力量，是上海市民的重要组成部分，应当将其纳入教育培训的重要对象加以考虑，所有的成人教育机构（成人高校、成人中专、社区学校、成人学校等）都应当向外来务工人员开放，所有的成才渠道（自学考试、网络教育、远程教育等）都应当向外来务工人员开放，做到无障碍入学。

第二，坚持包容的心态是做好外来务工人员职业培训的关键。上海以"海纳百川、追求卓越"为城市精神，在开展务工人员培训的过程中，同样渗透了这样的理念，坚持做到"不歧视""一视同仁"。

"不歧视"是开展各类公益性培训的一条原则，在上海的成人学校、社区学校开展各种公益性（免费）培训时，凡务工人员愿意参加的一律欢迎，务工人员可与上海市民享有一样的学习权利。

"一视同仁"是大中型企业在开展培训时非常关注的一条原则。即大中型企业在开展培训时，凡在企业工作的外来务工人员，享受与正式职工同样的培训权利。如上海建工集团在创建学习型企业过程中，实施提高职工素质工程，他们明确规定：全员培训包括外来务工人员。

在上海市的区县政府、街道，在核定成人教育（社区教育）经费时（每人每年1—2元），把外来务工人员的人数也作为人口基数，做到了工作纳入、经费纳入。

第三，做到政策倾斜是做好外来务工人员职业培训的有效方法。外来务工人员相对本地居民来说，是一个弱势群体，需要更多的关注和帮助。为此必要时还需要对外来务工人员给予特别的倾斜。比如在开展相关培训时，对在企业找到工作的外来务工人员，强化岗前培训；对在社区从事体力劳动的外来务工人员，及时告知培训信息；对就业困难的外来务工人员，通过社会团体进行专项资助。同时，针对外来务工人员以打工为重的特点，在培训时间上也以业余、工序空闲、雨季等为主，使他们做到挣钱、学习两不误。

上海市外来务工人员职业培训取得了一些成绩，但离满足外来务工人员的需要、城市发展的需要还有不少差距,主要的不足之处有以下三个方面。

第一,政府部门之间的合力还需进一步增强。外来务工人员的数量和日常管理涉及人口、公安等部门,教育培训涉及人保、教育等部门,经费保障涉及财政、物价等部门,需要多部门协调。目前主要靠教育行政部门推进,在信息对称、资源保障、扶持政策等方面还缺少协调统一、整体推进的合力。

第二,还没有形成专门的法律和制度予以保障。目前上海市对外来务工人员的职业培训政策和措施散见于各种法律和政策,有关教育培训的渠道也是借助职业和成人教育的相关资源。面对外来务工人员流动性大、学历层次低、社会竞争力弱等特点,还没有形成整体设计、针对性强的政策和措施。

第三,职业培训的成效还有待检验。目前上海市将外来务工人员职业培训工作纳入教育整体工作,仅仅是迈出了外来务工人员教育培训工作的第一步,对外来务工人员职业培训的质量和效果还缺少检验的手段和方法,对于其是否切实符合外来务工人员的实际需要、提高其素质,关注还比较少。

（本报告由上海市教育委员会承担,参与人：张慧红、庄俭。）

辽宁省城镇化进程中教育管理体制改革研究报告

一、辽宁省的城镇化发展

辽宁是我国典型的城乡二元结构发展地区，省委、省政府落实科学发展观要求，加快实现城乡统筹发展、促进社会和谐、提高居民生活水平，通过实施老工业基地振兴战略以及沿海经济带、沈阳经济区、突破辽西北三大区域发展战略，调整城镇化发展空间布局，推动全省城镇化快速发展。

2012 年，全省常住人口 4389 万人，其中城镇人口 2881.5 万人，城镇化率达到 65.65%，高出全国平均水平（52.57%）13.08 个百分点，居于全国各省区（直辖市除外）第二位。比 2005 年提高 6.95 个百分点，年均提高近 1 个百分点。特别是"十二五"以来，城镇化呈现较快发展态势，城镇化率平均每年提高 1.8 个百分点，全省已基本形成以中部城市群、沿海城镇带和辽西北城镇带为框架的"一群两带"城镇化空间格局。按照我国现行的特大城市 100 万人以上、大城市 50 万—100 万人、中等城市 20 万—50 万人、小城市 20 万人以下的城市规模标准来划分，2011 年全省初步形成了由 4 个特大城市、8 个大城市、9 个中等城市、10 个小城市及 607 个小城镇构成的城镇化体系。

辽宁省在城镇化工作中，坚持工业化、城镇化、农业现代化统筹发展，以现有的县城、部分位于大城市连接带上的小城镇为基础，提升城镇基础设施和公共服务设施建设水平，统筹工业园区、农业产业园区、现代服务业聚集区建设，增强县域经济实力，合理有序引导农村人口转移，推动全面振兴。2012 年沈阳经济区城镇化率已经达到69.05%，全省44 个县（市）地区生产总值占到全省的48.20%。在城镇化快速发展中，各级各类教育主动适应城镇化发展，不断深化教育体制改革，释放教育发展活力，为城镇化发展提供智力支持，同时也发挥教育的外溢效应，助推城镇化快速、健康发展。

二、城镇化进程中教育管理体制改革实践

（1）深化管理体制改革，扩大学校服务面向和办学自主权。一是优化高教资源配置。在部、省、市共建大连理工大学、东北大学基础上，2010 年开始，辽宁省政府主动协调促成与18 个中央行业部委及央企共同推进14 所原部委所属后划转到省的高校实行省部共建，立足辽宁，打造行业特色，提升"两个面向"的服务能力。二是2011 年实行中、高等职业教育统一的行政管理，组建6 个省域职教集团和一批市域职业教育集团。通过管理创新，结合布局结构调整，推动有实力的中、高等职业院校进行跨地区、跨专业联合重组，创办职业教育园区，围绕加工制造、交通运输、电子信息、现代农业、现代服务业、医药卫生等产业和产业集群，发展组建一批省域、市域不同类型的职业教育集团。三是推进中小学集团化办学，使优质教育资源有效辐射和扩张。通过名校和新校、名校和弱校、名校和民校等联合办学、委托管理、合作办学、合并等方式，部分地区开始推进中小学办学集团式发展。辽宁省实验中学从21 世纪初开始探索集团化办学，通过多种合作形式，现已在辽宁境内形成以总校为核心依托，五所分校特色发展、共同支撑的全新办学格局。沈阳市沈河区2011 年组建10 个教育集团，沈阳市2012 年开展义务教育集团化办学试点，依托名校优质资源组建教育集团，均衡教育资源配置。四是2011 年从省级教育行政部门开始内设学前教育处，市县教育行政部门积极跟进设置，强化行政指导，扩大存量资源，规范幼儿园管理，特别是推进"以

县（区、市）为主、县乡镇共管"管理体制的落实，以实现政府主导、县级统筹、以县为主、整合资源、公办民办并举、公益普惠的农村学前教育新格局。

（2）积极推进办学体制改革，促进办学主体的多元化，提升公办、民办学校的活力。政府一方面鼓励和引导社会力量以多种形式兴办教育，依法规范民办教育管理；另一方面，不断深化办学体制改革，对公办学校参与举办民办学校进行规范，以形成政府办学为主体、社会各界共同办学的格局。一是加强民办教育法规、政策、制度体系建设。2006年辽宁省人大常委会通过并实施《辽宁省民办教育促进条例》，明确政府职责和民办学校依法办学相关规定，建立政府协调机制，设置职能部门，选派政府督导专员，加强民办教育管理和增加公共服务供给，开展民办高等学校审计并针对存在问题进行约谈、督促整改，推动民办学校使用统一收费票据。二是深化办学体制改革。在多渠道引进社会资本、扩充教育资源存量、缩短学校与市场的距离、提升教育服务社会能力等方面进行探索，适时举办一批独立学院并推进独立学院转制为民办本科院校，推动高校试办"国有民办"二级学院。探索社会资本举办高职教育、校企合作举办中高等职业教育，促进学校与企业信息、资源共享。建设一批本科高校工程实践教育中心、职业院校实训基地，实现学生在校所学与企业实践的有机结合、学校和企业设备技术的优势互补，节约教育与企业成本，提升高等教育、职业教育支撑区域经济发展方式转变、产业结构调整升级、企业生产技术革新、民生改善的能力。辽宁省还针对2006年以前基础教育进行转制的民办公助、公办民助、国有民办、体制改革实验、校中校等试点进行规范，要求学校实行彻底的独立办学，义务教育阶段学校或按民办学校资格招生，或恢复公办学校性质按学区招生，民办高中以公办高中有形或无形资产参与举办的要做到"六独立"，即独立的法人资格，独立的经费核算和人事管理，独立的校园、校舍和设施，独立招生，独立进行教育教学，独立颁发毕业证书。

（3）推进考试招生制度改革，完善人才选拔机制，促进教育公平。一是规范中小学办学行为，推动义务教育均衡发展。严格执行小学毕业生"就近入学"，实行"阳光招生""阳光分班"，城市义务教育阶段公办学校按照划定学区招生，结果向社会公布。从2001年起实行重点高中招生指标按各初中所招本学区在校生比例分配到校，单划分数线录取，目前，全省示范性高中和重点高中指标到校比例达到90%以上，部分市达到100%。2011年起全省实施普通高中市域内跨县（市、区）招生，公办普通高中市域内统筹。沈阳经济区还试点优质普通高中跨市招生录取。二是推进自主招生和直接升学，扩大职业学校人才选拔自主权。全省建立统一的普通中专考生电子档案，按照学校负责、招考办监督原则，实行集中局域网上录取，以初中毕业升学考试的语文、数学、外语和体育四科成绩作为录取依据，其他各科成绩作为录取参考，学校择优录取。部分高职院校从2010年开始进行自主招生试点，由学校进行入学测试，确定标准录取，考生参加院校自主招生测试合格后直接被录取，未被录取的学生可正常参加高考。一些实践能力强、文化课成绩不理想的考生有了新的发展机会。三是保证进城务工人员子女异地接受教育的权利。辽宁省是流动人口流入地，进城务工人员子女在流入地接受教育的需求较强，从2004年推出扶助进城务工农民工子女就学政策开始，省政府出台一系列政策，包括流入地政府负责安排进全日制公办学校就读，对在指定学校就读的农民工子女实行与本学区学生统一的收费标准，并与城市困难家庭学生同样享受"两免一补"政策。目前，义务教育阶段实现了进城务工人员子女全部就近入学。2012年还推出进城务工人员随迁子女接受义务教育后在当地参加升学考试政策，规定凡在辽高中阶段有三年学籍并有完整学习经历的进城务工人员随迁子女均可报名参加高考。

（4）推动人事分配制度改革，促进城乡教师合理流动。强调城市优质基础教育、职业教育资源向农村区域、城镇辐射。一是落实中小学教职工编制标准，在义务教育学校实行绩效工资考核制。从2003年国家开始中小学核编起，经过充分调研论证，辽宁省于2010年确定初中、小学分别提高编制标准并增加附加编制，以实施特设岗位计划为契机建立教师队伍人员补充、退出机制。2009年全省在义务教育学校推行教师绩效考核，完善激励约束机制，引导教师主动自觉提高自身素质和教育教学能力。二是探索城乡学校"一帮一"的帮带模式，城乡教师定期交流、轮岗，城区优质学校校长到农村学校挂职任校长、农村学校校长到城区学校挂职培训的交流模式，通过建立中小学名师工作室、职教集团，吸收县职教中心参与的协作模式，在推进县域内义务教育学校校长教师资源均衡配置的同时，也适时推进市域内校长教师交流模式。

（5）明确各级政府管理教育的职责，完善投入保障机制。辽宁省各级政府按照分级管理、分工负责的原则管理教育，省政府不断加强对教育的统筹和对高等教育的管理，支持和督促市、县（区）级政府履行职责，发展、管理好基础教育、中等以下的职业教育和民办教育，不断完善义务教育以县级政府管理为主的体制。一是省政府及教育行政部门按照国家要求，统筹省域内教育与经济社会协调发展，统筹教育改革发展稳定，同时积极做好简政放权的工作，加强对教育改革发展系统性、前瞻性问题的调研和部署，推进国家、省教育体制改革试点项目，探索形成有利于教育事业科学发展的体制机制，从本地实际出发，从各方利益的结合点上思考问题、开展工作，确保教育事业顺利平稳发展。二是各级政府积极营造办好教育的环境和社会氛围，严格落实教育经费法定增长要求，不断拓宽财政性教育经费来源渠道等，保障教育经费逐年增加。2011 年全省教育经费占比提高到 13.3%，比上年提高2.2 个百分点，2012 年教育经费投入继续保持增长态势，达到 946 亿元，比上年增加 166 亿元，增长 21.28%，完成财政教育支出占公共财政预算支出15% 的国家任务。农村义务教育全面纳入公共财政保障范围，建立起分项目、按比例分担的农村义务教育经费保障机制。建立并完善了从学前教育到高等教育全程覆盖的扶困助学体系，资助力度、标准逐年提高。此外，辽宁省还加大投入，扩大学前教育资源，推进农村中小学布局调整，改造薄弱学校，加强高校内涵建设，支持职业教育实训基地、示范校建设。

随着覆盖城乡的教育体系不断完善，辽宁面向农村、面向县域、面向城镇的教育有了更大的发展，支撑着就地城镇化。一是强调保障学前教育阶段机会平等、资源配置平等、教育效果相对均等，完善学前教育管理体制，提供足够数量的公益普惠学位。扩大农村学前教育资源，实施村村覆盖幼儿园工程，2011—2012 年新建、改扩建农村幼儿园 1374 所，新增或扩建建筑面积 131 万平方米，新增有质量的学位 15 万个；明确县乡两级政府发展和管理学前教育的责任，探索乡村幼儿园连锁发展模式，构建广覆盖、保基本、有质量的农村学前教育服务网络。

二是强调提高农村适龄青少年接受义务教育的水平和质量。以县域为主，统筹城乡人口流动、学龄人口变化、当地农村地理环境及交通状况、教育条件保障能力、学生家庭经济负担等因素，处理好提高教育质量和方便学生就近上学的关系。建设 940 所农村九年一贯制寄宿学校，基本实现了每个乡镇一所寄宿学校的分布格局。加强义务教育学校标准化建设，保证学校实验室等各学科专用教室和场所、教学设施、仪器设备、图书资料、信息化等资源配置基本均衡，使区域内中小学生基本享有同等的学习生活条件。加强县城初中建设，让农村学生平等享用到优质的城镇教育资源。开展基础教育信息化建设工程，形成覆盖农村中小学的远程教育网络，沈阳、大连等市完成"班班通"工程建设。

三是调整普通高中布局。从 2001 年起逐步将分布在农村的普通高中迁入城镇办学，除 8 所现在农村办学外，409 所普通高中在城镇办学，学生到城镇、县城、城市学校就读的经历对其本人成长有着深刻的影响。

四是强调提高职业教育培养技能型人才的能力和水平。强化县级职教中心功能定位，加强建设，使县级职教中心成为农村普及高中阶段教育的基地、农村劳动力转移培训的基地、实用性技能型人才培养基地。加快发展面向农村区域经济发展的职业教育，形成以 52 所县级职教中心（其中标准化职教中心 51 所、每县一所）为主体，以乡（镇）、村成人（职业）教育为基础的普及与提高相结合的农村职业教育办学体系，开发县域内人力资源，开展农村劳动力转移培训、先进农业技术培训与推广、扶贫开发、先进文化传播和普及高中阶段教育，实现全民学习、终身学习。

五是强调高校积极主动为县域经济和城镇化进程中的产业发展服务。探索和实践政、产、学、研相结合发展之路，在高校内开展"一校多县""一县多校"对接合作，加快实现科技成果向县域、向城镇的转化和产业化。开展高校新农村发展研究院建设，依托沈阳农业大学（国家首批确定的 10 个新农村发展研究院之一），逐步构建以高校为依托、农科教相结合的新型农村综合服务体系。

三、城镇化给教育带来的新机遇和挑战

（一）城镇化的核心是人的城镇化

城镇化发展面对的是农村地区、农业产业、农民以及他们的子女，实质是农村人口向城镇（不是向大城市）的转移，是人口就业结构、经济产业结构和人居空间的转化。有关研究表明，人均受教育年限与城镇化水平呈正相关。党的十六大提出走中国特色的城镇化道路，党的十七大报告两次提及城镇化，党的十八大报告七次提及城镇化。2012 年 12 月中央经济工作会议提出，积极稳妥推进城镇化，着力提高城镇化质量。李克强总理指出，"推进城镇化，核心是人的城镇化，关键是提高城镇化质量，目的是造福百姓和富裕农民。要走集约、节能、生态的新路子，着力提高内在承载力，不能人为'造城'，要实现产业发展和城镇建设融合，让农民工逐步融入城镇。要为农业现代化创造条件、提供市场，实现新型城镇化和农业现代化相辅相成"。由此可见，城镇化的核心是人的城镇化，农村孩子接受优质教育是题中应有之义，为农民、农民工及其子女提供基本的教育服务，提升农民、进城农民工及子女适应城镇化发展需要的意识和能力，改变思想观念和行为习惯，改善生活品质，真正实现人的城镇化。

（二）教育的兴起引导人口和资源的集中

城镇化的主要特点是要素的集中，尤其是人口的聚集，教育在一定程度上可以改变城镇人口的布局。一般来说，大多数农民进城镇落户或居住，是为了子女接受良好教育，城镇优秀学校必然带来人口聚集，往往快于或高于由产业带来的人口集聚效应。学校特别是高校的迁建外溢效应更大，往往在短时间内就能带动当地第二、三产业的大发展。优质教育资源吸引农村孩子进城就读，绝大多数家庭成员跟随着在城镇就业、生活、消费，形成了以教育为核心的小产业链，进而带动城镇房地产、餐饮、交通等产业的快速发展。

（三）教育是城镇化必不可少的有力支撑

新型城镇化不仅要解决农村人口的就业和收入，更要实现城乡基本公共服务均等化，教育是公共服务领域不可或缺的一环。城镇化发展依靠高素质的人，当人口红利作用减少时，更多需要的是提高劳动力质量。绝大多数农村青年人是通过上大学后在城市就业，转变为城镇居民。基础教育能普遍提高农村居民人力资本水平，使他们走出农村、寻找就业机会，实现现阶段农村闲置劳动力的转移。职业教育和继续教育在提高劳动力素质和能力中，能够为我国经济发展方式的根本性转变提供直接推动力。

随着城镇化进程的不断加快，教育管理体制还存在着一些亟待完善的方面，比如：学前教育管理体制不完善，资源相对缺乏，留守儿童数量增多，保教质量不高；义务教育存在地区间、城乡间和校际差距，进城务工人员随迁子女逐年增加、农村人口出生率持续降低、农村学龄人口不断下降，带来学校布局结构调整和学生上学路途变远、交通安全隐患增加、大班额等问题；还有随着社会主义新农村及城镇化、工业化建设发展，需要加快构建现代职业教育体系，调整结构布局，提高人才培养质量；高校部分专业重复布点，高层次人才流出与引进困难并存；非义务教育阶段受教育者合理分担培养成本机制需尽快完善。

四、城镇化进程中教育改革发展应注意解决的四个问题

我国的社会管理体制和国情特点、地区差异决定了城镇化进程中各地教

育改革发展不能一刀切，必须注意处理好四个关系。

一是注意发挥好地方党委、政府落实优先发展教育的积极性和主动性，切实保证城镇发展规划优先安排教育发展、财政资金优先保障教育投入、公共资源优先满足教育和人力资源开发需要；同时，要动员全社会支持教育，鼓励社会力量兴办教育，满足人民群众及其子女的各种教育需求。

二是注重教育发展的适度性和教育管理的合法适当性，既避免大规模跨越式的学校建设和政府强力主张带来有限资源配置新的不均衡，又要避免无所作为或滞后发展的教育制约区域经济社会发展以及民生改善进程。

三是顺应不同地区、不同文化差异和禀赋，处理好坚守执行国家教育管理体制、教育教学制度标准与维护城镇化进程中教育发展多样性之间的关系，满足人民群众在城镇化建设中对教育的期待和各地对教育各具产业特点的需求。

四是处理好尊重并按照教育发展规律、教育教学规律、学生身心发展和人才成长规律办事，与推动改革、促进发展、维护稳定的关系，确保教育事业的优先发展、创新发展、科学发展，不断提高教育质量。

为此，在城镇化进程中，教育改革发展必须加强顶层设计，注重行政指导，克服改革"碎片化"；必须关注受教育者和人民群众对教育改革的感受和利益诉求，最大限度地改善民生；必须在改革进程中不断完善教育法律法规体系，用法律精神、法制意识、法律手段来保障教育改革的顺利进行；必须加强省级政府对域内教育现代化、对各级各类教育、对城乡教育发展、对本地区教育与经济社会协调发展、对教育经费投入、对教育综合改革的统筹权；必须更加注重贯彻党的教育方针，通过教育推动每个人全面发展，建设人力资源强国。

（本报告由辽宁省教育厅承担，参与人：邱连波、于月萍、徐文娜、张皓。）

河南省城镇化进程中义务教育管理体制改革研究报告

一、河南省城镇化进程的总体情况

在漫长的历史进程中，由于客观环境条件的变化，社会、政治、经济的发展和朝代的更替，河南城镇发生了巨大的变化。有些城镇从无到有，从小到大；有些城镇从大到小，从有到无。但从古到今，河南城镇发展的总趋势是城镇数量由少到多，分布由不平衡趋向平衡，城镇职能和地域结构由低级到高级，形成了不同历史时期的城镇体系特点。纵观河南省城镇的演变历程，可以认为，城镇起源于原始社会末期，形成于商代末期，城镇体系初步形成于奴隶社会向封建社会的过渡时期，发展则始于封建社会时期，经过两千多年的发展历程，奠定了现代城镇体系的发展基础。目前河南省城镇发展现状主要有以下特点。

（一）城镇规模显著扩大，城镇化水平持续提高

近年来，河南省坚持实施中心城市带动战略，注重大、中、小城市协调发展，制定了一系列政策措施，加快城市产业发展和基础设施建设，加强城市规划和管理，全面推进全省城镇化进程，城镇规模不断扩大，城镇化水平显著提高。多数城市新区开发与旧城改造并重，既增强了旧城基础设施功能，又加快了新区建设步伐，城市规模扩张明显。郑州市不断优化城市空间布局，

高起点规划郑东新区，一个生态环境优美的现代化新城区已初显轮廓。洛阳、开封、平顶山、安阳、许昌、南阳等城市新区建设也成效明显。城镇规模的扩大也带来了全省城镇化水平的提高，2012 年全省城镇人口达到 4470 万人，城镇化率达 42.4%，比 2007 年增加 1081 万人，城镇化率提高 8.1 个百分点，年均增加 216 万人，城镇化率年均提高近 1.62 个百分点，是新中国成立以来河南省城镇化进程最快的时期。

（二）城市在国民经济和区域发展中的地位日益突出

目前河南全省有设市城市 38 个，县城 85 个，建制镇 904 个。其中，100 万人以上城市 5 个，50 万—100 万人的城市 10 个，20 万—50 万人的城市和县城 14 个，10 万—20 万人的城市和县城 30 个，3 万人以下的建制镇 747 个，初步形成了大型中心城市、中小城市、小城镇各具特色、竞相发展的城镇体系。特别是中原城市群 9 市土地面积 58756 万平方公里，人口 4009 万人，城镇化率 50%，高于全省平均水平 7.8 个百分点；生产总值 11565.6 亿，占全省生产总值的比重达到 59.7%；综合竞争力居中西部首位，在中部六大城市群中国内生产总值、固定资产投资、社会消费品零售总额、金融机构存款余额等均居第一位，逐步成为河南省经济发展的核心增长极，对区域经济的辐射带动作用日益呈现。

（三）区域城镇化与城镇区域化现象并存

以郑州为中心的中原城市群发展突出，成为全国的重要城市群之一。区域城镇化与城镇区域化现象并存，出现了以中原城市群为主的城镇化区域和依托京广、陇海等主要交通线的城镇发展带。中原城市群聚集了全省 60% 的设市城市，人口密度 665 人/平方千米，近几年城市群的工业化程度和经济发展水平不断提高，城市间经济联系日益紧密，城市群区域的城镇化水平已超过 50%。与中部其他城市群相比，中原城市群在土地面积和经济总量上都大于武汉城市群和关中城市群，加上陆路交通和区位优势突出，大城市数量多、分布密集等特点，使得其在辐射和带动中西部经济发展方面起着重要桥梁和纽带作用，成为全国城镇体系规划提出的重点发展的"八大城镇群"之一。

（四）城市公共设施水平逐步提高，人居环境持续改善

河南全省设市城市设施水平逐步提高，人居环境持续改善。各市上硬件，抓管理，在大力进行城市建设的同时，着力提高城市管理水平，提升全民的城市意识和文明意识，城镇面貌有较大改观。

（五）城镇布局的交通指向性明显，城镇规模结构呈"金字塔"形分布

交通对城镇发展的影响十分明显，城镇沿交通轴线布局的现象较为突出，38 个设市城市中，25 个城市沿铁路干线分布（其中，京广沿线有 11 个，陇海沿线有 10 个，焦枝沿线有 4 个），占设市城市总数的 65.79%。从城镇规模结构来看，全省 38 个设市城市中，特大城市、大城市、中等城市、小城市数量分别为 2 个、7 个、11 个、18 个，各级城市规模结构呈典型的"金字塔"形分布。

（六）城镇职能类型多样，与地区资源开发密切相关

由于地区资源禀赋不同，城镇产业类型存在差异，导致城镇职能类型的多样化。但主要城镇的经济职能各有一定特色。如郑州的金融、商贸、机械、轻纺、有色金属、卷烟、食品，及新兴的医药、电子、汽车均有相当高的发展水平；洛阳的机械、电子、石化、冶金、轻纺、建材；开封的化工、纺织、医药、机械制造、食品加工、旅游业；焦作的能源、机械、化工；许昌的卷烟、电力装备、发制品；新乡的电子电器、生物工程、医药、电池；平顶山的煤炭、化工、纺织、机械、电力；漯河的食品加工及其他农副产品加工；济源的能源、冶金、建材、化工；等等。主要城市都形成了具有一定实力和基础的专门性专业。

二、河南义务教育概况和快速城镇化引发的义务教育问题

（一）河南义务教育概况

截至 2012 年年底，全省共有各级各类学校（机构）6.5 万所，教育人口 2931 万人，其中在校生 2790 万人，教职工 141 万人，教育人口占全省总人口的 28.1%。义务教育阶段学校 3.20 万所，在校生 1533 万人，教职工 82.10 万人。其中，小学 2.75 万所，教学点 6022 个，在校生 1079.21 万人，校均规模 393 人，平均班额 42 人，教职工 50.49 万人，生师比 21.72∶1，代课教师 1.58 万人，兼任教师 0.13 万人。普通初中 4551 所，在校生 453.79 万人，校均规模 997 人，平均班额 58 人，教职工 31.61 万人，生师比 16.07∶1，代课教师 1.09 万人，兼任教师 0.10 万人。

全省义务教育阶段进城务工人员随迁子女在校生 56.58 万人，比 2011 年增加 7.56 万人，其中小学阶段 39.43 万人，初中阶段 17.15 万人，进城务工人员随迁子女占义务教育阶段在校生总数的 3.69%。义务教育阶段农村留守儿童在校生 330.47 万人，比 2011 年增加 49.62 万人，其中小学阶段 230.65 万人，初中阶段 99.82 万人，农村留守儿童占义务教育阶段在校生总数的 21.56%。

（二）快速城镇化引发的义务教育问题

预计到 2020 年，河南省城镇人口将达到 5400 万人以上，城镇化水平达到 50% 以上，将实现城乡一体化发展，形成空间布局合理，功能分工明确，等级规模有序，基础设施完善，大、中、小城市和小城镇协调发展的城镇体系。河南省 2010—2012 年义务教育学校在校生变化情况如表 1 所示。

表1　河南省2010—2012年义务教育学校在校生变化情况　（单位：万人）

变化情况	2010 年	2011 年	2012 年
合计	1540	1560	1572
城市	196	279	288
县镇	376	547	566
农村	968	734	718

学龄人口变动影响了城乡教育资源的有效配置，对学校正常的教育教学活动产生了严重的冲击。第一，对于城市教育来说，学龄人口的增加使教育资源捉襟见肘。随着传统户籍管理的城乡二元结构模式被逐步打破，大量农村人口进城落户，原本并不宽裕的城市公共资源"僧多粥少"的尴尬处境日益突出。在这场围绕"人"的改革中，义务教育遭受的冲击最大，表现也最为明显。第二，对于农村教育来说，学龄人口持续减少使教育资源严重闲置和浪费。许多地方已难以形成有建制的完整学校，只能是以"教学点"的形式存在，当学龄人口进一步减少或流失时，教学点就可能演变为"一人学校"的极端例子。

学龄人口变动对教育的宏观影响主要体现在对教育资源的分配与利用方面。人口变动就意味着人口数量有达到波峰与波谷的时候，当学龄人口变动的波峰到来时，可能给教育带来难以承受的压力，教育供给不能满足教育需求；当波峰过去、波谷来临时，往往又导致教育供过于求，教育资源利用不足而形成浪费。当前最典型的表现是：城乡学龄人口"量的两极化"造成教育资源利用的两极化，造成了城市教育资源严重透支和农村教育资源严重浪费并存的现状。

1. 城镇学校大班额现象突出

据2010年《教育统计年报》统计，全省小学有25.1万个班，其中大班（56—65人）5.55万个，占总班数的22.12%，比2009年增加1.46个百分点。其中，超大班（66人以上）2.61万个，占总班数的10.41%，比上年增加0.62个百分点。城市、县镇、农村中，小学大班班级所占的比例分别为

55.90%、48.68%、13.54%。全省普通初中有 7.76 万个班，其中大班 4.52 万个，占总班数的 58.25%，超大班 2.41 万个，占总班数的 31.06%。城市、县镇、农村中，初中大班班级分别占 53.41%、64.47%、55.01%。以安阳市、濮阳市为例，两市市区多数学校存在大班额现象，城乡接合部学校进城务工人员随迁子女甚至占到了 50%—60%。安阳市王村小学 1258 名在校学生中，含进城务工人员子女 528 人，占到了学生总数的 42%，学校平均班额达 60 人以上。濮阳市第六中学平均班额已经达到 55 人以上，学校周围还有多个在建住宅小区，学校面临着更加严峻的入学压力。大班额问题直接影响了教学质量的提高和素质教育良好环境的营造，已成为城镇化进程中教育领域的一个突出问题。

2. 农村学校办学条件薄弱

相当一部分农村学校校舍达不到国家规定的安全标准，农村学校图书、实验仪器设备、体音美器材以及计算机等现代教育技术设备缺乏，寄宿制学校生活条件简陋。据 2010 年《教育统计年报》统计，农村小学自然实验仪器和体育、音乐、美术器材达标率比城市小学分别低 35、33、36、35 个百分点，农村小学建校园网的比例仅为 2.37%，比城市低 44 个百分点；农村初中每百名学生中拥有计算机台数比城市少 1.89 台。农村初中校均占有计算机台数比城市初中少 59 台，校均图书藏量比城市初中少 5268 册，校均固定资产总值比城市初中少 749 万元。

3. 教师队伍结构性矛盾突出

教师数量不足，在城市地区更多地表现为总量不足，在农村地区，主要表现为结构性矛盾而导致的编制不足。全省中小学专任教师 77.8 万人，现有的编制是 2002 年按生师比核定的，但是 10 多年来教育形势发生了巨大变化：一是随着城镇化的加快，农村学校的学生大量流向城镇学校，城镇学校的教师严重缺编。二是农村学校在校生总量虽然有所减少，但在农村尤其是山区中小学，按现行标准配备教师难以满足基本教学需要。全省农村小学平均班额 36.5 人，而在偏远农村特别是山区和丘陵地区的农村小学平均班额在 20

人左右，有的甚至更少。由于学生少、班额小，按现行标准配备教师，只能实行包班教学，根本无法开足国家规定的课程。三是随着农村寄宿制学校的增加，需要配备生活辅导老师、校医等人员，使得原有的教师编制更加紧缺。

教师年龄结构不合理，特别是农村小学教师老龄化严重。全省50岁左右的农村小学教师占三分之一以上，未来10年这些教师将全部退休。长垣县有农村中小学在编教师5854人，其中45岁以上女教师1033人、50岁以上男教师840人，合计占教师总数的32%；50岁以上小学教师占小学教师总数的50%左右。新蔡县在岗教职工7819人，45岁以上的教师占41.5%，在农村小学中这一比例达到50%以上，教师老龄化的问题明显。这几年，形成一个教师退休高峰，致使教师招聘数量低于减少数量，教师缺口大。在不少地方，人们把农村中小学教师青黄不接的现象，形象地描述为"爷爷奶奶教小学，叔叔阿姨教初中，哥哥姐姐教高中"，出现这一情况，一是由于20世纪民办教师转为公办教师，他们构成了老龄教师群体的主体，二是受教师编制限制，补充不及时。

学科结构不合理，特别是农村中小学普遍存在学科教师紧缺问题。农村学校中，除了语文、数学等主干课程有专职教师外，大部分没有专职英语、体育、音乐、美术、信息技术等课程教师，这也让一些教师"身兼数职"，成为"万金油"式的教师。新乡市农村中小学教职工按总数计算，达到了编制标准，但与教育教学实际需要相比，一些学科教师严重超编，而另一些学科教师严重不足。该市农村中小学专任教师中，语文、数学教师超编1542人，而外语、信息技术、体育、音乐、美术等学科教师缺编1754人，为开齐课，一些教师只能教非所学，教育教学效果较差。该问题已成为农村中小学教学质量提升的瓶颈。

三、河南省推进义务教育均衡发展的做法和经验

河南省高度重视城镇化进程中教育的改革和发展，积极推进义务教育均

衡发展，通过深化义务教育管理体制改革、加强薄弱学校建设、均衡配置教育资源，缩小义务教育学校之间差距，推进义务教育城乡一体化。特别是国家教育体制改革领导小组 2011 年 5 月批准河南省作为推进义务教育均衡发展国家教育体制改革试点省之后，省政府办公厅即印发了《关于认真做好推进义务教育均衡发展国家教育体制改革试点工作的通知》，明确了试点工作的总体要求和主要任务。试点工作采取整体推进与重点突破相结合、综合改革和单项突破相结合的办法，明确郑州、焦作、济源三个省辖市作为综合改革试点市，其他省辖市均选择 1—2 个县（市、区），每个县（市、区）再选择 1—2 个项目进行试点。为促进义务教育均衡发展，着重采取了六个措施。

（一）深化管理体制改革，创新义务教育均衡发展机制

全省各地以承担义务教育均衡发展国家教育体制改革试点为契机，勇于创新，大胆探索，在以县（市、区）为主的义务教育管理体制下，积极开展"城乡教育一体化""教育资源共享"等改革实验。本着有利于管理、有利于提高质量的原则，进行学区管理模式探索，取得明显实效。

郑州市启动学区制和一校制改革，创新学校管理模式。在主城区，把市区 84 所中学分成 13 个学区，建立实体运作体制。通过强校带弱校、实质性联合办学等方式，实施教学计划、教学管理、校本教研、教育科研、质量分析、质量考核等"六统一"，共享优质教学资源、共享优质师资队伍、共享优质教科研成果，逐步推进学区内教育教学质量基本均衡，使原先的 59 所薄弱学校发生了根本性转变，成为优质学校，校际差距进一步缩小。在农村，重点开展以乡镇为单位的"一校制"试点，确立了乡镇中心校的办学主体地位，实行了人、财、物、事一体化管理和"一校制"考核，有效缩小了城乡之间的差距。

洛阳市涧西区进行了"学区长制"管理模式探索。2011 年 6 月成立了学区长制管理委员会，出台了《涧西区小学学区长制实施方案》，将辖区内 35 所学校划分为强、中、弱相互搭配的 10 个学区。指定学校规模大、声誉好、办学理念超前、管理学校水平高的校长为各学区的学区长。在学区长的带领

下，各学区都把学校发展的目标定位到学校的内涵发展上，主要在加强教师培训、提高教师业务素质、提升课堂教学效果、注重学生特色发展上求突破、创特色。在学区管理上，实行"资源共享、优势互补、统一教学、整体提高"的管理模式。通过学区制的有效探索，缩小校际差距，推进了区域内学校均衡发展。

新乡市建立"联合校"，实行优质学校与薄弱学校联合办学。"联合校"在法人不变、编制独立的基础上，成立"联合校管理委员会"，实行"一统筹、二交流、三共享、四统一"的运行模式，即"管委会"的统筹协调机制，"联合校"中层以上领导和教师的"两交流"机制，优质学校与薄弱学校之间管理模式、教学资源、教科研成果的"三共享"机制，"联合校"内统一教学进度、统一管理制度、统一教科研要求、统一质量考核的"四统一"管理机制，薄弱学校教学质量得到明显提升，学生、家长满意度明显提高。

（二）完善教师交流和补充机制，提高教师队伍素质

积极采取措施，实行城镇中小学教师到农村任教服务期制度，实施"高校毕业生到农村服务计划"和"大学生志愿服务贫困县计划"等。其中，任教服务期制度要求城镇中小学教师晋升高级教师职务，参评优秀教师、特级教师、学科带头人等，须有在农村学校任教一年以上的经历。2009年启动实施了农村义务教育学校教师特设岗位计划，每年从优秀大学毕业生中选聘1万名特岗教师到农村任教。在实际工作中，各地还创造性地实施了城乡教师交流和城乡学校结对助学制度，开展了教师统一调配、"百校千师手拉手"、"城乡学校结对帮扶"等活动，有效促进了教师队伍整体素质的进一步提高。2011年河南省人民政府印发了《关于进一步推进义务教育均衡发展促进教育公平的意见》，对健全教师交流机制提出了明确要求：加大对本行政区域内教师资源的调配力度，推动校长和教师在城乡之间、学校之间合理流动，逐步扩大交流比例；积极推行校长任期制和轮岗制，加大优质学校校长和中层管理人员到薄弱学校交流任职的力度。

郑州市在全省率先启动了城乡教师交流工作。通过采取一对一教师交流、城市学校骨干教师到农村学校上示范课、城乡教师结对指导等形式，促进城乡师资均衡。2010—2012 年，全市共有 582 所学校的 4786 名教师参与城乡教师交流工作，全面建立起城乡教师互动、资源共享的新机制。郑州市二七区在各学校中实行"4＋1"工作机制，优质校教学校长一天在本校区主持教学工作，四天在托管、联合学校主持管理教学工作。郑州市金水区实行按比例交流制度。按照相对稳定、合理流动、师资均衡、资源共享的原则，对区域内的骨干教师、名师、学科带头人以及符合交流条件的教师每年按照 15% 左右的比例在学区内、跨学区和在城乡之间进行交流。

国家级贫困县三门峡卢氏县加大城市教师支援农村的力度。一是建立教师帮扶制度。建立城区学校与薄弱学校"一对一"的帮扶制度，把对薄弱学校帮扶情况列入对城区学校考核的重要内容，同时采取一对一的办法选派城区学校的优秀教师到农村学校支教一年，农村学校教师到城区学校锻炼学习一年，平均每年帮扶教师达百余人。二是完善人事制度改革。全面推行人员岗位聘用制度，首次实行全员评聘分离。2012 年，招聘特岗教师 150 名，全部充实到农村中小学，为教育发展增添了后劲。三是政策倾斜。全县义务教育阶段实行绩效工资后，为了鼓励优秀教师到农村学校任教，执行山区教师补贴；增加城镇中小学教师晋升高级教师职务时农村任教经历所占评分比重，适当提高乡镇中小学中、高级教师职务岗位比例，鼓励城区学校教师和具有教师资格人员到农村任教。

洛阳市洛龙区建立了科学、完整的教师调配交流制度，通过超编学校教师向缺编学校交流，学校多余学科教师向急缺该学科教师的学校交流，强校向弱校交流，发达地域向不发达地域学校交流，弱校中有发展潜能的教师向强校交流，使教师资源配置更趋均衡。

（三）采取有效途径，探索城乡教育一体化

积极将探索城乡教育一体化发展的有效途径作为义务教育均衡发展教育体制改革试点的重要内容，统筹城乡发展，建立城乡一体化的义务教育发展

机制，在财政拨款、学校建设、教师配置等方面向农村倾斜，努力缩小城乡之间、学校之间的差距。

郑州市实施专项工程，在财政拨款、学校建设、教师配置等方面向农村倾斜。近年来，累计投入资金4.9亿元，先后实施了农村中小学危房改造工程、农村初中实验室建设装备工程、农村寄宿制学校建设工程、农村中小学课桌椅更新工程、农村中小学体音美器材配备工程等。全市100%的农村中小学配备了标准化实验室、计算机室和常规教学设备器材。

洛阳市老城区健全城乡一体化保障机制。建立了"保教师工资、保经费运转、保校舍安全"的义务教育经费保障机制，将教育事业所需经费纳入财政预算，优先安排，实施了城乡教师工资统发、生均公用经费按省定标准拨付、学校建设及危房改造资金单列和"两免一补"等教育统筹政策。

濮阳市深入推进"六个一体化"，缩小城乡之间、学校之间的差距。一是深入推进发展规划城乡一体化。华龙区和范县把全县（区）农村初中、小学全部纳入城乡教育一体化发展规划，将学校布局与城乡基础设施建设同步规划、同步实施。按照"幼儿园小学就近、初中进镇、高中进城"的原则，统筹规划、合理调整、科学布局。二是深入推进教育标准城乡一体化。建立了以促进校际、县城和城乡资源均衡配置为重点的多维度评价指标体系。三是深入推进办学条件城乡一体化。实施"县域统筹"的项目和工程，着力将可调控的教育资源向低位倾斜。加快标准化学校建设，改善办学条件。四是深入推进教育经费城乡一体化。统筹城乡生均公用经费标准，加大县级财政用于农村教育的转移力度和比例，确保新增教育经费主要用于农村。五是深入推进教师配置城乡一体化。统筹推进"县管校用"教师管理制度改革，促进教师交流。统筹实施"特岗教师计划"、免费师范生培养计划等，补充农村教师，改善农村教师结构。统筹实施校长定期交流、城区学校校长到农村学校任职、农村学校校长进城跟岗、教师支教、送教下乡、城乡交流等六大制度，促进干部教师向农村学校和薄弱学校流动；深化培训、学历提升、评优评先、职称评定、待遇向农村教师倾斜等五大倾斜机制，提升农村教师素质。六是深入推进教育质量城乡一体化。统筹制定基础教育各学段质量标准，实施优质教育资源推广共享计划，打破城乡和校际界限，区县组建"一对一联盟"，城乡学校"一对一"深度结对发展。

（四）切实关注民生，保障特殊、困难群体接受义务教育的权利

一是高度重视进城务工人员随迁子女义务教育工作。全省各地坚持以流入地政府为主、以公办学校为主的原则，简化手续，完善服务，基本实现了"应入尽入"。早在2004年，河南省人民政府办公厅就印发了《转发省教育厅等部门关于进一步做好进城务工就业农民子女义务教育工作实施意见的通知》，首次明确了进城务工人员随迁子女接受义务教育的有关政策。2010年，省政府出台了《关于进一步做好进城务工农民随迁子女义务教育工作的意见》，再次明确了解决农民工子女接受义务教育的具体措施。2010—2012年，全省义务教育阶段适龄农民工子女总数分别为32.3万人、23.1万人、16.3万人，入学率均达到99%以上，其中入公办学校比例均保持在85%左右，并在逐年提高。

各接收学校将进城务工人员随迁子女与城市学生统一管理、统一编班、统一教学、统一安排活动，并根据其实际情况，完善教学管理办法，做好教育教学工作。在评优奖励、入队入团、课外活动等方面，进城务工人员随迁子女与城市学生公平对待，一视同仁。学校还注意加强与进城务工人员家庭的联系，及时了解学生的思想、学习、生活等情况，帮助他们克服心理障碍，尽快适应新的学习环境，真正使进城务工人员随迁子女进得来、留得住、学得好。

二是切实加强对农村留守儿童的教育和管理。不断加强农村寄宿制学校建设，尽量满足农村留守儿童的寄宿需求。各有关部门密切配合，通过实施"代理家长"制度、与留守儿童谈心制度、家校联系制度以及建立留守儿童之家等措施，建立了留守儿童的关爱帮扶体系。

（五）深化招生考试制度改革，促进教育公平

着力深化招生考试制度改革，完善学业水平考试和综合素质评价制度。

进一步改革高中阶段学生招生考试方式，完善优质高中招生名额均衡分配到初中的办法。

郑州市在全省率先叫停义务教育阶段"公办民助""名校办民校"等办学模式，初中全部实行免试就近划片入学。坚持执行普通高中招生"分配生"制度，分配生比例逐年提高，2012年已达到60%。

洛阳偃师市从2001年开始有步骤地进行中考招生制度改革，成功地实现了由升学竞争转变为办学水平的竞争。一是把初中学业水平考试与普通高中招生挂钩。二是把综合素质评价结构纳入中招考试录取。三是普通高中招生采取推荐生录取、统招生录取、分配生录取、特长生录取等四种方式进行录取。这些改革举措促进了全市的义务教育均衡发展，调动了学校办学的积极性和师生教书学习的积极性。

（六）共享教育资源，提升中小学信息化水平

河南省加大对信息化的投入力度，探索教育信息化带动教育现代化的路子。积极创造条件，率先在中小学校实现"班班通"，为成建制的小学安装计算机教室。探索构建优质教育资源公共平台的途径和方法。充分利用农村中小学现代教育工程资源，加强远程教育资源建设，促进城乡优质教育资源共享。

郑州市实施中小学远程教育"班班通"工程，推动城乡教育资源共享。该项工程历时两年，累计投入资金3.2亿元，在全市1351所中小学校的19523个班级建成并开通站点。全市中小学班级"班班通"设施实现了全覆盖，农村学生和城市学生一起上名校名师的优质课。

焦作市实施光纤宽带教育城域网等工程。2011—2012年累计投入教育信息化资金达1.3亿元，通过建立光纤宽带教育城域网，实施农村中小学现代远程工程及教育管理信息化项目，网络教育资源总量达到600G以上，覆盖了全市所有中小学，使广大农村中小学享受到了与城里一样的优质教育资源。

濮阳市实施中小学"网络班班通"工程，2010—2012年三年时间，筹资1.5亿元，使全市956个农村学校的7558个教学班实现了多媒体或网络环境

下教学，占全市总班数的 81%，惠及农村学生 68.2 万名。

南阳市教育信息化建设成效突出。方城县引入中西部教育发展资金 1300 多万元，为全县六至九年级及高中安装了 624 套交互式电子白板多媒体系统，教育信息化基础设施建设步伐走在了南阳市的最前沿。全县 95% 的中学已加入教育城域网，其余中学和小学也都通过非对称数字用户环路（ADSL）接入了互联网，基本上实现了"校校通"。

四、推进义务教育均衡发展的对策和建议

（一）吸引社会资本发展民办教育

改革开放后，虽然河南省经济社会得到较快发展，但穷省办大教育的基本省情没有根本改变。因此，要树立办大教育的思想，深化办学体制改革，鼓励支持社会资本举办民办中小学校，补充公共财政教育资源的不足，同时也满足人民群众多样化、个性化的教育需求。调查中发现，民办教育发展好的县市，大班额问题相对解决得比较好。像新乡市原阳县，县城民办学校已占该县学校的半壁江山，县城中小学校班额基本控制在 70 人左右，而与此相邻的封丘县，民办学校只零星分布在边远农村，县城一所民办学校都没有，县城中小学校班额都在 120 人左右，大班额现象十分突出。周口市民办教育发展较好的郸城县、项城市，县城中小学校班额基本为 70—80 人，而太康县民办教育发展较差，县城中小学校班额基本都在 120—130 人。

（二）扎实推进中小学布局调整

随着城镇化步伐的加快，学校布局规划要坚持城乡统筹、因地制宜、合理布局、分步实施。在保证入学率、普及率的前提下，既要积极调整、优化教育资源配置，又要稳妥推进、注重方便学生就近入学。要规范撤并程序，尊重群众意愿，坚持先建后撤，妥善处理解决好撤并后带来的相关问题，坚决杜绝因过急、过快、过度撤点并校造成学生失学、辍学和上学难等现象的

发生。

城市中小学布局调整重点解决学校数量不足、容量不够、布局不合理、发展不均衡、建设不配套等问题。河南省各地要根据城市总体规划，综合考虑居民区配套、旧城区改造，尤其是人口密度加大和人口流动加速等因素，科学修订城市中小学布局规划。

农村初中布局根据市县域城镇体系规划，有计划、有步骤地撤并一些办学规模小、教学质量差的初中。农村小学布局规划要在坚持学生就近入学的前提下，依据县（市）域村庄布局规划和新型农村社区建设规划，按照相对集中、规模适度的原则，进一步调整一些村小和教学点。在交通不便或距离较远的村要保留必要的教学点，方便低年级学生就学。

（三）加快推进义务教育学校标准化建设

加大农村义务教育薄弱学校改造力度，通过为农村义务教育薄弱学校配备教学仪器设备、图书和多媒体远程教学设备，力争使大多数农村义务教育学校能够达到国家或省规定的基本办学条件标准；通过加强对县城班额较大学校的扩容改造，逐步解决县城学校"大班额"问题。加大城镇义务教育学校扩容改造建设力度，扩大城镇义务教育资源，解决城镇学校的大班额问题，解决进城务工农民随迁子女入学问题。将学校标准化建设与义务教育均衡发展推进计划、与中小学布局调整、与解决大班额问题结合起来，制定建设项目的总体规划和年度计划，积极推进学校标准化建设。

（四）均衡配置教师资源

完善县域内教师交流制度，扩大交流比例，促进教师在学校之间的合理流动；加大城镇或优质学校校长、中层管理人员到农村或薄弱学校交流任职的力度，积极进行校长任期制和轮岗制的探索；积极推行学区制管理改革，通过优质学校与薄弱学校资源重组、互派师资、资源共享、捆绑考核等措施，促进学校之间共同提高；建立并完善城镇教师支援农村教育、农村教师到城镇学校学习工作机制。

（五）推进管理体制创新

开展城乡教育一体化、教育资源共享等区域性改革实验探索，将县域内义务教育学校划分为若干个学区，学区内的学校实行联合办学，互派师资、统一教学、资源共享、捆绑考核。开展义务教育各阶段同层次学校"老校加新校""强校加弱校"等模式探索及"教育联盟""强校托管"的试点运作，发挥优质学校的辐射、带动作用。

（六）保障困难群体子女接受义务教育

强化政府责任，坚持进城务工人员随迁子女接受义务教育以流入地政府为主、以全日制公办中小学为主解决的原则，将进城务工人员随迁子女义务教育纳入公共教育体系，确保其平等接受义务教育。畅通入学渠道，按照相对就近入学的原则，划定服务学区或定点学校，以公办学校为主，统筹安排就读，享受流入地学生在教育教学管理、免除学杂费等方面的同等待遇。

（七）加强督导问责

定期对县域内义务教育均衡发展工作进行督导检查，督导结果作为评价县级政府教育工作的重要内容。区域内出现达不到义务教育经费"三个增长"、截留或挪用义务教育经费、不及时补充缺编教师、不按规定建立实施教师交流机制和继续举办重点校、重点班等违规行为，对政府分管负责同志和有关职能部门主要负责同志及中小学校长依法实行问责。

（本报告由河南省教育厅承担，参与人：李敏、施晓春、孙殿军、平奇。）

成都市城镇化进程中教育管理体制改革研究报告

一、成都市城镇化的进程与特点

城乡统筹作为我国城市化进程的战略步骤，是推进城市化进程中的一系列科学方法的集合，是把城市和农村发展作为整体进行统一规划，充分发挥城市对农村的辐射和带动作用，把城市和农村存在的问题及其相互因果关系综合起来统一解决，从而建立城市、农村这两个子系统及城乡这个总系统之间的良性互动机制。

成都市的城乡二元关系是全国城乡二元关系的一个缩影。在城乡二元结构及"三农"问题现实压力下，成都考虑了自身的发展条件——已具备相当的经济实力，以及实施西部大开发战略下有利的政策环境——实施"城乡统筹"战略，逐步建立新型的"城乡关系"，把农业与工业、农村与城市、农民与市民作为一个整体，纳入经济社会发展统一规划中通盘考虑，把城市和农村经济社会发展中存在的问题及其相互关系加以综合研究、统筹解决，实现"以工促农、以城带乡、城乡一体"的协调发展，从而缩小城乡差距，解决"三农"问题。

（一）成都市城镇化的进程

改革开放以来，成都市城镇化经历了从低速到高速的演变过程，特别是在 2003 年实施城乡统筹战略以来，城镇化水平迅速提升，1978—2010 年，成都市按户籍人口计算的城镇化率提高了 34.3 个百分点，从 22.3% 提升到 56.6%。根据常住人口计算，成都市城镇化率从 2003 年的 57.52% 提升到 2010 年的 65.51%，年均提高 1.14 个百分点。截至 2010 年年底，成都市常住人口 1404.76 万人，其中城镇人口 920.26 万人。

从城镇化水平的演变趋势来看，成都市城镇化进程可以明显分为三个不同的阶段（见图 1）：第一阶段为 1978—1993 年，城镇化率由 22.3% 提升到 29.2%，年均提升 0.46 个百分点，呈缓慢提升态势，城市空间拓展较为均衡；第二阶段为 1994—2003 年，城镇化率由 29.2% 提升到 37.0%，年均提升 0.78 个百分点，呈加速提升态势，城市空间的单中心圈层式拓展模式得以强化；第三阶段为 2003 年 10 月至今，城镇化率呈急剧提升态势，2010 年达到 56.6%，年均提升 2.8 个百分点，分别比第一阶段和第二阶段高出 2.34 和 2.02 个百分点。

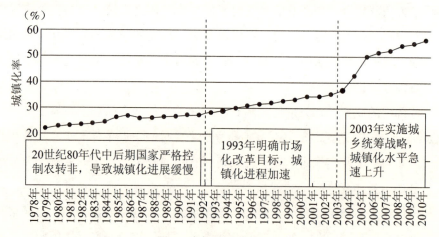

图 1 成都市城镇化进程

根据麦肯锡全球研究院相关研究成果，各城市城镇化进程可分为工业化期、转型期、现代化期三个阶段。目前，中国大部分城市仍处于城镇化进程第一阶段，只有少数和极少数的城市迈入了第二、第三阶段。成都市得益于良好的禀赋条件和适宜的发展战略，城镇化进程走在了全国城市的前列，目前正处于第二阶段——转型期后期，城镇化进程仅次于上海、深圳和北京（见图2）。

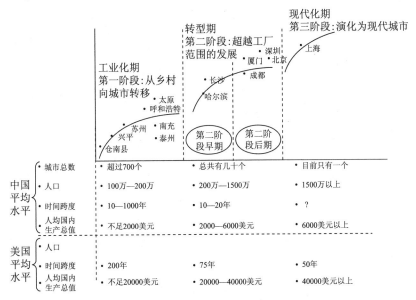

图2　成都市城镇化进程对比

资料来源：《以加速城镇化进程为主线探索成都灾后可持续发展道路》，成都市人民政府内部资料，2008.

成都市城镇化水平已经处于城镇化转型期的末端，正加快向城镇化现代化期迈进，城镇化发展将逐步过渡为平稳增长。这一阶段的重点是妥善解决城镇化进程中出现的一些矛盾和深层次的问题，有效转变城乡对立发展的局面，进一步显现城乡一体化发展的态势。

成都市立足城乡一体化的顶层设计，把破除城乡二元体制、解决"三农"问题作为重中之重，着力于制度建设和体制创新，在重点领域和关键环节先行先试。成都市通过强化规划引领，明确城镇化发展方向；完善城镇体系，提高城镇化承载能力；统筹产业发展，强化城镇化产业支撑；注重制度创新，构建城镇化体制机制。

（二）成都市城镇化的特点

当前我国已经进入城镇化转型发展的关键时期，城镇化水平首次超过50％，步入了真正的"城镇化时代"。对于成都市而言，当前面临着国家实施新一轮西部大开发、城乡统筹综合配套改革试验区和加快成渝经济区建设等重大机遇。同时，西部经济核心增长极发展定位的明确、"五大兴市"战略的实施以及天府新区建设的加快推进也为成都市城镇化发展带来了内生动力。成都市经济社会快速发展，城镇化水平明显提高，初步探索出了一条适应科学发展规律、符合成都实际、具有成都特色的城乡一体、协调发展的新型城镇化道路。

第一，注重质量与功能提升转变。随着成都市城镇人口聚集水平进一步提高，城镇化发展的重点将由过去单纯追求城镇化数量规模的扩张转向注重发展质量与功能的提升完善。一方面，成都市城镇化将步入稳定发展阶段，城镇化进程趋于平缓，甚至可能会出现郊区化和逆城镇化趋势。另一方面，城市内涵将明显提高，城镇化发展将不仅仅是户籍登记地的简单改变，而是居民生活方式、就业方式、城乡关系等全方位的城镇化。城市功能将不断完善和延伸，城市社会服务设施将更加完善，城市职能将更加复杂和多样化。

第二，多元化的动力机制。随着成都市经济发展逐步实现由工业化中后期向后期转变，支撑城镇化的动力机制呈现出了多元化的特点。一方面，在全省大力推进新型工业化、新型城镇化互动发展的关键时期，新型工业化将取代传统工业化引领城镇化的发展，推动成都走出具有西部特点的新型城镇化发展之路。另一方面，第三产业作为工业化后期的主导产业，通过调整优化经济结构，大量吸纳城乡剩余劳动力，而成为推进城镇化的主要动力。随着经济全球化和知识经济的加速发展，知识产业、创新型产业等将逐渐发展成为城镇化的重要动力。

第三，均衡集聚型城镇。过去成都市城镇化模式都以自上而下型为主，以五大城区为核心的中心城市是全市城镇化的主体，主导着全市城镇化的进程。随着资源环境压力的加大，成都市城镇化发展以集聚、均衡、统筹为目标，实现由中心城市主导的集中型城镇化向统筹发展的均衡集聚式发展道路转变，在市域范围内构建起布局合理、协同发展、逐级辐射的现代城镇体系。同时，中心城区城市空间将基本保持现有规模，城市实体连绵式蔓延得到有效控制，而城市新区则成为城市空间扩张的主要形式，天府新区以及城市外围卫星组团城市将是全市疏解中心城人口与产业、分担城市功能的重要区域。

第四，向大都市区演进。形成大都市区是大城市发展到一定阶段的重要趋势，也是其城市化进程演进到高级阶段的一个重要特征。随着城市化进程的加速推进，成都市与其所在区域经济社会联系的日趋频繁和稳定，交通轴线体系的不断完善和现代交通工具的发展，对外活动的空间成本进一步降低，成都城市外部空间形态进一步向大都市区演变。当前，成都市已经具备了大都市区的典型特征，进入了城市化发展的一个新阶段。"全域成都"的理念正是对成都市由个体城市向大都市区演进这一变革历程的一种直观表述。

二、城镇化进程中成都教育面临的挑战

教育是社会事业的重要组成部分，为支持成都市城乡一体化目标的实现，教育也应实现城乡一体化。城乡教育一体化能为居民提供均衡的公共服务和平等的教育机会，为经济和社会发展提供充足的高素质人才，从而为成都市城乡统筹提供原动力和持久动力，发挥基础性、先导性和全局性的作用。

（一）城乡二元结构导致教育资源配置存在明显的城乡差异

城乡统筹之初，成都市城乡教育二元结构明显存在，城乡学校的教育布局规划不平衡，经费投入不对等，办学条件和师资配置不均衡，农村升学上线率远远落后于城区，城乡资源配置在各方面存在着显著差异。

在城乡教育布局方面，截至 2003 年年底，成都市县级以下义务教育阶段学校、高中教育阶段学校分别占全市同学段学校总数的 72% 和 63.45%。值得注意的是，农村地区的小学中有 1066 所是村小，村小校点多且分散，规模偏小且布局极不合理的特点突出。职业教育城乡布局极度不平衡，15 所国家级重点中等职业技术学校有 10 所分布在城区，16 所省级重点中等职业技术学校有 8 所分布在城区。职业教育重点专业分布也极其不均衡，11 个省级以上重点专业有 10 个分布在城区。

在城乡教育经费投入方面，2003 年，成都市人均教育经费支出水平低、城乡差距大，农村人均教育支出比城区少 117.24 元。生均预算内公用经费支出城乡差距特别突出，农村小学生均预算内公用经费支出仅为 13.52 元，初中 39.77 元，普通高中 60.68 元，中等职业学校 83.20 元，与城区支出水平有较大差距。

在城乡教育办学条件方面，城乡教育基础设施配置不均衡，农村学校办学条件远远落后于城区。农村中、小学生均教学设备仪器值分别是城区的 59.89% 和 46.10%；城区中、小学生均图书册数分别是农村的 2.58 倍和 1.33 倍；农村中学生均校舍建筑面积与城区的差距达到 6.78 平方米。

在城乡教师队伍方面，以成都市义务教育阶段为例，城乡学校教师队伍学历达标率相差不超过 5 个百分点，但从高学历的教师比例可以看出，城乡间师资质量的差距较大，城区小学比农村高 35.53%，城区初中比农村高 47.1%。

在城乡办学质量方面，小升初、初升高、高考万人上线率等指标能从一定程度上反映出成都市基础教育的质量高低。成都市小升初城乡比例相差 1 个百分点；农村初升高比例低于城区 25 个百分点；高中阶段教育质量呈现出较大差距，农村地区的高考万人上线率为 18.11%，低于城区 12 个百分点。

（二）现行教育管理体制在城乡教育统筹发展方面存在制度性缺失

长期以来，我国在高度集中的计划经济体制下，形成了一种忽视地区差别和城乡差别的"城市中心"的公共政策价值取向，公共政策优先满足甚至只反映和体现城市人的利益。教育也不例外，城乡学校在管理体制上存在制度性的缺失。

我国 1985 年后实行"基础教育由地方负责，分级管理"，对于广大农村地区实际上是"县办高中，乡办初中，村办小学"，而城市学校有国家财政资助，有限的资源优先分配到城市。由于农村财力有限，义务教育经费的筹集势必转移到农民身上，影响了农村教育的发展，拉大了城乡间教育差距。

2001年义务教育实行"由地方负责、分级管理、以县为主"的管理体制，但分散型义务教育投资体制，以及缺乏对地方政府行为的有效制约，拉大了义务教育的地区差距和城乡差距。随着成都教育政策重在教育保优、突出重点，有限的教育经费优先提供给一部分优质的义务教育。其初衷虽是通过各校之间竞争，让优质学校带动薄弱学校发展，促进义务教育水平的整体提高，但因此而助长的"选优择校"行为，导致城乡差距、区域差距和校际差距日益拉大，丧失了教育公平。

事实表明，随着经济社会发展，这种缺乏城乡统筹和全域发展视角的制度设计越来越阻碍教育发展，导致成都教育发展后劲不足。

三、城镇化进程中成都市城乡教育一体化的实践与成效

为消除城乡二元结构，成都市不断创新教育公共服务制度，通过几年探索，初步建立了新型教育公共服务制度（见图3），健全了教育公共服务体系，以建设现代学校制度为核心，逐步转变教育公共治理结构，为实现城乡教育一体化和教育现代化打下了坚实的基础。

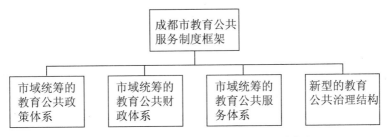

图3　成都市市域统筹的教育公共服务制度框架

（一）以城乡教育一体化为核心，建立市域统筹的教育公共政策体系

成都市教育公共政策作为一种制度设计，统筹兼顾城乡人民群众的教育利益，努力将统筹城乡教育的理念融入决策体系中，使城乡教育得到统整与协调。在制度设计和安排上，成都市不断扩展城乡教育均衡受益的空间，使公共教育政策由城乡教育二元结构产生的利益分化和冲突，走向利益整合和分享。

1. 实施农村中小学标准化建设工程和标准化提升工程

2004 年，成都市开始实施农村中小学标准化建设，并形成了"六个统一"（统一规划、统一设计、统一投资、统一标准、统一风格、统一建设）的建设模式。

一是制定标准。实地考察成都市农村中小学，对生源情况进行全面的调查摸底和统计，准确、翔实地掌握第一手资料。在充分调查论证的基础上，研究制定了切合实际的标准化建设工程相关的一系列试行办法。二是标准化建设。2004 年，正式启动农村中小学标准化建设工程，对成都市农村中小学进行布局调整，采取"六个统一"的方式，以高标准进行标准化建设（组织体系见图 4）。2012 年，成都市完成中小学教室光环境改造和首批学校运动场改造，升级了远郊中小学教育技术装备。

通过实施农村中小学标准化建设工程以及标准化提升工程，城乡学校办学基础条件差异显著缩小。2011 年，成都市小学、初中、高中的生均技术设备值分别是 2008 年的 2 倍、1.8 倍、1.8 倍。生均教学设备值的城乡差距逐步缩小，初中更为显著，城乡比由 2008 年的 1:0.28 缩小到 2011 年的 1:0.70，小学、初中生均校舍建筑面积均超过城市，生均图书数量大致相当。

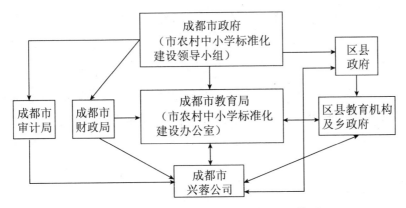

图4 成都市农村中小学标准化建设组织体系

2. 建立以城带乡、城乡互动机制

建立以城带乡、城乡互动的教育体制和机制是发挥城市教育的先导、示范、辐射、扶助功能的重要保证。一是名校集团化建设。组建名校集团，推动名校进工业园区、进灾区、进山区，提升新建学校、农村学校、薄弱学校的发展水平。二是城乡教师互动交流。积极开展城乡学校互动发展联盟建设，实现中心城区与二、三圈层之间的联动发展。三是城区教师对农村教师的一对一协助。采取学校间的互动式协助方式和教师间的师徒式协助方式，提升农村学校、薄弱学校水平，提高农村教师专业化水平。四是建设全域的教育信息化网络。以教育信息化为基础，实现优质教育资源的城乡共用共享。

3. 实施农村教师素质提升工程

在软件资源均衡配置方面，成都市着力通过教师均衡配置，不断提高农村教师素质，提升农村教育的管理水平和教育教学质量。

一是向农村补充和输入教师。2004—2007年，重点采取支教办法补充农村教师。2009年，启动成都大学每年招收、培养定向免费师范生工作。2010年，实施"常青树计划"，招募名优退休教师，到远郊的义务教育阶段学校担任职务。二是加大对农村学校干部培训力度。2004—2008年，举办了多种专题培训，培训农村中小学校长。2009年，基本建立起城乡校长研修共同体生态模式。三是加快农村教师素质提升。分期分批对农村教师进行信息技术培训，并使其通过省级检测。对学历提升的教师，市政府及各区（市）县政府也相应给予一定的奖励。

成都市大力补充及培训农村中小学教师，提高其综合素质，实现城乡教师资源的优化配置。2011 年，各学段城乡教师学历达标率基本实现均衡，小学、初中高学历教师的城乡比，从 2008 年 1∶0.78、1∶0.77 缩小到 1∶0.86、1∶0.87。小学、初中、高中市级及以上骨干教师的城乡比从 2008 年的 1∶0.34、1∶0.42、1∶0.39，分别缩小到 2011 年的 1∶0.66、1∶0.75、1∶0.63。

4. 实施教育强乡（镇）建设工程

调动乡镇办学积极性，推进教育强乡（镇）建设，是促进城乡教育一体化和区域内教育均衡发展的重要举措。教育强乡（镇）建设是巩固提高"两基"成果、推进实现"双高普九"的创造性举措，也是深化农村教育综合改革，推进农村教育现代化的重要途径。从 2003 年起，成都市正式开展"教育强乡（镇）建设"，市政府和各区（市）县政府先后出台一系列文件，从政策制度上确定了教育强乡镇建设的目标、方案、机制等。

（二）以促进教育公平为核心，建立市域统筹的教育公共财政体制和教育监测机制

1. 建立保障教育公平的公共财政体制

成都市通过建立健全的公共财政体制，为城乡教育一体化提供资金保障。一是建立和完善四级政府对义务教育保障机制，即由中央、省、市、县四级财政来发挥义务教育经费保障的主体作用。二是建立生均公用经费标准动态调整机制。统一并提高城乡生均公用经费标准，建立起两年调整一次的动态调整机制。三是加大对农村教育的投入力度。三年内对农村教育投入经费持续增加，新增教育经费主要用于农村。四是加大对农村教育的转移支付力度。建立经费分担机制，确立"一圈层给政策、二圈层给补贴、三圈层给倾斜"的经费支持机制。

2. 建立督促教育公平的教育监测机制

成都市通过建立动态教育监测体系，对教育均衡发展实施预警，切实解

决学校之间、区域之间、城乡之间的教育差距问题。一是促进校际均衡发展。重点对义务教育校际资源配置状况进行年度监测和分析，强化各级政府责任，指导各级政府科学制定缩小校际差距的办法。二是促进县域均衡发展。开展发展水平的动态化监测和过程性评价，促进区域教育现代化持续、深入推进。三是促进城乡均衡发展。指标体系重点导向市域统筹，关注从学前教育到终身教育各阶段，开展涵盖教育起点公平、过程公平和结果公平的年度监测和分析评价，引导市域统筹资源配置，促进"全域成都"教育高位均衡、优质发展。

2010 年，成都市义务教育校际均衡监测结果显示，成都市义务教育校际均衡指数为 0.41，2011 年下降为 0.39，区域内义务教育均衡状况总体良好。连续五年，通过动态教育监测指标体系，成都市了解到一般学校生均教育资源享有量普遍高于"名牌学校"或者"热点学校"，教育资源重点倾向少数"名牌学校"的格局得到扭转，教育资源配置逐步走向合理。

（三）以"办人民满意的教育"为目标和标准，建立市域统筹的教育公共服务体系

成都市从改善民生的全局出发，健全政府教育职责体系，把所掌握的各种社会资源由主要投向经济领域，转移到为全社会成员提供更多更好的公共服务上来，建立和完善城乡教育公共服务体系，不断提高教育的公共服务效能。

1. 构建较为完善的教育资助公共服务体系

成都市在统筹城乡教育发展过程中，构建了以政府为主体，社会广泛参与，覆盖从幼儿园到高等教育全过程，中心城区和近、远郊区（市）县全方位的功能完善、机制健全、多元混合的教育资助体系。

2009 年后，成都市继续健全对普通本科高校、高等职业院校和中等职业学校家庭经济困难学生、普通高中家庭经济困难学生等的资助政策。2009年，每个区（市）县均有一所省级及以上示范性普通高中设立"宏志班"，并率先实施中职"教育券"制度。2011 年，成都市将中职"国家助学金"

发放范围从农村扩大到城乡。2012 年，在国家确定的邛崃市、大邑县的基础上，将义务教育学生营养计划扩大到远郊 8 个区（市）县。

2. 构建农村中小学远程教育公共服务体系

成都市将教育信息化和中小学现代远程教育作为迅速提升农村教育质量、实现教育跨越式发展的一项全局性工作来抓，结合农村中小学标准化建设，从硬件平台的搭建到资源库的建设，构建农村中小学远程教育服务体系。

从 2001 年起，成都市政府每年安排专项经费用于此项工程。2004—2005年，中央投入经费全部用于推进信息化建设。以教育城域宽带网为基础，以区（市）县教育分中心为信息汇聚点，以农村学校的网络教室和办公网络为终端，为广大的农村学校建立起了优质教育资源和农业信息资源的平台。到2006 年，完成全市"校校通"工程。2009 年，实施推进教育信息网络满覆盖、教育教学资源满覆盖和教育信息技术应用满覆盖。

3. 构建进城务工就业农民工子女接受义务教育公共服务体系

面对农民工子女这一特殊群体，成都市展开实践研究，寻找有效的教育政策，并构建起进城务工就业农民工子女接受义务教育的服务体系。

一是将进城务工农民工子女入学纳入成都市义务教育学校校点布局规划。通过明确把进城务工农民工子女入学纳入全市九年义务教育工作范畴和重要工作内容，加强对此项工作的重视与管理。二是提供方便、充足的服务。通过将进城务工农民工子女接受义务教育的入（转）学申请受理点设在各街道办事处等举措，提升服务水平。三是认真落实"以全日制公办中小学校为主"的方针，充分挖掘公办中小学校办学潜力，加大新（改、扩）建学校步伐，努力为进城务工农民工子女接受义务教育提供学位。四是在师资、安全、卫生等方面不降低要求的前提下，酌情放宽招收进城务工农民工子女的民办学校设立条件，促进民办农民工子女学校健康发展。

4. 构建农村留守儿童教育与管理公共服务体系

为实现教育机会平等，将农村留守儿童接受义务教育工作纳入成都市义务教育均衡发展的重要内容，搭建起农村留守儿童教育与管理的公共服务体系。

一是建立健全三级政府工作责任制。将农村留守儿童管理服务工作纳入全市统筹城乡发展的总体任务中，逐步建立政府"属地管理、分级负责、分层落实"的农村留守儿童管理服务工作机制。二是充分发挥乡（镇）政府的基础作用。乡（镇）政府根据区（市）县政府总体部署，逐步在乡（镇）建立农村留守儿童家庭服务中心，建立劳务输出人员家庭档案，加强农村留守儿童管理服务。三是发挥中小学校的教育主导作用。农村中小学校建立留守儿童情况登记、监护人联系、管理教育责任等制度，保证农村留守儿童学校管理教育工作的顺利开展。

5. 构建"三教统筹"的终身教育公共服务体系

"三教统筹发展"即促进农村基础教育、职业教育和成人教育统筹、协调、快速发展。

（1）大力发展农村基础教育

一是积极发展农村学前教育。构建"政府建设、社会领办、规范管理、限价收费"的农村标准化中心幼儿园运行机制。二是高质量、高水平实施义务教育。成都市提出发挥农村乡土知识优势，积极开展与农村生产生活联系紧密的社会实践活动，形成特色的"三创两育"（创新、创造、创业教育；感恩教育、生命教育）素质教育模式，以全面推进素质教育。三是发展农村高中阶段教育。成都市建立了一系列推进"农村普高"的工作制度，实施推动基本普及高中阶段教育进程工程。通过大力发展农村基础教育，逐渐缩小城乡教育差距，实现城乡教育均衡发展。

2013 年，成都市学前 3—5 岁幼儿净入园率达到 97.2%，全市公益性学前教育覆盖率超过 50%；全市小学学龄儿童入学率达 100%，初中学龄人口入学率为 99.9%，适龄残疾儿童少年义务教育阶段入学率达 99.21%；全市初中毕业生升学率为 96.49%；在各级示范性普通高中就读的在校生比例由 2008 年的 80.4% 增加至 85.7%，全市普通高中毕业生本科上线率达 51.95%，专科上线率达 97%。

（2）积极发展农村职业教育

通过统筹城乡职业教育，建立起成都市区域内开放的职业教育体系，方便初中毕业生跨区域选择学校就读，推进区域内职业教育招生工作。建立优质职业教育资源共享平台，提高职业教育资源的使用效益，解决郊区（市）县学位不足的矛盾。主要措施包括：一是以专业引领发展；二是城乡联动发展；三是改革培养模式。

（3）大力发展成人教育，推进"农、科、教结合"

重点依托职业学校和成人学校，完成农村劳动力实用技术培训和农村劳动力转移前的引导性培训；在乡镇建立自考服务站，并依托农业科技职业学院开设自学考试专业；加强"两后"培训工作，在农村初中二年级和高中二年级，开设1—2门以实用技能为主的选修课，对普通高中未升学的毕业生实施免费职业教育和培训；加强对农村集中居住区内青壮年农民的文化、道德和公民基本知识及技能培训。坚持学校教育资源向社区开放，农村中小学校在课余时间作为成人教育的场所，积极开展"学习型家庭""学习型单位""学习型社区"的创建工作。

6. 以建设现代学校制度为核心，逐步转变教育公共治理结构

成都市在小学、初中及高中阶段，各选一定数量的学校，进行现代学校制度建设试点。政府建立现代教育管理制度，通过实施教育法律、法规对学校进行宏观管理，为校本管理建立必要的体制环境，提供制度保障。通过经费下拨或购买专业性服务，为学校发展提供物质保障，并通过督导、评估，对学校进行评估、指导，监测和保障学校的教育质量。学校建立和完善法人制度，依法自主办学，社区和家长参与民主管理、社会监督，实现学校自我约束、可持续发展。根据上述内容，成都市逐步探索出教育行政管理模式的转换（见表1）。

表1 成都市教育行政管理模式转换内容

转换项目	已有模式	新模式
治理模式	政府包办	政府主导、宏观管理、市场机制参与
与其他部门关系	各自为政、次要地位	走向协调、核心
干预方式	直接行政手段为主	法律、法规等间接手段为主
中央与地方政府	地方与中央分级管理	中央领导下分级管理、地方为主
政府与教育机构	直接办学、微观管理	政府退出微观办学过程
决策程序	封闭、过度集中、非程序化	开放、科学、规范、分层
决策反馈	行政性、自我调整	过程反馈、社会监督、中介评估

通过建立现代学校制度，城乡教育水平差距持续缩小。2011年，3—5岁幼儿入园率城乡差距由2008年的5.10个百分点缩小为2.72个百分点；初中适龄学生入学率城乡差距由1.10个百分点缩小到0.38个百分点；初中毕业生升入高中阶段教育比例城乡差距由3.40个百分点缩小到2.93个百分点；高考专科上线率城乡差距由4.96个百分点下降到1.20个百分点，本科上线率城乡差距由19.23个百分点下降到17.63个百分点。

四、以机制体制改革为关键，推动教育管理体制和教育管理方式的转变

在统筹城乡发展的大环境下，教育作为社会事业的子系统，其发展应主动适应变化，在体制机制上不断变革，从而获得自身的可持续发展，并实现与外部环境的良性互动。

（一）实施教育布局结构改革

一是优化城乡教育设施规划布局结构。完善各级城乡规划中教育设施规划布局点位，强化城乡教育设施的建设标准及布局原则，实现城乡教育设施

规划布局的均衡化和城市教育设施规划布局的均衡化。

二是优化全域成都基础教育空间布局。统筹规划、合理调整、科学布局普通中小学校、灾后学校，优化城乡幼儿园布局。

三是优化教育结构。优化特殊教育结构，建立和完善"以特殊教育学校为骨干，以普通学校附设特殊教育班和随班就读为主体"的格局。优化普职教育结构和公办、民办教育结构。

四是推进直属学校管理体制改革。成都市从 2006 年开始推进直属学校管理体制改革，一大批学校划归中心城区管理，从而使得中心城区承担了更多的教育投入责任，市级财政有更多财力支持农村教育事业发展，推进城乡教育均衡。

（二）实施"校区校点"村小管理体制改革

一是科学布局村小点位。通过建设一批农村寄宿制小学或完全小学、与乡镇中心校合并、设立为乡镇中心校校区等方式，将村小设立为独立建制小学，在两年时间内，完善学校教育技术装备配置，使学校办学条件达到要求。

二是改革村小管理体制。校区与中心校统一排课，统一教学进度和教学活动，办学情况纳入对各区（市）县考核评估范围。村小师资由中心校重新调配，并分两年完成轮换、轮训。村小设立为独立建制小学的，保证三年内有 50% 以上教师交流轮换、培训提高和充实补充，学校校长由所属区（市）县的"窗口小学"派出，其考核评估纳入县域内小学的统一考评。

（三）教育投融资体制改革

一是农村中小学标准化建设方面的投融资体制改革。成都市对农村中小学标准化建设工程采取"统一标准、集中管理、公司化运作"的新体制，各责任主体分工明确、责任边界清晰，项目建设的系统风险大大降低。通过一系列有效的流程和制度设计，最终达到保证建设质量、统筹建设进度、控制投资风险的目标。这种体制改革呈现出两个特点：

第一，体现政府性投入。实施农村中小学标准化建设，政府肩负不可推卸的责任。因此，唯一选择就是公共财政预算安排或政府筹资落实建设资金，改变农村教育农民办的状况，真正发挥政府办学的主体作用。

第二，创造社会平台，缩短融资时限。标准化建设工程建设和改造的资金需求和工程量巨大，为尽快缩小城乡教育差距，成都市创新思路，以国有公司作为投融资平台，由市财政投入项目资本金，同时申请国家开发银行长期贷款，14 个区（市）县政府匹配项目建设用地，做好"三通一平"、环境绿化等保障工作，一次性筹集到所需的建设资金。从效果来看，本需要 10 年才能全面破解的历史难题，成都市只花了两年多时间就已成功解决。同时，因为建设周期的缩短，还大大节约了建设成本。

二是灾后重建方面的投融资体制改革。在援建省市大力支持的同时，成都灾后教育重建项目充分体现了政府主导，市场化方式融资。其亮点在于不断完善服务，吸引民间资金。对由捐建者单独捐资建设或者主要出资建设的学校，可由捐建者冠名。在重建方案设计过程中，充分采纳捐建者的合理建议，有针对性地对学校进行个性化设计，以提升捐建者的知名度和美誉度。

（四）实施职业教育投资方式改革

一是推进投入体制改革。改革公办中等职业教育投入方式，政府对公办中等职业教育实行购买服务，根据国家政策、培养成本和各级财力状况确定生均财政拨款标准，对各级公办中等职业学校按生均财政拨款标准安排资金，学校统筹管理使用。实行以学生为补助对象的职业教育券制度，引导和促进公办、民办职业教育平等发展、共同发展。

二是全面落实职业教育券制度。2009 年，成都市在全国率先实行中等职业教育券制度。户籍在成都市 19 个区（市）县和高新区，就读成都区域内具有招生资格、收取中等职业教育券的全日制中等职业学校的一、二年级学生，享受每年 1200 元学费补贴。

（五）实施"县管校用"教师管理机制改革

成都市在推进城乡教育一体化初期，针对城乡教师结构不合理、农村教师缺乏的现实，创新"县管校用"的教师管理制度，动态配置教师资源。"县管校用"教师管理制度实质就是推动教师从"学校人"向"系统人"转变，从"定点贡献人"向"多点贡献人"转变，从而促进教师城乡流动，实现一体化配置，推动城乡教育均衡发展。

一是试点引路。选择在青羊区、温江区、双流县和郫县四个区（市）县进行"县管校用"教师管理体制试点，实行教师编制无校籍管理。教育主管部门主要负责中小学教师队伍的建设规划和综合管理；教师集中管理机构主要负责建立教师人事关系，负责对教师的日常管理、使用和业务考核，发放奖励性绩效工资；学校安排派遣到校教师的工作岗位。

二是全面推进。从 2012 年起，拟用三年时间在成都市全面实施"县管校用"的教师管理体制。在编制管理上，县管总量控制，学校按岗配备；在岗位设置上，县管岗位结构，学校按岗定员；在聘任形式上，县管人员身份，学校合理使用；在教师交流上，县管全局统筹，学校择优选派；在教师考核上，县管体系标准，学校考评执行。

三是强化统筹。在市级层面，解决制约优质教师资源均衡配置的问题。对"县管校用"推进情况实行动态管理，定期开展效果评估，及时调整工作措施。完善岗位设置管理制度，完善教师职务（职称）制度，建立统一的中小学教师职务（职称）系列。建立全市中小学教师教籍管理系统，建立"名优教师资源库"和"优秀干部资源库"，对入库名师及优秀干部施行"市域统筹"。

（六）实施城乡统一的标准治理改革

一是完善学校基本建设标准。先后制定和出台各学段学校的技术装备标准的试行办法，就农村标准化中心幼儿园建设标准、灾后重建学校建设标准以及中小学设施设备配置标准提出了具体要求。

二是提升学校办学条件标准。统一城乡教师编制标准，提升教师学历标准；统一并提高城乡生均设备值标准，制定城乡中小学教室光环境改造标准和运动场标准化改造标准；统一并提高城乡生均公用经费财政拨款最低标准。

三是着手建立地方特色的教育标准体系。2011 年，开展地方教育标准体系建设工作。按照教育现代化的标准，完善教育标准的建设，在此基础上，继续梳理和完善，努力形成具有成都特色的教育标准体系。

（七）进城务工农民工子女接受义务教育的"同城待遇"改革

一是不断扩大接收范围。按照"两为主"原则，2009—2011 年，成都市政府办公厅连续三年下发进城务工农村劳动者子女接受义务教育的工作意见。适应形势变化，逐步扩大保障范围。

二是同享成都市户籍学生政策。外来务工人员子女同等享受成都市户籍学生义务教育阶段公办学校所有新生入学学位。同时，同等享受优质初中报名计算机排位、普通高中指标到校生、艺体特长招生、各类加分等政策。

五、城镇化进程中深化教育管理体制改革的建议

教育与城镇化有着强烈的共生共荣关系，教育的发展为城镇化提供高素质的人力资本和智力支持。有效的教育公共政策和均衡、发达的教育体系，是农村城镇化健康发展的基础性因素。结合成都市城镇化和教育管理改革实际，提出如下思考与建议，以期促进改革的民主化、科学化、专业化和实效性。

（一）深化城乡教育统筹与规划机制，扩大优质教育资源，破解城镇化发展中教育规模的两极困境

在城镇化进程中，由于农村人口大量向城市聚集，出现城乡教育规模的两极分化困境：一方面，中心城区教育资源被挤占，经费不足，负担加重。一是出现规模远远超过国家拟定标准的"巨型学校"，教育质量得不到保障；二是出现城区内城乡二元结构新形态，即城市内部双轨现象，城区学生和随迁子女在教育中享受二元的待遇。上述两种现象都直接或间接导致教育出现新的不公平。另一方面，农村学校生源规模减小，衍生出新的问题。一是出

现"微型学校",教师负担重,教学没有激情,教育质量低下,学校财政困难;二是学校布局调整后,部分乡村学校撤并,校舍闲置;三是农村寄宿制学校大量出现,农村孩子出现新的上学远、上学难、上学贵问题,加剧了偏远地区或贫困家庭子女的显性辍学。此外,留守儿童的教育问题也伴随着城镇化的进程逐渐加剧。

在教育领域,要真正从根本上破解城镇化发展中教育规模的两级困境问题,不应单纯以城镇教育的扩张作为破解该难题的出路,而应以"方便就学、以人为本、提高质量、促进公平"为原则,统筹管理城乡教育,深度推进城乡教育一体化,强化以优质教育资源为核心和长效路径选择。实践证明,深化城乡教育统筹与规划机制,深度推进城乡教育一体化,打破城乡教育二元结构,缩小城乡间教育差距,同步提高城乡教学水平,有利于提升城乡教育质量,有利于避免人口、学龄儿童及教育公共资源过度集中于大城市,有利于真正破解城镇化发展中教育规模的两极困境。同时,培养适应经济转型和促进经济增长的高素质劳动者,充分发挥教育资源与教育成果对人文经济的辐射作用,促进经济社会文化的建设和发展,是城镇化背景下教育管理体制改革的重要抓手。

(二)权变设计教育分级管理体制,落实投入主体,避免城镇化发展中教育投入与管理真空问题

我国自 2001 年开始实施"以县为主"的教育管理体制,这意味着县(市、区)是教育的主要投资主体,承担着发展教育的主要责任。在城镇化背景下,该体制遭遇了以下困境:一是穷县办穷教育,富县办富教育;二是县内适龄学生教育有保障,跨县流动学生教育保障不足。

要有效解决上述问题,应该加大中央及省级的统筹力度,并结合各省、市、地区的实际情况,采取权变的解决办法,重点解决城镇化发展中教育投入与管理真空的问题。例如,建立中央和地方各级政府分担的财政机制,建立跨省的义务教育经费转移支付机制,完善流动儿童教育的经费保障机制。当前,需要明确中央政府所应承担的财政责任,建立对流动儿童教育的中央

财政转移支付制度，从而建立地方政府持久办好流动儿童教育的激励机制。

建立以省、市两级为主的随迁子女义务教育经费补偿机制。中央政府规定，接收随迁子女以流入地为主，而当随迁子女超过一定比例后，让接收地全部承担其教育投入就显得不够合理，地方财政压力也很大。特别是建设新学校、改造旧学校等比较大的工程项目，所需经费很多。因此，应建立补偿机制，大的建设项目由省、市、县三级分担，省级承担较大比例。对随迁子女比例大的区（县），省、市应从维修经费、设备购置费中给予倾斜。各区（县）财政也应设立相应的专项经费，支持接收随迁子女较多的学校改善办学条件。

建立"以省统筹，以市协调，以县管理，省、市、县（区）三级共同负责"的管理体制。省级统筹内容包括：学校规划与布局、新增教育经费筹措、教育费用标准、经费补贴机制。市级协调包括：筹措所分担的教育经费、确定新建与维修项目、平衡各县教育发展、督促县财政到位。县级管理内容包括：筹措所分担的经费，管理基础教育的各项工作。这种立体式的基础教育管理体制，将最大限度地推进城镇基础教育健康发展。

总体来说，我国的基础教育投入，应当根据不同层次的政府职能分工理论，加大中央政府或省级政府对农村义务教育的供给责任，使投入重心上移，改变许多地区县级政府在义务教育方面所负的事权责任与财政责任不对等的现状，建立起中央和地方各级政府职责明确、运行规范的农村义务教育经费保障机制。国家更应该从宏观政策入手，探索行之有效的、充分体现基础教育均衡发展要求的经费保障政策。此外，中央及省、市级制度设计者要对责任主体、责任内容和行为权利做出制度安排，并对责任主体的责任能力做出判断。通常从空间格局来看，县域内城乡义务教育一体化的责任主体应该是县级政府，而区域间（跨县域）的城乡义务教育一体化发展既需要建立上一级政府统筹的制度，也应该建立行政区之间跨政府的横向合作机制，确保跨行政区义务教育公共问题的协调与解决。从责任内容上看，制度设计要包括统筹制定城乡义务教育发展规划、统筹设计城乡义务教育发展政策、统筹配置城乡义务教育发展资源，并确保向农村义务教育倾斜。另外还要对责任主体的责任能力进行评价，对无力承担者要给予救济。

（三）深入研究教育管理科学决策机制，强化问责制度，降低城镇化发展中教育管理改革措施的风险成本

为适应城镇化的社会变革，从 20 世纪 90 年代中后期开始，我国农村地区进行了新一轮中小学布局调整，布局调整促进了教育资源的有效整合，提高了农村地区中小学的规模效益，并在一定程度上促进了城乡基础教育均衡发展，但在调整中也遇到或带来了不少问题，比如布局的规模效益、程序是否正义、配套措施是否有保障等。

城镇化的社会发展过程，对教育的影响是全方位、多维度的，教育管理体制改革对城镇化的回应也应该是系统的、科学的。所以，农村中小学布局调整是具有全局性的一项系统工程，政府应该根据本地的实际情况，如当地学龄人口数量、学校覆盖范围、当地交通情况等，科学确定学校布点，按照因地制宜、合理布局的思路，坚持高起点、高标准，搞好教育基础设施建设的科学规划设计；同时要发动家长、教师等多方利益相关主体参与布局规划过程，提高各利益相关主体的认同度，依照"公平优先""效益最大""布局合理"的原则进行科学规划；不能搞"一刀切"，不能僵化地用一种方式，而需要根据本地实际情况，在利于基础教育均衡发展的指导思想下，选用合适的布局调整方式，包括完全合并式、兼并式、交叉式、集中分散式等多种模式。

此外，还要建立健全教育问责制度。把教育管理科学决策及推进城乡教育一体化纳入到政府绩效考核、官员施政约束的评价体系。重点强化对区域党政主要领导的考核与问责，将教育管理决策的科学性和推进城乡教育一体化的工作成效与其职务晋升直接挂钩，确保构建一个公平合理，具有民主性、科学性、专业性、实效性的教育政策和教育制度环境，为城镇化提供高素质的人力资本和智力支持。

（本报告由成都市教育局、四川大学公共管理学院共同承担，参与人：吕信伟、罗哲、刘小平、杨忠斌、张毅、喻可乐、罗膑露。）

案例：成都市教师"县管校用"管理体制改革的实践探索

师资队伍建设既是教育工作的重点，也是教育工作的难点。原有的"校管校用"人事管理体制与运行机制严重制约着教育均衡发展。在加快统筹城乡教育综合改革试验区的建设中，为了激发队伍活力，成都市探索了教师"县管校用"管理体制改革。

一、教师"县管校用"管理体制改革的主要措施

在"择校就是择教师"的背景下，成都市在推进城乡教育均衡发展过程中遇到了一些现实问题和困难：一是一些教师认识不到位，消极对待轮岗交流；二是教师待遇存在差距，人事关系不顺；三是教职工编制不合理，教师互派周转难。为解决这些问题，成都市主要采取了以下措施：

一是调整编制管理模式。实行"县管总量控制，学校按岗配备"，按照"总量控制、统筹城乡、结构调整、有增有减"的原则，探索更加科学的编制管理办法，逐步建立教师编制县级"总量控制、动态管理"机制。

二是完善岗位设置标准。实行"县管岗位结构，学校按岗定员"，严格设置教育事业单位管理岗位、专业技术岗位和工勤岗位数。同时，加大岗位结构比例管理力度，从核定的总岗位数中划出相应比例，用于对中、高级岗位实行集中调控和管理，并根据统管人数及结构变化逐年增加相应岗位数，

逐步实现义务教育阶段学校岗位结构比例无显著差异。

三是创新教师聘任形式。实行"县管人员身份，学校合理使用"，全面推行聘任制度和岗位管理制度，实行新进人员公开招聘制度。学校根据岗位设置和教学实际申报教师需求，人社、教育部门按照公开招聘的规定核定编制总数，本着"调整结构、提高素质"的原则，面向社会公开招聘。新招聘和引进的人员与教师集中管理机构建立聘用关系，统一进行身份管理。教育主管部门根据学校需求统筹实施派遣任教。学校按照教学实际安排教师岗位，不得外借到其他非教学单位或机构。

四是强化教师交流力度。实行"县管全局统筹，学校择优选派"，按照进一步深化区（市）县域内公共教育资源均衡配置的有关要求，以"补紧缺、调结构、促均衡"为原则，强化干部教师交流力度。学校服从教育主管部门在干部教师交流工作上的整体安排，按照相关要求择优选派。交流任教经历纳入教师职称评聘、推荐评审的考核范畴。

五是建立教师退出机制。实行"县管体系标准，学校考评执行"，探索建立以能力和业绩为导向，以社会和业内认可为核心的中小学教师评价机制。逐步建立教师退出机制，对不适应教学岗位需要的教师开展离岗培训，培训后仍然不能适应教师岗位要求的，可以调岗或另行安排工作；对不符合教师资格标准要求的人员依法调整出教师队伍。

二、教师"县管校用"管理体制改革的模式创新

一是青羊区探索改革教师身份管理模式。2007 年，青羊区教育人才管理服务中心与全部 4000 余名教师签订了人事聘用合同，代表教育局行使人事聘用权；学校与教职工签订岗位管理合同，行使岗位管理权。

二是温江区"区管校用"改革模式。温江区在统筹城乡教育发展的进程中，于 2009 年创新设立了教职工管理服务中心。教职工管理服务中心现与全区 3065 名教职工签订了事业单位人事聘用合同，学校（单位）与教职工签

订工作岗位聘用合同。

温江区通过改革三项管理，深化"区管校用"的管理体制：（1）改革人事聘用管理，畅通"能进能出"渠道。严格执行教师资格准入制度，同时畅通出口并完善了退出机制。（2）改革职务岗位管理，畅通"能升能降"渠道。打破教师专业技术职务任期终身制，教师工作岗位变动后，区教育局即刻撤销其原职务岗位职级，到新的工作岗位进行竞聘。（3）改革工作岗位管理，畅通"校际流动"渠道。

三是郫县"县管校用"改革模式。于 2010 年成立郫县教师管理中心，为确保工作的顺利进行，一方面采取分步实施、稳妥推进的办法，将 2010 年以后公招、调入的教师纳入"县管校用"管理范畴，其余教师将在条件成熟时一并纳入；另一方面，教师管理中心组织教师与学校进行双向选择，并依据选择的结果与用人学校签订教师派遣协议，把教师派遣到学校具体的工作岗位上，学校与派遣教师签订岗位协议，实行岗位管理，充分实施教师的"校用"。对不能胜任工作岗位的教师，先采取转岗的方式；仍不能胜任的，再进行待岗培训，实现再上岗。

四是双流县教师管理改革模式。双流县针对 2011 年以后新进入义务教育学段的教师，按照身份管理与岗位管理相分离的原则，个人身份统一纳入双流县人才交流中心教育分中心集中管理，已有 253 名教师纳入首批管理范畴。学校负责教师的使用、培训、考核等日常岗位管理工作，待条件成熟时其他教师将分批次逐步纳入"县管校用"管理。

三、教师 "县管校用" 管理体制改革的成效

通过实施"县管校用"，试点区（市）县对教师实行统一管理、统一调配，学校只有"使用权"而无"所有权"，消除了城乡之间、区域之间教师交流在体制上的障碍，较好地实现了教师资源均衡配置。

（一）理顺三个关系，搭建管理平台

通过"县管校用"的探索，理顺了区（市）县教育行政部门、管理服务中心、学校与教职工的关系，实现教职工由"单位人"向"系统人"的转变。

一是理顺教育局与教师的关系。教育局通过对区（市）县学校编制进行分解，招聘录用编制和增人计划内的教师，调配系统内教师流动（交流），对校（园）长进行选聘、考核、交流和培训，初审学校管理岗位数、专业技术岗位数和工勤岗位数，指导和监督学校教职工的聘用、管理、考核及培训。

二是理顺管理服务中心与教师的关系。作为区（市）县教职工人事聘用的主体单位，管理服务中心与教职工签订人事聘用合同，具体实施教职工岗位交流，承担教职工特别是教师专业发展管理，主要负责组织师德满意度测评、评优评先、职称评聘、教师资格认定、校（园）长和名优骨干教师目标考核、绩效考核等工作。

三是理顺学校与教师的关系。学校按照校（园）长负责制，按相关规定与受聘教职工签订岗位聘用合同，依据制定的考核标准，对受聘教职工的工作过程及结果进行考评，根据受聘教职工工作的质与量，核算和发放奖励性绩效工资等。

（二）着力三项创新，提高办学效益

以"管办分离"为方向，着力开展三项创新，通过"县管校用"切实推进教育人事体制改革，增强教职工队伍活力，提高办学效益。

一是创新职能管理，提高服务质量。以温江区教职工管理服务中心为例，通过提高事务性工作的科学化管理程度，积极建立并完善教职工后勤保障服务体系，将教职工信息库的维护和管理、教职工的工资管理及调整等职责，均纳入其工作范畴，把教育行政部门和学校从繁杂的事务性管理中解脱出来，让学校管理团队能全身心投入教学管理。

二是创新激励机制，促进教师交流。按照2012年成都市城乡中小学干部教师交流工作的要求，在同一义务教育学校任职满 9 年的校长（含副校长）都须进行交流；在同一义务教育学校任教满 6 年，且当年 9 月 1 日前男不满 50 周岁、女不满 45 周岁的教师，均纳入应交流范围；县域内义务教育学校教师交流人数不低于应交流教师人数的 15%，其中骨干教师交流人数不低于同级骨干教师人数的 15%。

三是创新考核机制，增强教师活力。建立师德考核机制，从评价内容、评价方式、评价体系和结果运用等四个方面，由学生、家长、学校进行重点考核和测评；各区（市）县建立专业考核机制，从专业提升、师德修养等方面，对校（园）长、名优骨干教师等进行综合考评，并与绩效和津贴挂钩；同时根据各地实际，完善绩效考核制度，分层制定绩效考核方案，增强教师队伍的活力。

四、"县管校用" 管理体制改革的启示

实施教师定期交流制度，均衡城乡之间、学校之间教师队伍的质量，是推动县域内义务教育均衡发展的关键环节。

启示一：教师身份归属观念的转变是实现教师定期交流的前提。

我国人事管理制度的基本理念就是人属于单位。要破除这一观念，就需要建立"人属于教育局，学校只负责聘用"的大编制制度。这样才可以帮助教师用职业认同代替对所工作单位的认同，用对区域内所有学校的认同代替对某所优质学校的认同，建立在区域内实现教师定期交流的观念基础。

启示二：教师"县管校用"管理体制改革需在政府的主导下，编制、人社和教育部门通力合作，共同推进，方能取得成效。

"县管校用"是一项系统工程，要求地方政府及相关部门通力合作，共同推进。人事制度改革涉及面广，相关工作要得到人事局、财政局、编办等部门的配合，同时，各区县必须制定和完善相应的配套制度以保障本项工作顺利进行。

启示三：教师“县管校用”促进了教师的流动与均衡配置，但仍存在一些现实的问题和矛盾。

推行“县管校用”的核心是通过教师管理体制的变革，打破交流的政策壁垒，但教师通常更关注工作、生活便利性等个体需求。因而，教师个体对流动存在一定的抵触情绪。

“管用分离”与学校自主管理存在一定的矛盾。教师身份管理与岗位管理相分离，校长不具有人事聘用权，只有岗位使用权，这就导致学校对教师的管理“权威”下降，部分教师以自己是“系统人”为由，不服从校领导的安排和管理，不承担教学以外的任何行政工作，不参加教学以外的任何活动，对学校缺少心理归属感，责任感会降低。

针对以上这些问题，成都市将继续在实践中研究体制、机制上的重点和难点，紧密结合现行的各种人事管理政策，营造有助于“县管校用”政策落实的良好氛围，完善“县管校用”政策的保障制度和机制，进一步细化“县管校用”相关的管理措施，进而探索出一条具有成都特色的促进教师发展和教育均衡的道路。

（本报告由成都市教育局、四川大学公共管理学院共同承担，参与人：吕信伟、罗哲、刘小平、杨忠斌、张毅、喻可乐、罗膑露。）

案例：成都市义务教育阶段就近入学机制建设

长期以来，由于多种原因，成都市义务教育阶段择校情况一直未能得到有效缓解，成为事关教育公平、社会公平的突出问题。2010年成都市中心城区义务教育阶段择校率达到24.5%。家长和学生迫切希望能建立公平公正的入学机制，切实缓解"择校热"。为此，同年11月，成都市委、市政府出台的《关于全域成都城乡统一户籍实现居民自由迁徙的意见》（以下简称《自由迁徙意见》）明确提出，以实现全域成都统一户籍、城乡居民可以自由迁徙为目标，实现义务教育阶段学生在户籍所在地就近入学、公平就学，实现义务教育公平化。为贯彻落实《自由迁徙意见》，成都市教育局正式出台《成都市义务教育阶段学生按户籍所在地就近入学的实施意见》（以下简称《实施意见》），以保障全域成都城乡居民子女就近入学、公平就学。

一、主要举措

（一）推进机会公平

从五个方面入手，大力推进入学机会公平。

（1）严格实行"五公开"。要求各区（市）县将义务教育阶段学校入学工作的时间、范围、计划、程序、结果等相关政策和重要信息及时向市民公布。

（2）严格坚持"四项原则"。在招生工作中，坚持适龄儿童、少年免试就近入学的原则，坚持以县为主、属地管理原则，坚持户籍与居住地一致的入学原则，坚持公开、公平、公正原则。

（3）合理调整入学政策。实行"适龄儿童在户籍所在地就近入学以户籍地房产证明为依据"到"以适龄儿童、少年的户籍为依据"，从新生入学"先划片再登记"到"先登记再划片"等两个转变，合理调整学校服务范围。

（4）增加热点学校计算机排位比例。将石室中学、成都七中、树德中学等三所市级优质学校初中 1200 个招生计划全部纳入计算机排位，实行计算机排位入学，中心城区热点公办学校招生计划的 90% 也全部纳入计算机排位。

（5）扩大优质学校覆盖人群。市直属三所学校以及中心城区的优质名校，将所有新生入学学位公平面向具有中心城区户籍及符合条件的进城务工人员随迁子女分配。每年有近 100 名进城务工人员随迁子女进入市直属学校就读。

（二）推进程序规范

每年 3 月，市教育局都召开专门会议，要求各区（市）县和直属（直管）学校要切实做好当年全市"两类学校、三类特殊人群子女"的入学工作，确保非正常跨区域招生比例较前一年稳步下降，并逐步控制在 10% 以内。

（1）规范公办、民办两类学校招生行为。从 2012 年起，针对前一年招生入学工作中出现的具体问题，市教育局就做好义务教育阶段学生就近入学工作下发通知，提出具体要求。各区（市）县认真落实就近入学政策，按照统一部署，在规定时间，按规定程序和要求开展小学、初中的招生入学工作。严禁举办任何形式的"占坑班"和以选拔生源为目的的培训班、补习班。

（2）妥善解决重大项目拆迁安置人员、重大招商引资项目高管人员、不符合条件的进城务工人员及其他非本地户籍人员子女入学问题。结合成都市天府新区、"北改"新城片区建设，实行在过渡安置期间，无论户口是否已迁移到新居住地，拆迁户子女均可到新居住地所在区（市）县就读的政策。

规定区（市）县以校为单位，按不超过 10% 的招生计划用于解决区域内招商引资项目人群子女就学，并在确保本地户籍和符合条件的进城务工人员随迁子女就学的前提下，将空余学位用于妥善解决政策未覆盖人员子女入学问题。

（三）推进结果公正

（1）建立督查机制。制定下发《成都市教育局关于开展义务教育阶段学校招生违规行为督查工作的紧急通知》，组建督查小组，公布举报电话，对网络、报纸和来信来访反映有违规招生行为的学校，进行及时督查和处理。

（2）实行学籍监管。成都市按照国家及省、市中小学班额限制的有关规定，实行小学、初中电子学籍控班数、控班额。严格按程序和班额要求进行电子学籍的录入工作，将小升初计算机排位数据与学籍数据一一对应，超计划、超班额招生不予承认学籍，并进一步加强义务教育阶段学生转学等异动管理。

（3）应用教育现代化手段管理。2013 年，在成都外国语学校、成都实验外国语学校等 17 所民办学校试行网上报名。2014 年，全市所有公办、民办学校小升初网上报名。

二、取得的成效

成都市实施义务教育阶段学生按户籍所在地就近入学以来，社会各界高度关注，取得了良好社会效果。

（一）"择校热"有效缓解

义务教育阶段"择校热"问题得到有效遏制，部分优质名校的择校率逐年降低。2012 年，成都市小学新生中进城务工人员随迁子女占学生总数比例、新生服务区范围招生数占招生总数比例和新生服务区范围招生到校率分别为 24.02%、87.18% 和 95.19%，分别比 2010 年增加 6.68、3.75 和 2.59

个百分点。初中新生中进城务工人员随迁子女占学生总数比例、新生服务区范围招生数占招生总数比例和新生服务区范围招生到校率分别为 16.80%、86.71% 和 88.98%，分别比 2010 年增加 2.23、5.18 和 3.07 个百分点。2013 年，全市义务教育阶段公办学校"非正常跨区域入学"18713 人，占全市义务教育阶段公办学校招生总数的 9.1%，较 2012 年下降 7.6 个百分点，提前达到教育部提出的"3 年内'非正常跨区域'招生比例控制在 10% 以内"的要求。

（二）人民群众普遍认可

就近入学政策让更多普通市民子女能就读优质名校，充分体现了教育公平，是实实在在的民生工程，受到了绝大多数市民支持拥护。2012—2013 年仅市直属的石室中学、成都七中、树德中学就招收符合条件的进城务工人员随迁子女 126 人，占招生计划的 5%。就近入学工作也得到了新闻媒体的充分关注和肯定。

（三）普通学校支持拥护

政策的实施促进了义务教育阶段各学校生源的均衡化，从而提高了普通学校的办学积极性，在一定程度上促进了各类学校狠抓课程、课堂，提高教育教学质量，进一步推动了成都市义务教育校际均衡发展。

（四）凸显了成都教育的改革意识

政策的实施反映了成都市推进教育改革的决心和魄力，促进了多年形成的教育热点、难点的解决，提高了成都教育在全国的影响力。

三、体会和启示

针对目前就近入学政策实施中存在的一些问题，应该从政策的思想定位、政策的运行环境以及政策的内容与流程上进一步优化和完善，以保障政策与公众需求有更大的契合度，使之行之有效。

（一） 引导学校树立正确的办学思想，将就近入学政策视为公民平等受教育权利的最低保障

义务教育是一种培养社会和国家合格公民的教育，对实现和维护社会整体利益具有重要意义。义务教育的公共性和社会公共利益能否得到维护和保证，是评价与衡量义务教育改革与发展最重要的标准。衡量义务教育的标准不是培养多少精英，而是使所有国民的素质普遍得到提高。就近入学政策的实施就是对这种公共性和公共利益进行维护和保证的最低保障政策，其目的是保障学龄儿童最基本的平等受教育权利。

（二） 完善就近入学政策的实施环境，促进义务教育的均衡协调发展

（1） 督促各区（市）县政府依法保障教育经费的"三个增长"，着力加强义务教育的政府调控，健全各级财政转移支付体制。通过非均衡投资体制，保证各地义务教育均衡发展。

（2） 继续大力推进学校标准化提升工程建设。学校办学设施的标准化是实现教育均衡发展的物质保证，政府提供的办学条件基本平等，才能给学校提供比较公平的竞争环境，才能让每一个学生都能在良好的环境中学习。

（3） 继续指导各区（市）县加强薄弱学校建设，缩小校际差距，是提高城乡基础教育整体水平，促进区域基础教育均衡发展的基本途径。

（4） 进行制度创新，合理引导当前的择校行为。可从以下两方面着手：一是发展民办教育，扩大学校选择的空间；二是不断进行制度创新，尝试在公办学校内赋予家长一定的教育选择权。

（三） 完善就近入学政策制定和修改的流程，保障政策的有效运行

（1） 增强研究意识，保证政策、决策契合社会现实和发展。教育决策环

境越来越复杂，应该树立鲜明的研究意识，适时有效地跟踪国内外形势动态，借鉴先进的管理方法，以保证政策决策契合社会现实和发展。

（2）引导公众积极参与政策制定和完善的过程，构建"协商"型政策生成机制。就近入学政策方案的制定和完善涉及千家万户的切身利益，因此需要最大限度地整合、平衡各种利益要求，形成一种有效的利益均衡机制，保证绝大多数社会成员的利益在政策中得到充分反映。

（3）进一步加强政府部门之间的协调和沟通，保证政策实施渠道的畅通。加强政策沟通，帮助政策执行者对政策目标及其相关问题有更加清晰的认识，统一思想，保证就近入学政策的切实实施。

（4）进一步健全就近入学政策实施中的监督机制，实现政策运行中的责任追究。监督机制的不健全是造成当前教育政策执行效率欠佳的主要原因之一，建立政策执行者责任制，实行风险预警机制便于对政策执行者实行有力的监督，保障就近入学政策的有效实施。

（本报告由成都市教育局、四川大学公共管理学院共同承担，参与人：吕信伟、罗哲、刘小平、杨忠斌、张毅、喻可乐、罗脵露。）

北京市顺义区城镇化进程中教育管理体制改革研究报告

北京市顺义区位于北京东北部，是北京重点建设新城和首都临空经济高端产业功能区。顺义区立足"国际枢纽空港、高端产业新城、和谐宜居家园"的发展定位，围绕"打造临空经济区、建设世界空港城"的目标，以城市化、城市现代化为引领，以保障和改善民生为重点，致力于建设成为北京东北部中心城区。在此背景下，以新型工业化、城镇化、信息化和农业现代化为特征的"新四化"进程全面加速，对顺义教育的发展产生重大影响。

一、顺义区城镇化的过程与特点

（一）顺义区城镇化的过程

顺义区的城镇化由三种各自不同但又相互交叉的形态所驱动：自下而上的农村城镇化、自上而下的中心城区郊区化和空港都市化。1998年顺义撤县设区之前，以燕京啤酒、牛栏山酒厂等为代表的乡镇工业是顺义产业发展的主要力量，也推动了小城镇的发展，广泛分布的乡镇工业至今仍在顺义城镇化中发挥着重要作用。随着顺义的撤县设区以及北京中心城区的功能升级，来自中心城区的产业功能疏解逐步增多，从最初的食品、印刷等都市工业到现在的国际会展、金融后台等功能；而随着首都国际机场的快速发展，临空指向型的先进制造、电子信息、国际物流、高端居住也在空港周边规模集聚，促进了顺义空港地区的都市化。

北京中心城区成为顺义当前城镇化发展的核心影响因素，中心城区郊区化和空港都市化早已替代农村城镇化成为目前顺义区城镇化的主体形态。

（二）顺义区城镇化的特点

根据农村城镇化评价指标体系研究中的划分，可将农村城镇化综合实现程度划分为三个阶段：农村城镇化综合实现程度 40 分以下为初级阶段，40—80 分为中级阶段，80 分以上为高级阶段。2009 年以来，顺义区农村城镇化综合实现程度为 80 分以上，处于城镇化高级阶段的初期。

1. 城镇化进程中农民的生活状态

（1）顺义农村居民多处于离土不离乡的半城镇化状态。顺义农村居民已经实现了高度的非农化，但大部分非农化的农村居民并未离开传统农村居住地。2009 年顺义农村劳动力的三次产业比例为 18∶42∶40，而在 2012 年顺义农民纯收入中，工资性收入的比例已经达到 67.5%，家庭经营收入仅占 8.0%。

（2）相当比例的农民缺乏进城的条件与意愿。从城镇化意愿来看，仅有约半数农民具有进城定居的主观意愿，大多数农民对集中安置并不反对，但在集中安置地点的选择上更加倾向于在本村或附近。

（3）农民就地非农化的合理性。农民离土不离乡的就地非农化具有其合理性，是符合农民自身利益取向的理性选择。首先，乡镇工业化的基础以及庞大的巨型城市需求，为顺义带来了广泛分布的乡村都市工业（纺织服装、金属制品、农业观光等），农民能够在乡村地区找到与自身技能相匹配的就业岗位。其次，农村地区的非农化，促进了农民土地收益的快速增长，通过农业土地流转、房屋出租、集体经济分红等形式，农民的经济利益与土地产权进一步绑定，2012 年顺义区农民财产性收入比例达到 8.6%，超过家庭经营收入。

2. 顺义城镇化水平的具体特征——以 2011 年为例

（1）17 项指标中有 10 项实现程度超过 90%。农村城镇化监测体系的 17

项指标中，顺义有 10 项指标的实现程度在 90% 以上，其中第二、三产业增加值占比、非农产业从业人员占比、农民人均可支配收入、使用清洁能源普及率、公路密度 5 项指标均达到或超过目标值，实现程度为 100%；实现程度在 80%—90%、70%—80%、60%—70% 的指标各 1 项，分别为农民人均受教育年限 85.9%、城乡收入比例 76.2%、小城镇人口密度 61.4%；仍有 4 项指标实现程度在 60% 以下。

（2）城乡收入差距绝对值仍在扩大。2011 年顺义区农村居民人均纯收入达到 14314 元，比 2010 年增长 14.5%，增速高于城镇居民人均可支配收入 1.1 个百分点，城乡居民收入比为 2:1，两年基本持平，但收入绝对差额由 2010 年的 12325 元扩大到 2011 年的 13849 元，城乡居民收入差距依然明显。

（3）人口城镇化明显滞后于经济非农化。当前，顺义农村城镇化进程虽已进入高级阶段，但城镇人口占比仅为 23.0%，分别比第二、三产业增加值占比（97.6%）和非农产业从业人员占比（86.0%）低 74.6 和 63 个百分点。这说明顺义区人口转移滞后于产业转移和经济发展，人口城镇化明显滞后于经济非农化。

（三）顺义区城镇化的趋势

顺义区城镇化的基本动力来自中心城区，因此应当引导中心城区的郊区化动力和资源向全域转移，推动自上而下与自下而上双向动力模式的有效结合，根据周边区域关系和区内资源条件的差异，构建顺义区各板块、各层级直接面向中心城区的扁平化城乡结构。

未来几年，顺义区的城镇化和城市现代化进程势必加速推进，人口必将进一步向城区和重点镇聚集，同时人民群众对优质教育的需求日趋强烈，顺义教育必须与经济社会发展形势相适应，为区域经济社会的可持续发展提供强有力的人才保障和智力支持，为社会发展创造良好的人文环境，为支撑经济转型、推动自主创新、引领文化发展、促进社会和谐做出更大的贡献。

二、顺义区城镇化进程中的教育管理体制改革

（一）落实政府发展教育责任

1. 把基础教育均衡发展纳入区级班子的领导责任

区委区政府高度重视教育发展，积极发挥政府在教育改革与发展中的主导作用，把教育改革与发展纳入经济社会总体发展规划，纳入领导干部任期责任制，纳入区镇两级政府及委办局主要领导政绩考核的主要内容，建立和完善区级领导联系学校制度、定期研究教育工作制度、表彰奖励制度和教育改革与发展通报制度。

2. 坚持财政预算的教育优先原则，持续增加对教育的投入

在依法确保教育经费"三个增长"的基础上，实现预算内教育经费占财政支出的比例逐年增长。进一步改善中小学办学条件，推进城乡学校均衡发展，加快教育现代化的步伐。重点加大对农村中小学校的投入，努力缩小城镇中小学校办学条件上的差距。执行北京市新的综合定额标准，义务教育阶段中小学和幼儿园一次性达标，学生不足 500 人的学校，区财政按 500 人标准拨付生均公用经费，保证农村学校的基本经费来源。实施对义务教育阶段学生教科书、作业本及校服费用的减免措施，从 2006 年春季起，对义务教育阶段的学生，全部免除书本费。

（二）因需布局调整，实现基础供给

20 世纪 80 年代，顺义人民集资办学，完成了第一次布局调整，全区中小学校实现了楼房化。第一次布局调整和同时进行的教育投资战略重点转移，极大地推进了全区基础教育规范化和均衡化发展的进程，教育质量显著提高，使顺义区的基础教育走进了北京市和全国的前列。

21 世纪初，顺义区启动了第二次中小学布局调整，到"十一五"期间基

本完成。这次调整的主要思路是以高中外迁和职业教育资源整合为重点,实现城乡一体化发展。结合实施初中建设工程和小学规范化建设工程,顺义区撤并了 14 所村小和完小,撤销了 1 所中学,新建了 3 所小学,组建了 4 所九年一贯制学校。第二次调整,进一步优化了教育结构,合理配置了教育资源,改善了办学条件,初步形成了规模适度、结构合理、体制多元、形式多样、质量较高的基础教育办学格局,有力地推进了顺义区义务教育均衡发展。

第三次布局调整的主要思路是在城区周边建设寄宿制中学,缓解农村初中学校规模小、不适宜的矛盾。第三次布局调整已经形成了这样的布局:城区按居民小区规模和常住人口数量配套建设幼儿园和中小学校,幼儿学生基本上就近入学。农村地区每 30 平方千米保留一所中心幼儿园、一所小学和一所初中,统一为区教委所属事业单位,使得优质教育资源相对集中。高中的情况是全区有 6 所高中校,其中 3 所是北京市示范高中。6 所高中校地理布局比较合理,既能方便学生寄宿,也能满足部分学生走读的需要。

(三) 经费投入加大,设施资源完善

教育投入不断加大。区委、区政府坚持财政预算的教育优先原则,教育投入逐年增长。"十一五"期间,顺义教育 5 年总支出累计达 58.49 亿元。较"十五"增长 30.83 亿元,增长率 111.46%。2012 年顺义教育总支出为 24.85 亿元(其中争取市级资金 14 亿元)。

结合校舍安全改造工程(以下简称"校安工程"),区政府积极推动《顺义区 2010—2020 年中小学校布局调整规划》的落实,力争实现城乡学校硬件条件的无差别化提升。校安工程总建筑面积 72 万平方米,总投资 25.43 亿元,其中市级 6.66 亿元,区级 18.77 亿元。通过校安工程的实施,顺义区教育基本设施得到进一步升级改造,达到了全市乃至全国一流水平。

顺义区所有中小学在专用教室、教学实验设施、信息技术设备、音体美器材、图书资料和心理咨询室等方面均达到或超过新颁布的《北京市中小学校办学条件标准》。所有教室都安装了电子白板,部分新建教室安装了触摸式液晶屏等多媒体设备。

（四）依托核心项目，推进教育发展

"十一五"期间，伴随第三次布局调整及城乡联动国家教育体制改革项目的实施，顺义区先后完成了职业教育中心、社区教育中心的统筹改造升级，同时在教委设立教育改革办公室，全面负责教育体制改革项目的区域推进。

针对城乡联动教育改革实验，力求五个突破：一是在人才培养体制改革上取得新突破；二是在办学体制改革上取得新突破；三是在管理体制改革上取得新突破；四是在保障体制改革上取得新突破；五是在人力资源开发方面取得新突破，大胆引进优秀人才，建立教师补充机制和人才储备计划，加速人事制度改革。

为推动联盟、组团学校之间的交流、合作有序而有效地进行，顺义区出台了《借助联盟组团资源促进学校发展交流展示活动方案》，引领各校积极探索、实施交流活动"三个一"机制：每个联盟每学期召开一次校长联席会议，商榷校际共享共建合作事宜；每个组团每季度召开一次教育教学主管领导联席会议，研讨校际融通融合共建计划；联盟组团内每月安排一次联合活动，运行模式为探索建设六个一：一次学习培训、一次交流研讨、一次观摩展示、一次专题研究、一次学科共建、一次学生素质展示，创建人力、物力及课程资源共享平台。通过联盟建设活动专项经费制、工作季报年报制、阶段总结交流制、观摩研讨现场会制以及视导评估制等，促进城乡学校共立研究课题，分享理论讲座、专家实践指导和校本研修等教研成果。

（五）强化教师专业化的人事制度变革

通过对教师队伍现状的调查发现：顺义区城乡学校教师水平差异较大，优秀教师逐渐集聚城区学校，农村校优秀师资短缺；学段之间教师水平有差异，优秀教师逐步聚集到高段；学校之间干部教师水平差异较大，优秀力量相对集中到传统优质学校；学科之间教师水平差异较大，优秀教师逐步聚集到大学科和升学考试学科。一些专业性较强的小学科如音乐、科学，和伴随新课程改革出现的新学科如科学技术等，教师严重不足，这是结构性缺编，

它与全区教师整体超编形成尖锐矛盾。

1. 注重教师培训与激励

发挥骨干教师作用，培训向农村倾斜。一是重点帮扶。几年来，顺义区出台了"骨干教师下乡支教""异地拜师结对""教师研修站""名师工作室"等相关制度，每年陆续有40—45名城区学校的骨干教师到乡镇中小学支教，全职支教，基本达到每所乡镇学校均有1—2名骨干教师长期坚守。二是建立同步课堂。为使人才效能最大化，顺义区建立了优秀教师课例资源库。一方面，组织区内优秀骨干教师，录制了中学语文、数学、英语等学科的全部课程，教师可以随时点播观看；另一方面，与首都师范大学合作，在开设小学语文、数学网络同步培训课程的同时，开通了中小学全学科专家评课平台，借助校园网实现了优秀教师各学科精品课全区中小学共享，为各学校，特别是边远农村学校的教师备课及学生的自主学习提供优质资源。三是建立骨干教师大课堂。以制度形式明确规定，各级各类骨干教师都负有教师培训职责，并将是否积极参与了教师培训作为下一届骨干教师评价标准之一。

2. 人力资源协调与管理

推动轮岗与交流，均衡配置骨干力量。近年来，顺义区在探索中逐步推行了校长轮岗和干部交流制度，较好地整合、均衡了系统内的干部资源，增强了人才配置的科学化程度，也激发了干部队伍的活力。

三、顺义区城镇化进程中的学前教育管理体制改革

（一）城镇化进程对学前教育的挑战

顺义区政府根据区域优质教育资源需要进一步扩充，适龄幼儿入园需要解决，教师的专业化程度需要进一步提升，幼儿园特色办园方向需要进一步挖掘等现状，制定了《顺义区学前教育三年行动计划》，在全面落实"国十条"的基础上，努力实现全区学前教育向着优质化、特色化方向发展。

（二）学前教育管理体制改革的举措与成效

坚持公办为主体，最大限度地满足幼儿入园需求。目前，顺义区各级各

类幼儿园共 49 所：其中教育部门办园 36 所，民办幼儿园 12 所，部门办学 1 所，教育部门办园数量占区内园所总数的 73.5%，高于北京市平均水平的 26.3%。

"十一五"期间，顺义区投资 2.6 亿元用于改扩建幼儿园，完善幼儿园各项设施，购置图书和玩具，足额发放教师工资，补贴幼儿园办公经费，配备幼儿班车，奖励幼儿园上级上类，建设 0—3 岁早教基地等。

在坚持公办园为主的同时，顺义区适度发展民办幼儿园。在民办幼儿园管理上，教育部门以《北京市民办幼儿园年度考核评价标准及细则》为标准，定期联合区民政局、区妇幼保健院等单位对民办幼儿园进行年度考核。

（三）学前教育管理体制存在的问题与改革建议

顺义区"公办为主体""分级分类管理"等机制极大地推动了学前教育发展，对于师资缺编、适龄幼儿入园难等发展中的问题，也将随着公办园的新建、教师的公开招聘和转岗等逐步加以解决。

为解决学前教育管理体制中存在的问题，建议按照"普及、提高、优质、特色"的总体原则，力争在三年时间内，建立起覆盖城乡、布局合理的学前教育公共服务体系，培养一支素质优良、结构合理的幼教师资队伍，实现"学前教育个性化"发展目标，即幼儿教育管理有特点、幼儿园办园有特色、教师教育有特长、幼儿初步养成良好行为习惯与健康个性。

四、顺义区城镇化进程中的义务教育管理体制改革

（一）城镇化进程对义务教育的挑战

1. 优质义务教育资源需扩充

顺义区城镇化进程加快，城区人口骤增，伴随着人民群众对优质教育资源的需求越来越大，需要对现有优质义务教育资源进行调整和扩充。

2. 人事制度改革的难度大

"区管校用"的用人机制，教职工"无校籍"集中管理模式的探索，绩

效工资背景下的"以岗定薪、岗变薪变"等制度的实施都存在一定难度。

（二）义务教育管理体制改革的举措与成效

（1）建立教师合理流动机制。以每年5%的比例，安排城区优秀教师到农村学校支教，农村教师到城区学校学习培训，建立起城乡教师合理使用机制，促进教师资源的合理流动。实施骨干教师"三加一"工作模式，即特级教师、市区级学科带头人、市区级骨干教师和教研员每年按一定比例"走进农村学校、走进课堂"，每四年为一周期，三年在本单位工作，一年在农村学校工作，促进优质教师资源的共用共享。

（2）开展公办中小学办学体制改革实验。深化管理改革，按照"核编到校、评聘分离、逐级聘任"的原则，实行全员聘任。构建综合评价体系，完善绩效工资分配方案，最大限度地调动教职员工的工作积极性。农村学校能够拥有高中校每年15%左右的推优生或特长生入学指标，促进城乡学校均衡发展。

（3）探索支持民办教育发展新机制。加强对民办学校办学行为的监督和对教育质量的考核，对办学质量优异的学校给予奖励。鼓励优质民办教育机构到顺义办学，按照有关规定，将布局调整后部分腾退的校舍和闲置设备租借给民办学校。安排公办教师到民办学校支教。

（4）改革中小学考试评价制度。小学毕业考试以校为单位进行组织。初中毕业考试加大学生综合素质权重。普通高中部分招生指标均衡分配到区内各初级中学，并逐年扩大"指标到校"比例。

（5）创新一体化管理发展模式。实行"强弱结对，捆绑考核，联动发展"的对口支援一体化模式。实行强弱学校帮扶制度，以"手拉手"的形式促进薄弱校发展。

（6）健全住宅新区配套建设学校制度。城市住宅小区开发依法规划配套建设中小学和幼儿园，并将产权交政府实施管理。

（7）建立流动人口子女就学保障体系。把流动人口子女接受义务教育纳入全区教育发展规划，依法保障流动人口子女按居住地就学，为流动人口子女搭建平等就学平台。

（8）扬长补短，涌现了一批办有特色的学校。农村边远学校如北石槽中学十分注重营造绿色生态教育氛围，进行生态教育"四进"活动的尝试，即让生态教育进德育、进教学、进科研、进科技，取得了较好的成效；此外紧紧抓住周边优质的生态教育资源，组织学生开展了"爱家乡——自然资源调查""北石槽地区野生鸟类的调查""制药污水对小中河水污染调查""京密引水渠水华现象的调查""校园生物多样性调查"等活动。

（三）义务教育管理体制存在的问题与改革建议

随着城镇化进程的不断加快，更多的农村人口涌向城镇，适龄儿童入学问题就显得尤为迫切，因此保证学生的入学等一系列招生问题随之而来。与区域义务教育均衡发展相伴而行的还有民办教育，顺义区民办教育在开放性上还有待进一步创新。

为解决义务教育管理体制中存在的问题，需要开展两项工作。一是探索民办教育更为开放的管理体制。开展民办学校体制改革实验，探索招生方式改革，在教师聘任与使用、职称评定、评优评先等方面形成有效办法。加强对民办学校办学行为的监督和教育质量的考核，鼓励优质民办教育机构到顺义办学，将布局调整后部分腾退的校舍和闲置设备租借给民办学校，安排公办教师到民办学校支教，都是顺义区尝试的基本途径。二是加强区域和学校的课程建设。学校建设的产品不是学生而是课程，课程承载着学校发展的方向、过程、特色以及全体成员的归属，引领和指导区域内不同阶段的学校构建符合各自实际的课程体系，使之成为学生全面、个性发展的有效通道。

五、顺义区城镇化进程中的职业教育管理体制改革

（一）城镇化进程对职业教育的挑战

顺义作为北京六大高端产业功能区之一，"十二五"期间，将按照"优

化一产，做强二产，做大三产"的发展思路，发展高端产业，打造临空经济区。目前，顺义区企业呈现"量少质高"的特征，企业实有存量位居全市第十，注册资本位居全市第六，平均注册资本位居全市第二，截至 2012 年 6 月，实有内资企业 20008 户，注册资本 1588.29 亿元。同比增长 19.9%。批发零售业、科研技术服务业以及商务服务业的数量增长贡献率位列前三甲，第三产业中科研技术服务业、商务服务业和运输仓储业实有企业数量占全区三分之一以上，金融业企业资本增长最快，"十二五"期间，第二、三产业从业人员预计达到 53.2 万人。陆续投产的重大项目，平均每年新增 2.6 万个劳动岗位，其中，中高级管理和技术人员、专业技术工人的年新增岗位需求为 5000 多个，职业教育的发展正面临得天独厚的产业优势和良好的市场环境。因此，必须进一步增强紧迫感和使命感，采取有力措施，切实加强职业教育工作，加快职业教育发展。

（二）职业教育管理体制改革的举措与成效

1. 加强专业建设，服务重点产业

一是积极开发新专业，两年来，高职先后开发了民航商务、模具设计与制造、报关与国际货运、汽车电子技术和电气自动化技术五个新专业，2013年，围绕金融、财会等产业，高职开发了三个新专业，中职开发了一个新专业。二是适当调整现有专业，根据学生的就业和市场对人力资源的需求情况，对现有中高职的部分专业进行了适当调整。三是扎实做好中职市级示范专业的评估验收，加强监督指导，做好第一职业学校机电专业和汽车职业高中汽车运用与维修专业市级示范验收评估工作。四是深入推进课程建设，组织各校积极申报建设国家、市级精品课，开展示范课评比活动，将理论课和实践课比例调整为 4:6，全面实施工学结合项目化教学改革，提高教学实效。

2. 加强校企合作，促进职业教育市场化运转

一是以订单班为抓手，深化校企合作机制，实现校企联合制订教学计划、联合开展教育培养，提高学生对企业的认同感、归属感。二是深化"四进入

三输出"理念，在校企合作中加强师傅进课堂、设备进教室、文化进校园、制度进管理的工作落实，提高向企业输送师资、输送专业技术、输送毕业生的"三输出"质量。三是管理好校企网，发挥网络平台在校企间的桥梁纽带作用，强化校企双方的资源互通、信息共享。

（三）职业教育管理体制存在的问题与改革建议

职业教育发展过程中，也存在区内不同职业学校之间的资源整合与交流、普职融通的具体实施等问题；伴随着城镇化进程，吸引、培养、输送更多的专业高等人才迫在眉睫。

为解决职业教育管理体制中存在的问题，需从两个方面着手。一是完善办学模式和人才培养模式。完善政府主导、行业指导、多方参与、多元开放的办学模式；改革创新人才培养模式，丰富校企合作的途径和形式，加强顶岗实习、工学交替和订单培养。二是增强职业教育对社会的贡献力。每年为区域企业输送技能型人才 2000 人以上；开展多种形式的职业培训，年均规模达到 20000 人次。

（本报告由顺义区教育研究考试中心承担，参与人：李树栋、盛得富、贾立新、赵连顺、孟海芹。）

案例：顺义区探索多元办学方式，着力推进城乡教育一体化优质发展

近年来，北京市顺义区围绕促进城乡教育一体化优质发展，提出了"区域联动、改革创新"的理念，在基础教育领域建立了城乡学校教育联盟和学校组团，结合参与国家级教育体制改革项目，深入开展"城乡联动"教育改革实验，通过联盟组团式发展、引进高校资源、集团化办学和名校办分校等多种形式，围绕经费投入、办学条件、育人方式、师资配备、教师待遇、教学研究、管理机制、办学质量等方面，进行城乡教育一体化发展机制的深入研究和实践探索，取得了一定成效。

一、搭建联盟和组团发展平台，实现城乡学校资源共享

近年来，顺义区构建了"城乡联动、共同发展"的学校协同联盟体系，建立起"以城带乡、以乡促城，城乡教育资源有机共享，教师科学合理流动"的城乡教育一体化发展新机制，全区以牛栏山一中、顺义一中和杨镇一中三所高中示范校为核心，以城区优质中小学为骨干，本着地域相近、优势互补、资源共享的原则，建立了三个教育联盟，每个联盟内又成立小学、初中和高中三个学校组团，形成了以市级名校和区内示范校为核心辐射带动的城乡教育一体化发展新格局，构建起网络化城乡教育一体化发展信息资源应

用新体系。

在教育联盟内，开展各学段间相互衔接、相互支撑、各有侧重的学校德育工作体系、课程体系和教育资源共享体系研究，提高人才培养的效益；在组团学校之间，开展人力资源开发与共享研究，实现干部教师合理流动，突破干部教师聘任和使用中的瓶颈问题，以此探索城乡之间、学段之间、学科之间、教师之间的共建、共享、衔接、交流机制，探索城乡教育一体化优质发展的有效途径。

经过几年的实践，顺义区初步建立了科学有序的联盟和组团工作机制，城乡教育一体化发展、城乡学校资源共享、优质学校开放办学变为常态行为。以三个联盟为纽带，实践探索中小学生科技、艺术、人文、信息、体育五大素养十二年贯通培养机制；以课题为引领深化学校德育工作，三个联盟分别构建起各有侧重的十二年一体化德育工作研究体系，从而带动城乡学校整体工作的开展。在教研方面，顺义区构建了区教研室、组团学校学科教研组、学校备课组三级教研网络，开展城乡学校联合教研，有效解决单打一式的校本培训和校本研修所存在的问题。城乡学校共立研究课题，分享理论讲座、专家实践指导和校本研修等教研成果。联盟内积极发挥数字化校园试点建设学校的作用，结合新课程改革的需要，全面加强教育资源建设，加强网络与新媒体的应用，促进优质课程资源在城乡学校间的共享，使示范校强大的网络资源系统应用扩展到农村中小学校。

二、以名校为核心实施集团化办学，促进学校共同发展

为充分满足人民群众对优质教育资源的需要，发挥名校的辐射示范带动作用，以强带弱、共同提高、优质发展，顺义区在学校管理方式和运行机制上进行改革实践，将同一学段且地域相近的学校组建成教育发展集团。先后组建了东风小学教育集团、石园小学教育集团和西辛小学教育集团，通过输

出名校品牌、理念、管理、文化、师资，以及"名校＋新校""名校＋弱校"等多种形式，实现优质教育资源的优化配置，有效发挥了名校的作用。尝试"管理融通、资源共享、互促互赢、特色发展"的管理体制改革。集团核心学校校长作为总校长，负责集团学校整体工作的全面设计、管理与协调，对集团学校财务、人事和资源进行统一管理与分配。每个分校区组成既相互独立又相互联系的发展共同体，分校区保留法人资格，校长享受相应待遇，在总校长领导下负责本校区工作，同时承担集团学校的一项具体工作，如德育、教学、科研等，这样使得分校区校长既有宏观调控，又有微观指导。

如东风小学教育集团，由周边四所学校联合组成。实施大校长统一管理，形成了"一校四址办学，一套领导班子，干部教师整体调配，教育资源共建共享，教育教学同步管理，教育科研协调推进，优质发展各显特色"的集团办学管理模式，根据学生分布情况统一排班，统一安排教师。在"促进每个人主动和谐发展"的办学理念指引下，在实践中推行分管副校长以条线管理为主、跨区管理的方式，建立各部门条线工作的系列性"第一责任人制度"，校长牵头，以问题解决、组织学习与培训等方式，练就干部扎实的工作作风和科学的管理方法，以高尚的人格魅力影响教师、团结教师、引领教师。在教育特色的浸润下，形成了独特、优质、稳定的办学风格，确定了适合学生发展的教育思路，树立了体验教育特色文化。四所学校发展为一个整体，社会声誉并进，质量稳步提升，在小学生综合素质抽样检测评价和素质展示中，始终位居全区前列。

三、借助名校办分校政策，拉动学校快速发展

顺义区先后引进五所市级名校开办分校，从日常教学到教科研活动，"移植"名校优质资源，引进名校的优质骨干师资，以老带新，提升两支队伍整体素质。顺义区第十中学与北京四中联手，更名为北京四中顺义分校，尝试开展半托管式一体化合作办学。2012年，借助北京市名校办分校大力发

展城乡新区中小学的政策，该校全面更新了教育教学设备，启动了数字校园建设，安装了 70 套最先进的教室多媒体系统，装备了 12 个课堂录播系统和校园电视台，实现了与北京四中总校的视频互动，师生可以直接参与北京四中的课堂教学，接受北京四中教师的直接授课与指导。同时，按照"四中模式"，又结合学校实际，在教学管理方式上全面进行改革。充分利用四中资源培养教师，推进中青年教师拜名师活动，尝试初高中教师六年一贯的大循环任课；探索与四中总校开展学科教研，推进网络集体备课活动；坚持与西城区在教材、教研、考试评价上的"三统一"。

近年来，顺义区从促进义务教育均衡发展和城乡教育一体化发展的战略高度，分析教育面临的形势和任务，落实《国家中长期教育改革和发展规划纲要（2010—2020 年）》要求，立足全面发展、特色发展、创新发展、优质发展，在充分发挥区域内名校作用的同时，积极引进区外名校和高校资源，为学校发展营造良好的环境氛围，为教师发展搭建平台，为学生成长开拓领域。顺义区通过改革拉动、城乡联动、名校带动，进一步丰富基础教育资源，实现了区域城乡教育一体化优质发展，提升了顺义教育对首都教育发展的贡献力。

（本报告由北京市顺义区教委承担，参与人：贾立新、孟海芹。）

无锡市城镇化进程中教育管理体制改革研究报告

城镇化是世界各国经济社会现代化的一项重要内容，也是我国现代化战略的一个重要基点，对教育改革与发展具有重大影响。为此，本报告根据总课题的设计与部署，以《中共中央关于全面深化改革若干重大问题的决定》以及国家和省、市中长期教育改革和发展规划纲要为指导，立足无锡，放眼城镇化进程中我国教育改革与发展全局，以教育管理领域制度层面的变革为重点，认真梳理城镇化背景下我国教育管理领域制度变革的相关决策以及无锡贯彻实践的主要经验，研究探索新型城镇化发展趋势以及教育面临的任务，并根据十八届三中全会关于深化教育综合改革的要求，就全面深化城镇化背景下教育管理领域管理模式、结构体系、管理机制等制度层面的配套变革提出相应对策和建议。

一、无锡市城镇化进程及其对教育的影响

城镇化是我国现代化建设的历史任务。改革开放以来，国家高度重视城镇化发展，根据经济社会不同发展时期的历史特点，提出了与之相对应的城镇化发展战略。无锡市认真贯彻落实，有力地推动了城镇化快速发展。同全国各地一样，无锡市的城镇化既具共性，又深深打上了无锡自身的印记，并对无锡教育的改革与发展产生了深刻影响。同时，教育改革与发展也为无锡

市城镇化进程提供了强大支撑。

（一）无锡市城镇化进程

从历史的角度考察，无锡市城镇化的起步可以追溯到1978年十一届三中全会召开以后，其进程大致可分为三个历史阶段。

1. 从城乡"二元分割"到乡镇企业和小城镇的崛起——无锡市城镇化进入以农村工业化为标志的全面启动阶段

新中国成立以来，我国经济社会结构长期处于城乡"二元分割"的状态，受计划经济体制以及户籍、就业等相关制度的制约。从总体上看，无锡市的城乡、工农差别同样十分明显，至1978年，无锡市城乡二元对比系数已经高达1:6.93。但是，无锡市毕竟是一座具有深厚历史文化底蕴的江南名城，人文基础极为深厚，改革开放又极大地激发了无锡人民的积极性和创造力。在中央和省、市关于加快实现"四个现代化"精神的鼓舞下，无锡市的乡镇企业迅速崛起。1983年，"市管县"体制确立，中心城市的辐射功能逐步彰显，进一步推动了无锡乡镇企业的发展，加快了无锡市的农村工业化进程，闻名全国的"天下第一县""天下第一郊""天下第一村"等迅速涌现，县、乡、村三级经济实力全面增长，有力地带动了小城镇建设的全面启动，其基础设施甚至超过一些地区的县城。乡镇企业的快速崛起，也有力推动了农民市民化进程，"离土不离乡，农民变工人"，农民市民化幼芽悄悄萌发，无锡市的城镇化进入全面启动阶段。

2. 从乡镇企业改制到开放型经济的发展——无锡市城镇化进入以市场化、国际化为标志的全面深化阶段

从20世纪80年代末起，无锡市所辖江阴、宜兴和无锡县先后撤县建市；2000年，无锡市在全省率先试点多轮行政区划调整，撤销了锡山市，建立锡山区、惠山区，形成了"七区一体、一体两翼"格局，扩大了城市发展空间，城市对农村的辐射功能迅速提升。随着市场经济体制的确立和城市国际化定位，在市委、市政府"两个率先"（率先建成全面小康社会，率先实现基本现代化）战略决策的指引下，无锡市顺应开放化、市场化要求，乡镇企业逐步实现改制，积极打破传统农村的封闭式自身循环格局，抢抓国际资本转移机遇，发挥农村经济和城市经济两股力量，充分利用市场机制优化资源配置，逐步确立以"农业向规模经济集中，工业向园区和开发区集中，居住向城镇集中"的"三集中"城镇化模式，推动民营经济、外向型经济快速发展。乡镇企业向园区和开发区集中，带动了农民进城就业置业，推动了城市工业向农村转移，国际资本向农村、农业投资，形成了城乡经济协调发展的良好格局，城乡差别不断缩小，农民市民化进程进一步加快。

3. 从城乡一体化到初步实现城市转型升级——无锡市逐步进入以科学发展观为指导的城镇化新阶段

随着城镇化进程的不断加快，无锡市承受的人口、资源、环境等压力不断加大。无锡市认真贯彻落实科学发展观，以统筹城乡一体发展为重点，在全省率先编制城乡融合、相互衔接、全面覆盖的全市城镇布局总体规划，启动了蠡湖、太湖、临港（江阴市）、环科（宜兴市）、锡东（锡山区）等多个城乡一体、政经合一的新城建设。同时，转变经济发展方式，首创以高新技术产业、高端服务业、高层次人才和高品质人居环境为主要内容的"四高联动"城镇化发展模式，积极推动城市转型升级，从而突破了人口、资源、环境等发展瓶颈，呈现出城乡一体、高速发展的良好态势。农民市民化程度进一步提升，到2010年，全市63%的农村人口实现了集中居住，城市化率达67%以上，2012年上升到72.9%。

（二）无锡市城镇化特征

无锡市的城镇化进程，充分彰显了城乡一体化、农民市民化等普遍特征，除此之外，无锡市的城镇化还具有其鲜明的个性。

1. 无锡市城镇化进程是一个工业化、市场化、国际化深度融合且交相互动的过程

无锡市的城镇化进程是伴随着以乡镇企业崛起为标志的农村工业化而起

步的，城镇化与工业化交相互动，相互促进。目前，无锡市已进入工业化后期，三类次产业之比从 20 世纪 80 年代的 12.3∶70.5∶17.2 调整为 2013 年的 1.8∶52.2∶46.0（见图 1）。产业转型升级，高新技术产业、高端服务业、高效农业迅速发展，全社会研究与开发（R&D）经费支出占国内生产总值的比重由 1996 年的 0.4% 提高到 2012 年的 2.7%，达到发达国家水平。无锡市的城镇化是在市场经济体制的确立过程中不断深化的。目前，金融、保险、进出口、劳动力等要素市场发育完善，基本实现经济运行市场化。城乡一体资本市场尤具特色，资本运作渐趋成熟，2012 年全市上市公司达 83 家，其中乡镇企业占多数。无锡市的城镇化是在城市国际化背景下跃升的。仅 2012 年前 10 个月，全市农村合同利用外资就达 14.72 亿美元，同比增长 67%；新批三资企业净增 205 家，为经济发展增添了活力。

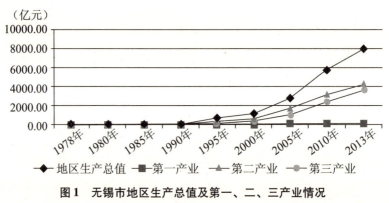

图 1　无锡市地区生产总值及第一、二、三产业情况

2. 无锡市的城镇化进程是一个人口总量急增、人口结构剧变、人口素质不断提升的过程

凭借区位优势与雄厚实力，无锡市在城镇化进程中实现了常住人口快速集聚。常住人口总量急增，到 2012 年，全市常住人口达到 646.55 万人（见图 2）。人口结构发生剧变，全市户籍人口实现城乡一体，农民变市民，身份差别消除。新市民数量激增，从 20 世纪 90 年代的 20.4 万人上升到 2012 年的 176.48 万人。同时，无锡市实施"530"计划，加快高层次人才引进，加快开放型经济和总部经济发展，外籍人员集聚加速，全市人口结构日趋多元

化。人口素质逐步提升，从 1993 年普及九年义务教育，到 2000 年普及从幼儿教育到高中阶段教育的十二年教育，再到 21 世纪初高等教育毛入学率超 50%，全市主要劳动年龄人口平均受教育年限在 2012 年达 10.82 年。

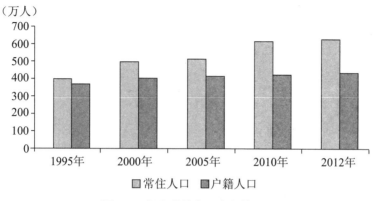

图 2　无锡市常住人口变化情况

3. 无锡市的城镇化进程是一个紧扣城市发展定位，充分体现"领先、率先、创先、争先"的"无锡追求"的过程

早在 20 世纪 80 年代，无锡市就是全国 15 个经济中心城市之一。改革开放以来，无锡市抓住各种发展机遇，城乡经济社会呈现出跨越式发展的特征（见图 3）。2004 年率先全面实现小康社会，随后提出高水平全面小康社会建设目标。2007 年省苏南工作会议后，无锡市迅速提出在省内率先攀登基本现代化新高峰的宏伟目标。2011 年市委十二届二次全会进一步提出建设"魅力无锡、创新无锡、创业无锡、幸福无锡"的新追求，为加快城乡一体发展、走新型城镇化之路指明了方向。30 多年来，无锡自觉地将城镇化作为城市发展定位要素，纳入经济社会发展总体目标，从乡镇工业"异军突起"到全面开创"苏南模式"，从市场经济体制形成到开放型经济发展，从全面建成小康社会到现代化目标确立，无不体现了领先、率先、创先、争先的目标追求。

图3　无锡市城镇化率

（三）无锡市城镇化进程与教育改革发展的双向互动

城镇化不仅是一个城市扩张、农民进城、经济增长的过程，更是一个提升市民素质、把巨大的人口压力转化为强大的人力资源的过程。从这一意义上说，城镇化是教育改革与发展的动因与基础，而教育改革与发展则是加快城镇化进程的重要支撑。

1. 城镇化是教育改革与发展的重要动因

从无锡的实践来看，城镇化是一场深刻的革命。城镇化的不断深入，必然对教育提出新的制度需求和发展诉求，从而不断推动教育改革与发展。

首先，对教育改革与发展的要求更高。城镇化是一个经济升级与社会转型的综合过程，关键在人才，基础在教育，从而要求教育不断适应新的形势变化，持续推进制度变革，努力清除制度性障碍，以期不断完善其人才培养的本体功能，培养更多的德智体美全面发展的社会主义事业的建设者和接班人；不断完善其对经济社会的服务功能，努力为城市转型升级提供智力支持；不断完善其促进公平的社会功能，践行教育公平，促进公平正义、社会和谐。

其次，人民群众对优质教育提出了更高诉求。随着城镇化进程的不断深化，人们生活质量不断提升。从20世纪80年代的要求有书读，到90年代的要求上好学校，市民对教育的诉求越来越高；进入21世纪以后，更是要求教育以制度变革为动力，努力推进无锡教育优质化、均衡化、信息化和国际化。

再次，新市民的融入对教育资源的压力日益加大。城镇化是一个新市民逐步融入的过程。对于新市民子女，无锡市一向实施"以当地政府负责为主，以公办学校接纳为主"的政策。2013年全市在公办学校就读的新市民子女超过17万人，相比2002年的5万人增长了240%。每接收一个学生，仅人员和公用经费两项财政支出，小学就达1.1万元/年，初中达1.6万元/年。鉴于当前我国的财政体制，区域教育压力越来越大，迫切需要创新制度，支撑教育事业进一步发展。

2. 城镇化是教育改革与发展的重要基础

无锡市的城镇化进程与信息化、国际化深度融合，为无锡教育打开了国际视野，得以立足无锡，放眼世界，学习与借鉴国内外先进的教育理念、模式与方法，以新的视角审视和推进教育改革与发展。同时，城镇化为无锡市教育制度变革与科学发展提供了更为广阔的舞台。城乡一体，统筹发展，使无锡教育得以立足全局、研究全局、把握全局，精心谋划城乡教育改革与发展，其立足点更高，实施空间更大，尤其是实施教育体制改革、布局调整、机制建设等制度领域的变革，视野将更加开阔，手笔也将更为宏大。此外，城镇化为教育发展奠定了物质基础。城镇化加快了镇村两级经济发展，无论是"分级办学，分级管理"，还是"以县为主"，镇、村两级都为义务教育普及提高提供了坚实的经济支撑。

3. 教育改革与发展是加快城镇化进程的重要支撑

城镇化的基础是城乡经济快速协调发展，其核心则是人的素质的全面提升。在城镇化的启动阶段，农村工业化、农民市民化对提升市民素质提出了新的要求，无锡市积极实施"县、乡、村三级办学，县、乡两级管理"的基础教育体制改革，于20世纪90年代初高标准普及九年义务教育。同时，积极推进以"经科教结合"为主要内容的农村教育综合改革，从而有效地支撑了无锡城镇化的快速发展。20世纪90年代，随着城镇化进程的不断深入，为顺应经济社会对人才规格的新需求和农民市民化对优质教育的新诉求，无锡市在普及九年义务教育基础上，于1993年启动教育现代化工程，着力推动各级各类教育的优质化、信息化、国际化，大批高素质现代化人才的涌现，有力地支撑了无锡市城镇化的持续深化。进入 21 世纪后，无锡市顺应城镇化进程，积极实施教育体制改革，着力推进城乡教育一体发展和高等教育、职业教育和成人教育综合改革，致力于提升人才培养和服务发展能力，为城市转型升级提供了有力的人才支撑、知识贡献和智力支持，为无锡市城镇化的持续推进起到了较好的支撑和引领作用。

二、城镇化进程中推进教育管理体制变革的主要做法

长期以来，国家积极回应城镇化对教育尤其是对教育管理领域不断提出的新的制度需求，及时部署相应的教育制度变革。无锡市积极贯彻上级部署，不断深化教育管理领域教育体系、管理模式、布局结构、管理机制等配套改革，努力激发教育发展的动力活力，有力地推动了无锡教育快速、健康发展，各项教育发展指标始终位于全国、全省前列，人民群众对教育的满意度不断提升。

（一）着力推进学前教育制度变革

随着城镇化的不断深入和人们生活质量的日益提升，人民群众对学前教育的关注程度不断提高，尤其是九年义务教育高标准、高质量普及后，市民对优质学前教育的追求更为强烈。为此，无锡市坚持以教育制度变革推动学前教育快速、优质发展。一是落实各级政府责任分担的学前教育管理模式。市级政府负责制定全市学前教育发展目标和重大政策，引导、发展学前教育事业；县（市、区）政府负责本行政区域学前教育的统一规划、布局调整以及规范管理等工作，统筹管理城乡各类学前教育机构，促进区域学前教育健康发展；乡镇（街道）政府按照县（市、区）的规划和部署，负责办好本镇（街道）学前教育，承担相应管理和发展责任。同时，对教育、人口计生、发展改革等相关部门在发展学前教育中的职责和责任做出明确规定。二是完

善政府投入为主，社会举办者投入与家长合理负担相结合的经费投入机制。学前教育经费列入各级财政预算，其占财政性教育经费支出比例逐步提高。建立幼儿教育公用经费制度，设立学前教育专项资金，新增经费向学前教育倾斜。公办园人员经费、园舍维修、设备添置由属地政府统筹解决。在加大政府投入的基础上，建立"政府主导、社会参与、公办民办并举"的体制，对普惠性民办幼儿园进行考评奖补，扶持发展民办幼儿园。三是适应城市形态变革，进一步优化学前教育布局结构。根据中心城市与新市镇、农村社区互促共进的发展态势，以提供普惠、均等的学前教育公共服务为目标，以县（市、区）和镇（街道）为主体，根据区域人口数合理规划幼儿园布局，每2万人左右建一所幼儿园，城区新开发片区、新建小区视人口数，按省优质园标准建设幼儿园；城镇小区配套园由当地政府统筹安排举办公办幼儿园或普惠性民办幼儿园。制度变革为学前教育发展提供了强大动力。到2012年全市幼儿园从1990年的1390所调整到245所，在园幼儿从9.7万人增加到14.4万人，专任教师从5813人增加到8855人，幼儿入园率从70.3%提升到99.6%。

（二）着力推进义务教育制度变革

无锡市城镇化的全面启动，充分激发了人民群众求知求技的极大热情。1986年《义务教育法》颁布施行，1987年无锡市人大审议通过市政府制定的《无锡市实施〈义务教育法〉若干问题的暂行规定》，一个"普九"热潮在无锡城乡迅速掀起。根据《中共中央关于教育体制改革的决定》要求，无锡市迅速启动"分级办学、分级管理"改革，给农村义务教育发展带来勃勃生机。1991年，无锡县在全国率先通过"两基"（基本普及九年义务教育、基本扫除青壮年文盲）验收。1993年全市达标。随着城镇化的进一步深入，无锡市委、市政府启动教育现代化工程，到2000年，全市95.2%的乡镇和96.2%的教育系统直属学校通过教育基本现代化验收。

"十一五"以后，无锡市进一步深化义务教育制度变革。一是进一步深化教育管理模式的改革。完善"以县为主"管理体制，原来由市教育局直管的 23 所义务教育学校按属地下放到区，改变了小学和初中多头管理、相互割裂的格局，促进了小学和初中的有机衔接、协调发展。2007 年年底，无锡市委常委会做出《进一步深化中小学办学体制改革，全面清理"公有民办"学校，彻底解决"校中校"问题》的决议，强化部门配合，积极稳妥实施，全市 26 所"公有民办"学校全部停招，或转为公办学校，或依法设置为民办学校，或撤销停办，所有"校中校"取消，规范了义务教育办学秩序。二是积极推行以素质教育为主要内容的质量管理体系。将学生综合素质提升作为衡量教育质量的唯一标准，要求各校全面贯彻教育方针，面向全体学生，面向学生全面发展，突出德育为先，贯彻能力为本，坚持健康第一。每年召开义务教育阶段素质教育推进会，推动德育工作创新提升；开展"关注课堂、聚焦课堂、推进有效教学"创新，提高课堂效率，减负担不减质量。加强学校体育艺术教育工作，国家学生体质健康标准合格率全市达到 95.2%。三是完善公平与效率有机统一机制。以创建义务教育高位均衡发展示范区为抓手，以优质为目标，完善促进公平与效率有机统一的工作机制。下发《关于全面启动义务教育高位均衡发展示范区创建工作的意见》，着力推进办学条件、师资队伍、管理水平、教育质量"四个基本均衡"。2007 年和 2008 年全市投入上亿元，改造 117 所村小和 115 所村办幼儿园。2009—2011 年，累计投入 24 亿元完成 191 所义务教育相对薄弱学校改造。同时，搭建优质教育平台，全市义务教育现代化学校实现全覆盖，在义务教育现代化学校就读的学生比例达 100%，初步实现教育公平与效率的有机统一。

（三）着力推进职业教育制度变革

为适应城镇化对技能型、操作型人才的迫切需求，无锡市职业教育应运而生。20 世纪 80 年代，因应乡镇企业和小城镇崛起，无锡市积极探索"政府统筹、城乡一体、成职沟通、联网联片"的区域化办学路子，初步建立起市、县（市）、片、乡四级办学网络。20 世纪 90 年代起，无锡市积极参与国家教委和省政府组织的苏南现代职业教育制度试点，着力完善现代职业教育体系，为职业教育发展提供了动力。

"十一五"以后，无锡市一是继续深化改革创新，强化职业教育体系建设。与相关高校合作，积极推进"3＋3"等多种形式的中高等职业教育衔接试点，提升服务城镇化、现代化的能力与水平。二是整合职业教育资源。打破隶属关系和学校类型界限，以重点职校为核心，以大并小、以强并弱、以高并低，合理扩大重点职校规模，市区公办职校由 37 所整合为 17 所。三是建设职教园区，完善服务发展机制。按照"开放、共享、国际化"原则，于 2005 年启动职教园区建设。至 2008 年 6 所首批入园院校新校区竣工并投入使用，入园学生近 5 万人。目前，园区累计投入 65 亿元，入园院校达 8 所，入园师生达 8 万余人。亚太经合组织技能开发促进中心正式落户园区，园区的改革开放试验功能、产业孵化功能、服务辐射功能逐步凸显，职业教育服务发展机制日趋完善。四是实施"三项建设"和"四项提升工程"，完善职业教育质量保障体系。2007—2009 年市政府安排 1950 万元实施职业院校课程、专业和师资"三项建设"。2010 年起每年安排 800 万元启动职业教育专业、课程、师资和技能"四项提升工程"，促进职业教育质量不断提升。五是推进实习实训定点企业制度，构建校企合作长效机制。评选出一批大中型企业作为职业院校学生实训实习定点企业，并给予税收减免和政府补贴、授予相关荣誉等优惠，对全市校企合作长效机制的建立起到了示范和推动作用。制度变革有效地推动了职业教育快速发展。目前，全市拥有国家示范性高职院校 1 所，省示范性高职院校 3 所，省示范性高职院校建设单位 1 所；国家中等职业教育改革发展示范学校 5 所，省四星级中职校 11 所，省重点技师学院 1 所，总体实力明显提升，服务能力显著增强。

（四）着力推进继续教育制度变革

长期以来，以继续教育和岗位培训为主的无锡市成人教育努力完善自身体系，在全国首创乡镇成人教育中心校等办学形式，为农村工业化、农业高效化、农民市民化做出过不可替代的贡献。随着终身教育理念的普及，无锡市成人教育积极向终身教育转轨。到"十五"末，市、市（县）区、乡镇（街道）、村（社居委）四级社区教育网络初步形成，贯串各个年龄段的社区教育活动形成系列，社区教育实体、课程、志愿者队伍等内涵建设也取得一定进展。进入"十一五"以后，无锡市加快继续教育制度变革，以期适应城镇化进程加快、农村劳动力转移加速和新市民的增加。一是全面推进社区教育实验。以各市（县）、区社区培训学院为龙头，以街道（镇）社区教育中心为骨干，以社区市民学校和企业职工学校为基础，着力完善城乡一体的社区教育网络，建立起"政府统筹领导、教育部门主管、有关部门配合、社会积极支持、社区自主活动、群众广泛参与"的社区教育管理体制和运行机制，社区教育实现乡镇全覆盖。到2012年累计建成全国社区教育示范区2个、社区教育实验区2个，省级社区教育实验区5个、标准化社区教育中心36个、标准化居民学校126个。二是着力构建教育公平服务平台。整合基础教育、高等教育、职业教育、社会教育等资源，依托教育信息化资源优势，建成包括教育公共服务、三网融合运行、云计算教育数据中心、教育信息共享、教育公共服务保障五大工程在内的"无锡教育公共服务平台"，目前城乡注册服务人数超过67万人。三是积极推进"两个提升"工程。因应农村工业化、农民市民化需要，以社会主义新农村等建设为抓手，努力提升人口和企业素质。到2012年建成社区教育示范乡镇35个，乡镇农科教结合示范基地146个，辐射农户超过9万户。积极推进现代农民教育，成立了全国第一家新农村网校，每年在线学习超过20万人次，服务城镇化、现代化的能力和水平全面提升。

（五）着力推进高等教育制度变革

在城镇化进程中，无锡积极构建地方高等教育体系，完善合作共建的在锡高校管理制度，在制度变革中加快发展高等教育，并充分发挥其对城镇化、现代化的引领和支撑作用。进入"十一五"以后，无锡高等教育继续以制度变革为先导，进一步加快自身发展，着力提升服务能力。一是完善开放发展机制。确立"开放发展"理念，把握国内外教育资源流动机遇，加快集聚优质高等教育资源。北京大学软件与微电子学院无锡产学研合作教育基地、复旦大学无锡研究院、上海交通大学无锡研究院等落户无锡，东南大学传感器网络技术研究中心、东南大学国家大学科技园无锡分园、中新合作软件与服务外包学院揭牌成立，壮大了无锡高等教育的综合实力。二是完善地方高等教育体系。把高校发展纳入全市经济社会发展规划，优先支持、重点保证。江南大学成为国家"211工程"建设高校，物联网工程学院、医学院揭牌成立；东南大学无锡分校等一批在锡高校做大做强。无锡职业技术学院成为国家重点建设示范性高职院校，无锡商业职业技术学院等三所高职院校成为省重点建设示范性高职院校。积极发展民办高校，太湖学院成功转设为独立建制的民办本科高校。积极发展开放大学、高等教育自学考试、在职研究生等教育，初步形成以江南大学为龙头，以高等职教为主体，各种形式高等教育协调互动的地方高等教育体系。三是完善支撑服务机制，围绕建设人才高地，深入推进"政产学研"合作，不断提升在锡高校服务无锡城镇化、现代化的能力与水平。

无锡的实践充分证明，教育制度尤其是教育管理领域的制度变革是回应城镇化对教育提出的制度需求，通过制度创新、制度更替，不断推动制度需求与制度供给相对平衡，实现制度优化，从而为教育发展不断提供动力和活力的综合过程。只要全面把握城镇化、现代化对教育提出的新的制度需求，突出教育制度变革的综合性、配套性、创新性和前瞻性，就能全面冲破教育发展中的体制机制障碍，不断化解城镇化进程中教育遇到的矛盾，破解教育发展的难题，持续推动教育快速健康发展，不断增强教育服务发展的能力和水平，全面满足人民群众日益增长的教育需求，从而为加快城镇化进程提供有力支撑。

三、深入推进城镇化进程中教育制度变革的对策建议

党的十八大指出，要"坚持走中国特色新型工业化、信息化、城镇化、农业现代化的道路"。无疑，新型城镇化将继续是我国经济社会现代化战略

决策的一个重要出发点。认真研究和把握新型城镇化发展趋势，在教育尤其是教育管理领域切实加大与之相配套的教育制度变革力度，加快推进教育"科学发展，人民满意"，进而更好地支撑新型城镇化健康发展，是当前教育战线面临的重大课题。

（一）新型城镇化发展趋势及教育面临的任务

无锡市是我国城镇化起步较早的城市之一，具有一定典型性。根据中央关于"积极稳妥推进城镇化，着力提高城镇化质量，走集约、智能、绿色、低碳的新型城镇化道路"的要求，结合无锡推进城镇化的规划和实践，可以看出新型城镇化将呈现出以下趋势：一是从自发到自觉和有序。无锡市的城镇化在乡镇企业崛起中自发起步，并在实践中逐步走向自觉。随着我国现代化进程的加快，新型城镇化将成为广大群众的自觉追求。同时，新型城镇化将坚持以科学发展观为指导，着眼"三农"，立足"有序"，强化城乡统筹，加快推动产业结构、就业方式、人居环境、社会保障等由"乡"到"城"的转变，推进城乡基础设施一体化和基本公共服务均等化，促进经济发展、社会进步、生态宜居、和谐协调。二是从外延扩张为主到质量与内涵提升为主。习近平总书记明确指出，推进城镇化"重要的是质量"。无疑，新型城镇化不应是简单的城市扩张，而将以创新型城市建设为载体，着力在质量和内涵上下功夫。将重视新市镇的培育，推动中心城市、卫星城市、小城镇、农村社区互促共进，优化城乡布局，完善城市功能；突出产城互动，以城镇化带动产业转型升级；注重生态保护；重视制度建设，在户籍、土地、社保等制度层面推动农民市民化。三是从单纯关注城市形态的变革到"以人为本"。李克强总理强调要推进"以人为核心的新型城镇化"。不仅要推动从农民到市民的身份变化，更要保障广大农民的发展权。同时要关注广大市民的全面发展，注重市民素质提升，努力建设创新型国家和人力资源强国。

城镇化对于我国经济社会发展的影响巨大，并且还将越来越大。作为在新型城镇化进程中具有基础性、全局性、先导性地位和作用的教育，必须认真贯彻《中共中央关于全面深化改革若干重大问题的决定》及《国家中长期教育改革和发展规划纲要（2010—2020 年）》（以下简称《教育规划纲要》）精神，坚持以管理领域的教育制度变革为重点，进一步改革不适应新型城镇化发展的教育管理模式，努力优化教育结构体系以及质量保障、经费投入和其他各类教育管理机制，切实增强制度变革的综合性和配套性，不断提升教育自身发展水平和服务能力，更好地为新型城镇化、现代化提供强大的人才支撑、知识贡献和智力支持。

（二）城镇化进程中教育制度变革的相关对策

新型城镇化必须紧紧依靠教育，而服务新型城镇化的推进则应成为谋划教育进一步改革与发展的重要着眼点。为此，应该全面把握新型城镇化对教育尤其是教育管理提出的新的制度需求，进一步加大制度创新的力度，着力破除体制机制束缚，充分释放教育发展的活力。

1. 以实现权责统一为主线，着力深化各类教育管理模式的创新

管理模式是机构设置、权责划分以及管理方式的总和。城镇化进程中中心城市、卫星城市、新市镇、农村社区互促共进的发展态势和人民群众不断提升的教育诉求，迫切要求进一步深化各类教育管理模式创新，以明晰事权、统一权责，推动形成更加协调的教育布局，使教育发展与城镇化进程中人口结构变化相适应，与经济结构调整相衔接。一是要进一步完善市级指导、县级政府统筹，县、镇（街道）、村共同参与，公办、民办协同发展的学前教育管理模式。要以高标准、高质量普及学前教育为目标，以学前教育现代化镇（街道）创建为抓手，根据区域人口变化进一步优化幼儿园布局，公办与民办并举，不断拓展学前教育资源渠道。尤其是农村，每个镇（街道）至少要办好一所达省优标准的公办幼儿园，所有村园全部达市优质园标准，做到适龄儿童就近入园。二是要健全完善"以县为主"、乡镇为辅的义务教育管理模式。强化县级统筹，调动乡镇（街道）支持义务教育的积极性，深入推进义务教育高位均衡发展。坚持免试就近入学原则，严格控制并逐年降低择校比例；推动义务教育阶段公办学校校长和专任教师、骨干教师轮岗交流，进一步推进区域义务教育学校在办学条件、师资队伍、管理水平、教育质量

等方面的优质均衡。进一步完善外来务工人员子女接受义务教育的保障机制，健全扶困助学体系，确保每一名孩子都能平等接受良好的义务教育。三是要完善"市级统筹规划、市（县）区分级保障、学校自主发展"的高中教育管理模式。进一步优化普通高中布局，合理确定学校办学规模及班额，逐步推进小班化教学，加快普通高中优质、特色、多样发展。四是要完善"市县为主、政府统筹、企校合作、社会参与"的职教管理模式。强化教育行政部门的统筹规划和综合协调，努力促进行业、企业和社会参与职教办学和管理。要突破学校隶属体制束缚，进一步调整中等职校、成人学校布局结构，不断优化资源配置。五是对主要服务当地的高等职业院校应实行"省市共建、资源共享、形成合力、共谋发展"的管理模式。高等职业教育主要为地方培养人才，为此要进一步完善地方高职院校发展规划，不断增强其综合实力，更好地服务地方城镇化、现代化。六是要深化中小学内部管理体制改革。进一步完善现代学校制度，学校按章程自主办学，推动形成政府依法管理、学校领导班子集体决策、校长全面负责、党支部保证监督、教职工民主管理、社会参与、中介组织评估的机制，增强学校自主发展的活力。

2. 以提升服务能力为目标，深入实施职业教育、高等教育、继续教育管理领域的综合改革

要针对新型城镇化进程中产业转型升级、创新发展的要求，以深化校企合作为载体，以"经科教"结合、"产学研"一体为内容，深入实施职业教育、高等教育、继续教育管理领域的综合改革，形成更富成效的教育服务，使教育对新型城镇化的贡献度大幅提升，在科技创新以及学习型社会和创新型城市建设中的地位更加突出，基本满足城镇化快速发展的需要。一是实施职业教育综合改革。积极探索中高职分段培养、中职与本科分段培养、高职与本科联合培养等多元立体的职教发展通道，构建现代职业教育结构体系。要完善教育、人保和其他相关部门合理分工、协调配合，行业企业积极参与的职业教育管理模式和管理机制，整合和发挥学校、行业与企业优势，进一步推动教育与产业、学校与企业紧密协作。以完善职业教育质量保障体系为目标，实施职业教育质量提升工程，及时调整和优化专业结构，深化课程改

革，做到专业与产业转型升级相匹配、课程与岗位相契合；优化职业教育的教育组织结构，建立经常性、常态化产教协作机制；强化校企合作，完善工学结合等人才培养模式；完善职业院校实习实训定点企业制度，促进校企合作规范化、制度化，不断提高人才培养与用人需求之间的契合度。二是实施高等教育综合改革。要以服务城镇化、现代化为目标，坚持质量、结构、规模、效益有机统一原则，加快引进和集聚优质高教资源，形成规模适度、质量一流的地方高等教育体系。要充分发挥高校在国家和城市创新体系中的作用，积极支持高校加强科学研究，加快科研创新基地与创新平台建设，着力提升科学研究水平和科技创新能力。引导高等院校根据经济转型发展特别是战略性新兴产业发展需要，充分发挥应用技术研究开发和高技能人才培养优势，设立主要面向中小企业的工程技术应用服务中心，培育提升高职院校服务地方经济社会发展的能力。三是实施继续教育综合改革。将继续教育摆在学习型社会建设的重要位置，纳入区域、行业总体发展规划，强化统筹，加大投入。政府应当成立跨部门继续教育协调机构，推动形成政府主导、部门协同、社会各界广泛参与的管理机制。以社会主义新农村建设为载体，以新型农民教育为重点，统筹各级各类教育资源，建立健全开放共享机制，鼓励学校、科研院所、企业等组织共同开展继续教育。要积极整合在锡各类高等教育、职业教育、继续教育和社会教育资源，完善无锡开放大学，为学习者提供开放、便捷、个性化学习条件。要倡导全民阅读，探索全民终身学习认证制度，加快各类学习型组织的建设，助推城乡居民终身学习。

3. 以培养创新型人才为目标，建立健全科学的教育质量保障体系

教育质量保障体系是保障教育质量的制度安排总和，包括质量标准体系、条件保障体系、质量管理体系、评价监测体系等子体系。建立完善教育质量保障体系，是提升教育教学质量，培养德智体全面发展的创新型人才和服务城镇化、现代化进程的必然要求。一是要建立完善教育质量标准体系。要根据《教育规划纲要》相关要求，总结各地经验，借鉴国际实践成果，研究制定适应各级各类教育规律、体现德智体美全面发展的可衡量的教育质量标准，明确各级各类教育的基本质量要求，使教育教学工作有法可依、有章可循。

二是要建立完善教育质量评价体系。要以素质教育为导向，遵循教育方针和培养目标，认真贯彻国家课程标准，探索构建以全体学生为评价对象，以完成国家规定的教育内容、达成国家规定的培养目标为评价标准，以合格率、完成率和学生综合素质为主要指标，以评价主体多元化为重要环节的教育质量综合评价体系，并形成科学的质量监测和信息反馈系统，充分发挥其对教育教学工作的导向、修正和服务功能，有效引导全社会确立以提高教育质量为核心的教育发展观和正确的教育质量观。三是要建立完善以素质教育为标尺的教育质量管理体系。要以素质教育为衡量标准，强化质量管理，引导各地牢牢把握素质教育战略主题，充分发挥政府主导作用，建立健全各级党委、政府以及教育部门推进素质教育的责任与保障机制，形成政府、学校、家庭、社会共同推进素质教育的良好局面。要加强考核，严格问责，落实"减负"措施，减轻中小学生过重课业负担，构建教育科学生态。要加强教育督导，强化社会监督，引导学校坚持把立德树人作为教育的根本任务，将社会主义核心价值观融入中小学教育主题，深化课程改革，加强体育、美育等工作，创新人才培养模式，培养学生服务国家、服务人民的社会责任感，勇于探索的创新精神和善于解决问题的实践能力。

4. 以支撑教育发展为基点，建立完善强大的教育资源保障制度

建立完善教育资源保障制度，是有效保证教育优先发展、率先发展、快速发展、健康发展的必然选择。资源保障制度包括多元投入制度、队伍建设制度、资源配置制度等。一是要针对城镇化进程中教育规模日益扩大、内涵不断提升的要求，进一步完善多元投入制度。各级政府要认真贯彻教育投入"三增长、两提高"的规定，按照建立公共财政的要求逐步提高财政总支出中教育经费所占的比例。建立完善各级各类教育经费拨付标准，在义务教育全面纳入财政保障范围的基础上，进一步强化学前教育和高中阶段教育的财政保障力度。鼓励和引导外资、民间资金进入教育领域，拓宽民间资金参与教育事业发展的渠道，更好地满足人民群众多层次、多样化的教育需求。完善教育经费监督管理机制，建立教育经费使用监测、评估和奖惩制度，提高教育经费的使用效益。二是要针对新型城镇化进程中城乡统筹、一体发展的

要求，进一步完善队伍建设制度。坚持把师德建设摆在首位，增强广大教师教书育人的责任感和使命感。坚持专业引领，统筹规划城乡教师培训，加强教师教育基地和教师研训中心建设，建立市、县、校三级教师培养培训体系，以业务能力建设为核心，全面开展教师全员培训。加大骨干教师培养力度，大力实施中小学教育名家培养工程，加强中小学名师工作室建设，完善中小学名教师、学科带头人、教学能手和教学新秀培养、遴选和考核管理制度，培养一批具有较高知名度的教育领军人才。三是要针对新型城镇化对教育提出的新要求，进一步完善教育资源配置标准。教育资源配置涉及学校布局、办学规模、班组学额、教师配备、设施设备等要素，其设置标准的制定要体现功能需求与条件满足的协调性、经济性。学校布局要适应城镇化、现代化发展需要，明确学校设置的人口数量标准或地域范围标准，确保义务教育学生就近入学，其他各类学校适应地区经济社会发展需要。学校规模应适当，与服务学生数、基本办学条件相适应。要实行标准班额办学，逐步实施小班化教学。教师配置要有明确的师生比和学科结构性编制标准，配齐配足各学科专任教师。学校设施设备既要满足教育教学需要，又要避免资源闲置和浪费。

5. 以"科学发展、人民满意"为最高标准，建立完善教育责任、督导评估、依法治教等工作机制

进一步完善各类工作机制，变教育管理为履行职责、依法治教和服务基层。一是要进一步强化教育事业发展责任机制。要充分认识教育在城镇化、现代化建设中的战略地位和作用，明晰事权，全面落实各级政府及其相关部门推进教育事业发展的工作责任。健全地方党委、政府定期专题研究教育工作的制度，研究和解决教育改革发展中的重大问题。探索建立教育现代化目标管理、绩效考核、工作推进等机制，强化各级政府及其相关部门对教育改革与发展的科学决策、规划引领、制度保证和条件保障。建立各级党政领导班子定点联系学校制度，为基层学校解决实际问题。完善科学规范的干部政绩考核制度，将教育工作纳入各级党委、政府特别是主要领导的政绩考核范围，作为考察干部政绩和干部任用的重要依据。建立教育发展问责机制，各

级政府定期向同级人民代表大会或其常务委员会报告教育工作，凡推进不力的要严格问责。二是要进一步健全教育督导评估机制。要认真贯彻国家《教育督导条例》，加强教育督导机构和职能建设，加强对政府履行教育职责的督导，完善以素质教育为导向的学校督导，健全教育督导结果社会公告和限期整改等制度，充分发挥评估机制的规范和导向作用。建立健全广泛、直接听取群众意见的制度，完善第三方教育公众满意度评价机制，改变以政府为主体的单一评估模式，增强教育评估的专业化、规范化和制度化，形成"政府管教育、学校办教育、社会评教育"的格局。三是要进一步完善依法治教机制。要加快教育立法，完善教育法治体系。建立教育决策公示、听证制度，将教育法律法规纳入普法教育范围，落实教育行政执法责任，注重运用法律法规、政策、财政等手段综合实施科学管理，形成政府依法行政、学校依法办学、社会依法参与、学生依法受教的教育法治环境。要转变政府教育管理职能，明确政府管理权限和职责边界，提升服务意识，尊重学校办学自主权，减少和规范对学校的行政审批事项，构建以学校法人和学校章程为基础的现代学校制度，促进学校依法治校、自主办学。

（三）城镇化进程中教育制度变革的相关建议

城镇化进程中教育制度变革是一项全局工程和系统工程，必须加强顶层设计，整体规划，重点突出，系统推进。

1. 建立义务教育经费分担机制，统筹做好新市民子女义务教育工作

新世纪以来，国家逐步确立和巩固了流动儿童义务教育"以流入地政府管理为主，以全日制公办中小学接收为主"的原则，较好地解决了进城务工人员随迁子女义务教育问题。但实践中，按照义务教育"以县为主"的管理体制，"两为主"中的流入地政府责任基本上都落到县级政府这一层面，流入地的省级、市级政府没有负担起相关管理和经费投入责任，而流出地政府更不会将其纳入到经费保障范围。此外，国家虽然自 2006 年开始建立按项目、分比例的义务教育经费保障机制，但中央、省级财政转移支付占义务教育经费总投入的比例较低，尚未针对进城务工人员随迁子女义务教育建立起

规范、完善的转移支付制度，且简单以东、中、西部地区为标准确定投入比例，分配时多以学校接收进城务工人员随迁子女人数为基数划拨经费，且标准较低，地方政府义务教育财政投入负担沉重，长期来看难以持续。

近年来，无锡市外来务工人员数量不断增加，2013年全市进城务工就业人员义务教育适龄子女超过17万人，占全市义务教育在校生总数的37%，进城务工人员随迁子女在公办学校就读的比例稳定在90%左右，各级财政承担了较大的压力。以5000万元建设一所1000人规模学校的标准计算，新建学校投入需85亿元，以无锡市生均教育事业费小学1.1万元/年、初中1.6万元/年计算，该项支出每年超过20亿元，而2012年无锡市获上级财政转移支付仅为0.6亿元，承担义务教育主要保障职责的县级财政不堪重负。现行义务教育财政投入机制亟待健全完善，建议在"以县为主"管理体制的基础上，进一步厘清各级政府特别是中央、省级政府对义务教育投入的责任，逐步提高义务教育的管理级别，优化公共财政配置水平，构建更加科学合理的义务教育经费保障机制。

一是进一步落实义务教育经费分级负担的责任。义务教育是国家最基本的教育制度，是必须予以保障的公益性事业，属于纯粹的公共产品，所需经费应当由政府提供。完善义务教育经费保障机制，关键是义务教育财政管理权限与筹资责任如何在各级政府间进行合理的分担。2006年修订并重新颁布实施的《义务教育法》规定："义务教育经费投入实行国务院和地方各级人民政府根据职责共同负担，省、自治区、直辖市人民政府负责统筹落实的体制。义务教育所需经费，由各级人民政府根据国务院的规定分项目、按比例分担。"这一规定，为明确各级政府分担义务教育经费的职责，建立健全义务教育经费分担机制提供了法律依据。目前，国家在免除学杂费，提高公用经费保障水平，提供免费教科书、寄宿生补助生活费、校舍维修改造资金方面，通过财政转移支付制度，已经明确了中央、地方政府之间投入分担的职责和比例，但地方各级政府之间应承担的比例仍不清晰，需要加快明确省级、市级、县级政府的投入责任和具体边界。

二是加快明晰义务教育经费投入的分级负担项目和比例。国际经验表明，大部分国家在义务教育财政投资体制上选择了集中模式或相对集中模式，意味着中央和省级政府应是义务教育的分担主体。例如，美国教育经费投入中，州政府占40%以上，州以下政府占50%以上；日本中央政府一般提供义务教育经费的51%以上，地方政府提供义务教育经费的48%以上。同时，鉴于目前中央和省两级财力雄厚、市县财力相对薄弱的情况，建议逐步提高中央、省级财政义务教育经费投入比例，将义务教育经费保障从"以县为主"改变为以中央、省财政投入为主。在确定分担项目方面，义务教育成本构成主要包括公用经费、教师工资、校舍建设和维修改造经费、设施设备购置费、贫困助学资金等。目前，除教师工资外，其余各类支出大多明确了分担比例，但教师工资是义务教育经费支出的主要部分，建议中央、省级政府将其纳入经费分担总盘子中，承担一定的保障责任。在各项目分担比例方面，建议改变以东、中、西部地区划分中央和地方不同分担比例的办法，以县为单位，依据县级财力状况统筹划分经费分担比例标准，并合理确定各级政府财政投入的责任边界，形成与中央和地方财力相匹配的义务教育经费分担机制。

三是建立完善新市民子女义务教育的经费转移支付制度。在建立义务教育经费分担机制的基础上，进一步完善财政转移支付制度和义务教育学生学籍管理制度，以在校学生数为依据，建立起"费随人走"的财政义务教育经费补贴办法，统筹做好流出地、流入地的新市民子女义务教育经费保障工作。经费补贴比例和补贴标准方面，可以流入地各级政府经费分担比例、生均义务教育支出成本为标准，补贴新市民子女义务教育经费。例如，对于义务教育适龄子女跨省流动的，扣除流出地的中央相关补贴资金，中央和流入地省级、市级政府分别按照相关经费分担比例和成本支出标准，向流入地县级政府拨付补贴资金；对于义务教育适龄子女省内跨市流动的，扣除流出地的中央、省相关补贴资金，中央、省、流出地市级政府按照相关经费分担比例和支出成本标准，向流入地县级政府提供补贴资金。

2. 加快现代职业教育体系建设，推动职业教育健康发展

经济建设对于人才的需求是有层次、类型等结构性要求的，既需要研究型、开发型人才，也需要技能型、操作型人才；既需要高层次研究、领军人

才，也需要中初级管理、技术人才。只有形成合理的人才结构，才能最大限度地发挥人力资源的整合效应。随着我国城镇化、现代化建设的不断深入，人才需求的结构性矛盾日趋突出，一方面缺乏高层次领军型人才，另一方面又缺乏高层次技能型人才，尤其是工作在生产第一线、能够及时解决现实生产中遇到的各种实际问题的高技能人才。就技能型人才的培养而言，呈现出"高原"现象，相关的体制机制性障碍比较突出，影响了职业教育进一步健康发展，制约了职业教育人才培养、服务经济和协调社会等功能的充分发挥，也不利于人力资源强国和创新型国家建设。一是鄙薄职业技术教育的传统观念根深蒂固。受几千年来的传统观念影响，技能一直被视作"小道"，被鄙为"雕虫小技"。重知识、轻技能，重开发、轻工艺，重普通教育、轻职业教育的现象依然存在。有的地方政府对职业教育重视程度不够，经费投入不足，与国际上职业教育高投入要求形成鲜明对照。学生、家长也多以接受普通中等、高等教育为荣，视接受职业教育为"失败者"。二是职业教育自身的体系建设相对滞后。近年来，国家虽然致力于发展高等职业教育，但其规模较小，与面广量大的中等职业教育相比，还不成比例。同时，高等职业教育以专科为主体，本科尚属点缀，因而从总体看，还依然属于"断头"教育，并未形成与普通教育相并列的完整体系。体系建设的相对滞后，使当前的职业教育既不能更好地满足经济建设对多层次、高素质技能型人才的结构性需求，也不能满足人民群众日益增长的对高层次教育的需求。三是职业教育管理体制依然不顺。从横向看，由于历史原因，同一区域的职业教育分别隶属于教育、人保以及相关的业务主管部门，从而造成多头管理、政出多门、重复办学、资源分散等现象，不利于区域统筹、整合和优化职业教育资源，全面提升职业教育质量和服务城镇化、现代化的能力与水平。从纵向看，高等职业教育的管辖权在省，但是，高等职业教育主要为地方培养人才，与地方经济社会发展的关系紧密，如果脱离了地方的支持，高等职业教育人才培养和服务经济等功能将难以得到充分发挥。

由此可见，加快推进职业教育制度变革，冲破相关体制机制的束缚，已经刻不容缓。新的制度设计，应该通盘考虑，同步推进职业教育体系、体制和运行机制等建设。

一是进一步完善高等职业教育层次结构。应参照国际经验，加强顶层设计，推动形成专科、本科、硕士、博士以及博士后科研相配套，与普通高等教育相并列的现代高等职业教育完整体系。同时，可选取经济发达地区办学条件一流、教育质量突出的国家级示范性高职院校，试办应用型本科层次高等职业教育。在此基础上，批准设立一批本科层次的高职院校，增设应用型专业硕士、博士点，以适应城镇化、现代化对多层次、多样化应用型人才的需求。

二是实现由教育部门归口管理职业教育。要根据国家关于"精简机构，一事一管"的要求，统一事权，规范治权，推动职业教育由教育部门归口管理，强化区域统筹，彻底根除职业教育多头管理、政出多门、重复办学、资源分散等弊病，推动职业教育资源整合与优化，不断提升职业教育的服务能力与服务水平。

三是建立"省市共建、以市为主"的高等职业教育管理体制。针对高等职业教育主要为地方经济和社会发展服务的鲜明特征，应从制度层面确立"省市共建、以市为主"的高等职业教育管理体制，进一步密切高等职业院校与地方城镇化、现代化建设的沟通和联系，有针对性地为地方培养高素质技能型人才，全面参与地方新技术、新工艺、新产品的开发与推广，深入生产第一线，积极破解生产中的难题，从而在服务地方城镇化、现代化实践中加快自身的发展。

（本报告由无锡市教育局承担。）

东莞市城镇化进程中教育管理体制改革研究报告

改革开放以来，东莞城市面貌发生了巨大变化，社会各项事业蓬勃发展，人民生活水平与生活质量有了极大提高。适应城镇化发展进程，东莞市教育发展取得了巨大成绩。新时期深化教育管理体制改革既是东莞城镇化发展的必然结果，是推进教育均衡发展与内涵发展的题中之义，也是实现东莞市教育现代化的内在要求。

一、东莞市城镇化的历程、特点、趋势及其对教育的影响

（一）改革开放以来东莞市城镇化发展历程

改革开放 30 多年来，东莞从一个地区生产总值仅有 6.11 亿元、城镇化率只有 16% 的农业县，发展到地区生产总值突破 5000 亿元、常住人口 823 万、城镇化率达到 88.7% 的现代化城市。2012 年东莞城镇化质量指数在全国城镇化质量排行中位居第 7 位，《2012 中国新型城市化报告》中，东莞市新型城市化水平排名全国第 11 位。东莞市先后荣获"中国最具经济活力城市""中国最佳魅力城市""中国最具成长性创新型城市""全国文明城市""国际花园城市""未成年人思想道德建设先进城市"等称号。根据东莞市经济社会发展指标特别是人均国内生产总值（GDP）与城市人口密度的增长情况

（见图 1），改革开放以来东莞市城镇化进程可划分为以下四个阶段。

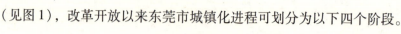
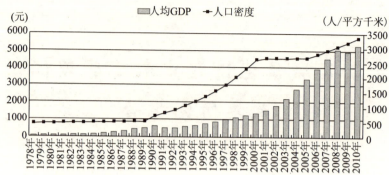

图1　改革开放以来东莞市人均 GDP 与人口密度增长情况

数据来源：《2011 年东莞市统计年鉴》。

1. 起步发展阶段（1978—1984 年）

经过新中国成立后农业经济的缓慢发展，至 1978 年东莞地区生产总值达到 6.11 亿元，当年末户籍人口为 111.23 万人，其中非农业人口为 18.49 万人，城镇化率为 16.6%。改革开放以后，东莞发挥毗邻香港、深圳、广州的地理区位优势，以发展乡镇企业为经济基础，以"三来一补"为突破口，大力发展对外加工业，走出了一条发展外向型经济的路子。同时，调整农业产业结构，大力发展商品农业。至 1984 年，东莞户籍人口达 118.95 万人，城镇化率达到 18.90%，人均生产总值首次突破 1000 元，达到 1115 元，比 1978 年增长了近 2 倍，城镇化进程起步平稳。

2. 快速发展阶段（1985—1993 年）

1985 年，东莞市户籍人口达 120.85 万人，城镇化率达到 21.09%，人均生产总值为 1885 元，超过联合国划定的 200 美元贫穷线标准，开启了东莞城市化的新一轮发展。东莞抓住撤县改市、邓小平南方谈话以及新一轮国际产业转移等历史机遇，大力发展外向型工业，引进资金技术和人才，启动了农村工业化和城市化的进程。至 1993 年，东莞市人均生产总值达到 5850 元，三大产业的比重发生了很大变化，第一产业占国民生产总值比重从 1985 年的 27.2% 下降到 9.2%，第三产业所占比重由 21.2% 上升到 35.2%。这一阶段，东莞市城镇化进程呈现迅猛发展态势，外向经济格局初步形成。

3. 跨越发展阶段（1994—2000 年）

1994 年，东莞市人均 GDP 超 800 美元，标志着东莞市开始进入工业化的初级阶段。在此后的六年间，东莞市坚持以工业化带动城镇化的发展战略，拓宽引资融资渠道，加大外向型经济发展力度，引进国际大型企业，推动以 IT 产业为代表的现代制造业和高新技术产业迅猛发展，初步形成国际加工制造业基地，奠定了东莞在世界加工制造业中的地位，推动了经济社会的全面发展。至 2000 年，东莞市常住人口达到 644.84 万人，比 1994 年增长近 400 万人（见表 1），以平均每年 13.89% 的增长率高速增长；城镇化率达到 60.04 %。地区生产总值达到 820.25 亿元，人均 GDP 超过 1800 美元，快速进入了工业化的中级阶段，实现了城镇化的跨越发展，呈现内外联动、全面开花的阶段性特征。

表 1　1994 年与 2000 年东莞市经济发展水平与城镇化水平

年份	经济发展水平（亿元）			城镇化水平（万人）		
	GDP	工业	第三产业	常住人口	户籍人口	非农业人口
1994 年	217.03	110.77	107.89	259.41	138.92	33.74
2000 年	820.25	430.45	343.64	644.84	152.61	39.61

数据来源：《2011 年东莞市统计年鉴》。

4. 转型提升阶段（2001 年至今）

2001 年，东莞人均 GDP 首次接近 2000 美元，进入经济社会的转型发展期。在"十五"期间，东莞根据"一网两区三张牌"的发展战略和"一城三创五争先""一年一大步，五年见新城"的工作思路，"拉开城市框架，扩大城市规模，完善城市功能，提高城市品位"，全面推动东莞城市化建设。到 2005 年，东莞的城镇化率达到 73.02%。"十一五"期间，东莞市围绕建设现代制造业名城的目标，创新发展模式，加快经济社会发展双转型，大力推进资源主导型经济向创新主导型经济转型升级，提高城市化发展质量，努力把东莞打造成现代制造业名城、宜居生态城市、和谐幸福家园。2007 年，东莞城镇化率达到85.20%，是广东省较早进入高水平城镇化阶段的城市之一。伴随着经济转型升级，东莞市城乡发展进一步协调，城市功能更加健全，城市现代化水平大大提升（见表2）。至2012年，全市生产总值达到5010.14亿元，人均生产总值达60693.66元，接近1万美元大关，城镇化率达到88.7%。

表2 "十一五"期间东莞市经济与社会发展主要数据

年份	户籍人口（万人）	常住人口（万人）	人口密度（人/平方千米）	公路通车里程（千米）	公路密度	等级公路（千米）	人均生产总值（元）	第一产业比重（%）	第二产业比重（%）	第三产业比重（%）
2005年	165.65	656.07	2662	2871	116.47	2686	33287	0.9	56.2	42.8
2006年	168.31	685.66	2782	3891	157.85	3619	39173	0.5	57.3	42.2
2007年	171.26	717.02	2909	3924	159.19	3650	45057	0.4	55.5	44.1
2008年	174.86	750.6	3045	4001	162.31	3884	50471	0.4	51.2	48.3
2009年	178.73	786.08	3189	4713	191.21	4598	48988	0.4	48.4	51.2
2010年	181.77	822.48	3343	4751	192.74	4637	52798	0.4	50.9	48.7

数据来源：《2011年东莞市统计年鉴》。

（二）改革开放以来东莞市城镇化的主要特点

1. 城市人口高速增长与阶段发展不平衡

城镇化往往伴随着人口的高速增长。根据发展经济学家小岛丽逸（Reeitsu Kojima）的观点，用城市人口的增长率来衡量城市化的速度，城市人口年增长率在6%以上被认为是"超高速型城市化"，增长3%—6%为"高速型城市化"，增长1%—3%为"快速型城市化"。改革开放35年，东莞经历了农业化到工业化再到城市现代化的发展历程，城市人口从原来的111.23万人快速增长到2012年的825.48万人，城市常住人口的年增长率为5.65%，属于高速型城市化发展。

另一方面，东莞城市常住人口增长呈现阶段性发展不平衡的特点。如图2所示，1978—1986年，城市户籍人口增长率在1%—2%的区间；1989—

2000年，城市常住人口年均增长率稳定在13.88%；2001—2005年，城市常住人口增长趋于停滞；2006—2010年，东莞城市常住人口年均增长率又恢复到5%的水平。

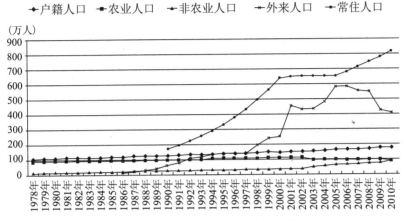

图2　1978—2010年东莞市各类人口变化情况

数据来源：《2011年东莞市统计年鉴》。

2. 以工业化带动城镇化

东莞的城镇化发展属于新兴工业化经济型（newly industrialized econo-mies，NIEs）模式[①]。凭借区位优势，东莞市大力发展"三来一补"加工业，鼓励发展民营企业，推动产业结构不断转型升级，走上工业化和城市化道路。随着经济的发展，东莞的经济结构发生了深刻的变化，第一产业的比重逐年下降，从1978年的44.6%下降到2010年的0.4%；而第三产业的比重快速增长，从1978年的11.6%增长到2010年的48.7%，接近第二产业所占比重。伴随工业化进程，东莞城镇化水平不断提高。

3. 外向型拉动式发展

东莞是典型的外向型经济主导的城市。改革初期大力发展以"三来一

---

① 参见：东莞市发展和改革局网站（http：//www1. dg. gov. cn/publicfiles/business/htmlfiles/dgfg/s5372/200612/48331. htm）。

补"为主要形式的加工贸易，劳动密集型行业在东莞国民经济发展中占有重要位置，行业发展带动大量外来人口来莞工作，使得外来人口数量庞大且逐年增加。至 2010 年，东莞市常住人口达到 822 万人，外来人口总量是户籍人口的近 4 倍。庞大的外来人口为东莞城镇化发展提供了人力资源，推动了东莞城镇化的高速增长。同时，大量外资的涌入，带动东莞外向型经济发展，对东莞的城镇化发展提供了外部推动力量，从而使东莞城镇化进程具有"外向拉动型的城镇化"的特征。

4. 市镇并行式发展

东莞城镇化的另一个显著特点是市镇并行发展。东莞的城镇化发展与其行政管理架构有着密切关联。1986 年，东莞市撤区建镇，开始了以镇为中心的城镇化发展模式。在东莞现有的行政管理框架下，东莞中心城区的人口集聚力和经济集中度并不强。许多经济强镇在发展中不断突破中心城区的带动作用，根据自身优势，找准发展的突破口，形成自己的地方特色工业，如长安的五金、虎门的服装、石碣的电子等。这使得中心城区的中心性地位相对弱化，形成了各镇街全面开花、自下而上内外联动、中心城区与镇街并行发展的格局。

（三）东莞市城镇化的发展趋势

"十二五"以来，东莞市制定了"一主三副两支点"的城市发展蓝图，全方位提高城镇化质量，全面高效推进城镇化建设，构建东莞城市框架新格局。从前景趋势上看，未来东莞城镇化将突出在以下三个方面。

1. 推进"产城融合"模式，实现新型城镇化的创新发展

东莞市将继续利用区域资源优势，以制造业为支撑，推进产业转型升级，发展产业园区，建设产业新城（如松山湖高新开发区等），借力"产城融合"，打造国际化科技名城，推动东莞与国际化大城市的交汇发展，营造良好的国际化营商环境，提升东莞作为现代化城市的科技品质与国际化创新水平。

2. 重视"人文生态"主题，提升新型城镇化建设质量与水平

东莞市将继续打造生态城市与文化新城，建设宜居的绿色生态环境和文化生活圈，营造多元文化相融和谐的包容式城市文化氛围，提升城市的内聚力与竞争力；加快新型城市配套设施建设，健全城市功能，深化管理服务体制改革，推进人的城镇化，全面提升新型城镇化的质量和水平。

3. 优化城市空间布局，推动城乡一体化建设

推动"旧村改造"与"城中村改造"，消除城中村（旧村）的重大安全隐患，改善村内及周边地区的生态环境、市容市貌、交通环境及其他生活环境，提高居民生活质量，提升城市整体功能和形象；进一步推进城乡协调均衡发展，实现东莞城镇化内涵式提升。

（四）东莞市城镇化进程对教育管理体制改革的影响

改革开放以来，东莞教育发展经历了新起步、规模发展、质量提升和内涵发展四个阶段，从一个教育落后地区发展成为教育强市，全市教育规模不断扩大，教育普及程度达到较高水平。1979 年扫除青壮年文盲，1981 年普及了适龄儿童小学教育，1989 年普及九年义务教育，1995 年在全省率先普及高中阶段教育。目前，东莞市已建立起比较完善的国民教育体系和终身教育体系，教育综合实力不断增强。截至 2012 年年底，全市学前教育共有幼儿园804 所，在园幼儿 25.57 万人；义务教育阶段有中小学 485 所，在校生人数80 万人；普通高中 40 所，在校生人数 7.6 万人；中等职业学校 26 所，在校生 5.6 万人；高等院校 9 所，在校生人数 7.2 万人；另有成人高等教育机构 5所、乡镇成人文化技术学校 32 所、民办培训机构 302 所，全市各类教育培训量每年保持在 52 万人次以上，各类成人高等学历教育在校生规模达 6.16 万人。城镇化发展与教育发展是内生成长的统一体，东莞城镇化进程为东莞教育持续发展奠定了坚实基础，对东莞教育管理体制改革产生了深刻影响。

1. 城镇化进程促进了东莞"城乡一体化"教育管理体系的建立

东莞以工业化带动城镇化，呈现典型的市镇并行式发展特点，使得东莞

的城乡界限并不明显，这种"市镇并行式"的城镇化发展格局，促使东莞市采取统筹管理城乡教育、制定统一教育政策、均衡配置教育资源等有力措施，促进城乡教育的均衡发展，有效提升了教育发展水平。实行市镇两级统筹办学，实施城乡统一的义务教育公办学校生均公用经费供给标准，实现教育投入城乡一体化；投入57.23亿元推进农村小规模学校联合办学，投入30多亿元实施全市高中阶段学校布局调整，实现办学条件城乡一体化；实行小学阶段按地段就近入学，实施小学毕业生升初中电脑派位入学，将5所市属优质高中学校40%的招生指标按比例分配到全市各初中学校，促进入学机会城乡平等；市财政按统一标准发放全市公办中小学教职工工资、津贴和奖金，建立涵盖市、镇、校三级的激励性教师专业化发展体系，促进教师管理城乡一体化；大力实施教育信息化工程，积极开展结对交流、结对协办、区域校际联盟、片区教研等教学交流合作活动，促进城乡教育质量均衡发展。通过一系列的教育管理体制改革，初步建立起东莞"城乡一体化"的教育管理体系，实现了教育投入、办学条件、招生入学、教师管理、教育质量等城乡一体化发展，克服了城乡教育"二元化"倾向，有效促进了东莞教育均衡优质发展。

2. 城镇化进程促进了东莞多元教育投入机制的形成

东莞城镇化带来了城市常住人口的高速增长，产生了巨大的学位需求，公办学校已经无法满足庞大的外来务工人员子女的入学需求，这为东莞民办教育的发展提供了广阔的潜在市场。同时，城镇化进程推动经济的快速增长，带动了民间资本投资的热潮，东莞市顺应市场需求，积极引导民间资本投资教育，推动了东莞民办教育的产生、发展和壮大，并逐步形成了"政府主导、社会力量参与"的教育投入机制，形成了东莞市公办教育、民办教育共同发展的新格局。截至2012年年底，全市民办学校在校生总数达到732575人，其中幼儿园194261人、小学395976人、初中99775人、普通高中19164人、中职学校23399人，占全市在校生总数的一半以上。

3. 城镇化进程促进了东莞"以人为本"的教育管理制度的完善

东莞城镇化进程历经两代外来人口的变化。目前，第一代外来务工人员的子女开始成为流动人口的主要构成部分，新一代外来务工人员子女融入城市的意愿比上辈更为强烈，他们正经历由城乡"双向流动"向"扎根城市"的转变、由"谋求生存"向"追求平等"的转变。这促使东莞市不断深化教育改革，关注教育公平。为有效破解外来务工人员子女平等接受教育问题，东莞市坚持以人为本，实行"积分制"办法吸纳外来务工人员子女入读公办学校、购买学位和减免义务教育阶段民办学校在校生学费等多项改革措施，保障外来务工人员子女在城市接受公共教育服务的合法权益；实施"一亿元学前教育政府专项资金补助"，推动学前教育普惠工程；推进异地中考招生制度改革，促进东莞教育普惠、公平。

二、东莞市城镇化进程中教育管理体制改革的举措与成效

（一）完善机构设置，优化教育行政管理职能

1988 年，东莞升格为地级市，辖区不变，形成了较为独特的不设区、不辖县的地级市和直管乡镇的两级政府管理体制。东莞行政管理体制的基本特征，在行政结构上表现为市镇两级政府管理，行政效能高；在管理职能上表现为财权与事权匹配，服务职责清；在发展机制上表现为重心下沉，镇街和村级实力强。适应城镇化进程中教育发展的需要，东莞市教育局的机构设置也在不断调整和完善，先后增设了民办学校管理科、高等教育管理办公室、安全管理科、学前教育科、直属学校管理中心等科室和部门，优化了管理和服务，促进了管理和决策的科学化，提高了东莞市教育管理的水平。

（二）实施"三转二"办学管理体制改革

1985 年，随着东莞撤县建市，东莞市实行市、镇、村"三级办学、三级

管理"的教育办学管理体制，其中市政府负责办好市属学校，镇街政府负责办好镇属高中、中等职业学校、初中和镇中心小学，村负责办好村初中和村小学。三级办学体制一定程度上调动了镇、村办学的积极性，但由于各镇、村经济发展不平衡，教育投入的差异性显现，造成镇、村教育发展不平衡。针对"三级办学、三级管理"存在的问题，贯彻落实国家"以县为主"的义务教育管理体制的要求，结合东莞教育事业发展的实际，2007年，东莞市中小学办学管理体制由市、镇、村三级办学管理转为市镇统筹办学、二级管理，将镇街高中阶段学校（含职业中学）收回市政府统筹办学，所需经费全部由市财政预算安排；镇街初中、小学由学校所在地的镇街政府统一办学，其中镇街初中经常性办学经费由市财政按经市核定的学生人数和年生均教育成本的90%拨付，余下10%及超出市核定成本以外的经费由镇街财政负担；镇街小学所需办学经费由镇街财政承担，村（社区）不再负责学校办学和管理。实施"三转二"的办学管理体制改革后，理顺了教育管理体制，使市镇两级财权和事权划分更加合理，提高了各级学校经费保障水平，推进基础教育优质均衡发展，提高整体办学效益。

（三）完善教育经费保障机制，促进教育均衡发展

东莞市委市政府确立"人民教育政府办"的理念，建立了财政性教育经费逐年增长机制，落实义务教育优先发展政策，改革教师工资发放制度，努力保障"三个增长"与"两相当"。近年来，东莞市财政性教育经费占生产总值的比例与预算内教育经费占财政总支出的比例逐年提高，财政性教育经费投入总额不断增长。如表3所示，2012年东莞市教育经费总投入达到136.3亿元，比2006年翻了一倍多。2013年在全市一般性项目财政支出"零增长"的情况下，市财政预算用于教育方面的专项支出预算仍比2012年增加1.5亿元。另一方面，市级财政在市镇教育经费分担比例逐年增加。从2006年市镇教育经费投入比为0.62，到2012年市镇比达1.18，说明市级财政教育投入已逐渐占据主导地位。

表3　2006—2012年东莞市教育经费投入　　　　（单位：万元）

项目 \ 年份		2006年	2007年	2008年	2009年	2010年	2011年	2012年
教育经费总投入		592500	672432	710989	788416	943581	1251331	1363054
其中	市投入	135040	217686	244703	288602	301861	448851	471316
	镇村投入	219526	222765	232491	251478	263299	386309	400286
市镇比		0.62	0.98	1.05	1.15	1.15	1.16	1.18

数据来源：东莞市教育局。

东莞市不断改革财政拨付机制，落实生均公用经费正常供给，各级各类学校公用经费供给逐年增长。2012年，职业教育生均经费（不包括基建）达到7072元/生，比2007年翻了一番；小学生均经费（不包括基建）为2060元/生，近三年年平均增长15.4%（见表4）。实施教育专项补助机制，通过教育专项经费奖补形式，加强对学前教育、民办教育、职业教育的支持力度，促进了各类教育的均衡发展。伴随城镇化发展，东莞市不断建立健全教育经费保障机制，为高水平推进东莞市教育优质均衡发展提供了强有力的保障。

表4　2007—2012年东莞市各类教育生均公用经费（不包括基建）（单位：元）

学校类别 \ 年份	2007年	2008年	2009年	2010年	2011年	2012年
职业高中	3486	4278	4282	4035	5935	7072
普通高中	3266	3494	4144	3511	5763	5102
初中	2736	3220	2369	2324	2450	2846
小学	1559	1438	1485	1549	1863	2060

数据来源：东莞市教育局。

（四）创新教师管理制度，推进人事管理制度改革

健全收入分配制度，保障教师工资福利待遇。2006年9月起，东莞市在全省率先对镇（街）公办中小学教职工实行由市财政按统一标准进行工资统

发；2009 年 1 月，实施东莞市公办中小学校在编教职工绩效工资分配方案，进一步完善了学校教职工收入分配制度。为适应城镇化进程中教师数量需求不断扩大的需要，东莞市制定了中小学教师公开招聘工作方案，完善了教师公开招聘制度与编制管理制度。2010 年，东莞市教育系统启动了事业单位人事制度改革，通过岗位设置和定员定岗工作，实现人员由身份管理向岗位管理转变，促进了教师管理工作的科学化和制度化。同时，东莞市积极推进名师、名校、名校长的"三名"工程建设，建立涵盖市、镇、校三级的激励性教师专业化发展体系，构建教师专业成长阶梯；加强校长和后备干部队伍建设，推动校长专业化发展。此外，积极探索"合同制"方式妥善解决历史存留的中小学校代课教师问题。

（五）探索"积分制"方式，解决外来务工人员子女教育问题

伴随着东莞城镇化发展，东莞外来务工人员的数量和规模不断扩大，其结构也从分散的"单身外出"逐渐转变为"举家迁徙"的"家庭流动"，外来务工者随迁子女已成为进军城市的一个不断壮大的群体，其平等接受公共教育服务的问题日渐突出。2001—2012 年，全市外来务工人员子女由不足 10 万人剧增至 60.9 万人，增长了 5 倍多，并继续以年均 4 万—5 万人的速度增长（见表5）。

为了较好地解决外来务工人员子女就学问题，推进教育公平，东莞市把外来务工人员子女义务教育纳入经济社会发展规划，实施外来务工人员子女就学工程，采取公办中小学挖潜扩容和鼓励兴办民办学校"两条腿走路"的办法，有效解决外来务工人员子女接受义务教育的问题。2009 年，东莞市出台了《东莞市新莞人子女接受义务教育暂行办法》，率先在全省通过"积分制"办法，接收符合条件的外来务工人员子女入读东莞市义务教育阶段公办学校。2012 年，东莞市出台了《东莞市企业人才子女入学暂行办法》，实施"同等户籍待遇"政策，解决企业人才子女入学问题。2012 年全市通过"积分制"入学的外来务工人员子女人数（含起始年级和非起始年级）达 20507人，比 2011 年增长 25.9%。实施"积分制"入学政策以来，东莞市已有 65496 人通过"积分制"方式入读公办学校。未来，东莞市还将逐年扩大"积分制"入学的惠及面，力争外来务工人员子女入读公办中小学校的数量每年保持不低于 10% 的增长率。

表5 2001—2012年东莞市义务教育阶段在校生人数

(单位:万人)

年份		2001年	2002年	2003年	2004年	2005年	2006年	2007年	2008年	2009年	2010年	2011年	2012年
全市学生总数		389267	446662	498403	574582	619684	653804	494111	713126	693874	740255	767711	800185
其中	户籍学生人数	289853	293554	292698	289578	284306	271970	256818	241732	225175	211624	199024	191070
	(%)	74.5	65.2	58.7	50.4	45.9	41.6	37	33.9	33.5	28.6	25.9	23.95
		(%)	(%)	(%)	(%)	(%)	(%)	(%)	(%)	(%)	(%)	(%)	(%)
	新莞人子女数	99414	153108	205705	285004	335378	381834	437293	431394	468699	528631	568687	609115
	(%)	25.5	34.3	41.3	49.6	54.1	58.4	63	66.1	67.5	71.4	74.1	76.1
		(%)	(%)	(%)	(%)	(%)	(%)	(%)	(%)	(%)	(%)	(%)	(%)

数据来源:东莞市教育局。

（六）探索人才培养新模式，推进职业教育管理体制改革

近年来，东莞市高度重视职业教育的发展，通过加大投入，整合资源，扩大规模，提高质量，初步建立了以服务为宗旨、以市场为导向，学历教育与职业培训相互结合、中职与高职共同发展的现代职业技术教育体系。一是统筹规划，推进资源整合。2007 年，东莞市实施了高中阶段学校布局调整，新建和扩建中等职业学校 9 所；2009 年，在东部生态园划出 2000 亩土地，投入 20 多亿元兴建东莞职教城，集学历教育、职业培训、实训实习和技能鉴定等功能于一身，着力打造成为东莞职业教育高地。2012 年，东莞市人民政府出台《东莞市中职教育资源整合实施方案》，进一步明确中职学校发展定位、突出办学特色、优化资源配置，同时抓好示范性职业学校创建和重点专业建设，推动了职业教育内涵发展。二是深化校企合作，创新人才培养模式。近年来，东莞市除推动学校与企业共建校外实习实训基地外，还积极推动学校与企业开展深层次校企合作。改革传统教学模式，积极探索"车间进校""企业课堂·岗位学制""企业专班培养"等多种人才培养模式。三是推动中职与高职衔接贯通，拓渠道、促发展。东莞市作为"广东省职业教育综合改革试验区"，积极开展中高职衔接培养模式的探索试验，实施中高职五年一贯制培养模式，促进高等职业教育与中等职业教育的课程体系衔接，优化培养过程，进一步提高教育质量。

（七）完善教育督导制度，推进基础教育优质均衡发展和民办教育规范发展

东莞市将"优质均衡提高"发展作为基础教育发展的目标，在创建省教育强市和推进建设教育现代化先进市的过程中，充分发挥教育督导的监督、检查、评估、指导等作用，不断完善教育督导制度。通过实施《东莞市镇街党政主要领导干部基础教育工作责任考核试行办法》，落实各级政府责任，有效促进了东莞基础教育的优质均衡提高发展。2005 年 12 月，东莞市顺利通过了广东省教育强市督导验收组的督导验收。2007 年，东莞市实现了广东

省教育强镇全覆盖。2012 年，东莞市政府又确定了 2015 年完成创建广东省推进教育现代化先进市的目标，目前，东莞市已全面启动了创建教育现代化先进镇街的工作。

此外，加强监管，规范督导民办教育。为确保全市民办教育健康有序发展，东莞市除了制定一系列文件规定保证日常运作的规范化之外，还加大管理与教育督导力度，实施民办学校星级管理制度，制定奖励办法，对于通过"规范化学校""三星级学校""四星级学校"和"市一级学校"督导评估的民办学校，政府给予一次性资金奖励，激励民办学校不断改善办学条件、提高管理和办学水平。同时，加大力度查处违规办学行为，清理整顿无牌无证办学和跨层次招生等无序竞争行为，引导民办学校规范办学、创强评优，提高办学水平。

三、东莞市城镇化进程中教育管理体制改革主要问题及成因分析

（一）"以县为主"教育管理体制要求与管理人员编制不足之间的矛盾

2002 年，东莞市根据国务院办公厅《关于完善农村义务教育管理体制的通知》规定，取消镇一级文教办的设置，并取消相应的编制设置，仅根据文件精神保留"一至二名助理或干事协助乡（镇）长管理具体教育事务"。由于东莞市是不带县的地级市，行政架构比较特殊，撤销镇一级教育行政管理部门，使得东莞教育在行政架构层面上只存在一级管理，由教育局直接管理东莞 33 个镇街超过 1000 所中小学校（含幼儿园），任务繁重。宏观上"以县为主"的教育管理体制改革与东莞市地方教育管理实践存在不协调、不吻合的情况，这在具体实施上容易出现管理上的缺位及执行上的不到位问题。另一方面，就目前东莞教育办学经费的投入情况看，镇级财政在教育经费投入上承担着近一半的比重，撤销乡镇行政教育管理部门与编制设置，会导致

财权与事权不对称，削弱镇一级办学积极性。而且在实际教育管理中，很多教育事务需要相关人员负责实施，大部分镇街虽然撤销了文教办等教育行政机构设置和人员编制，但仍保留相对应的管理机构和人员协助做好镇街的教育管理工作，这就产生机构地位与工作人员身份上的尴尬困境，不利于教育管理工作的效能提升与科学发展。

（二）"两个为主"政策落实与地方财力有限之间的矛盾

实施市镇二级办学体制以来，东莞市教育经费投入总量逐年增加，经费供给渠道更加顺畅，公立学校公用经费供给得到切实保障，从根本上避免了由于镇街村居经济发展不平衡带来的办学经费投入随意性，改善了镇街之间、学校之间教育发展不平衡状况。但是，如此的教育经费投入增长水平仍难以落实国家"两个为主"政策，地方有限的财力难以有效破解学位供给与需求之间的矛盾。一方面，教育支出占比大，市镇财政压力大。2012 年，东莞市财政性教育投入共 91.64 亿元（含收费收入 4.48 亿元），占东莞市一般预算支出 389 亿元的 23.49%，达到并超过了广东省下达的指标。截至 2012 年年底，东莞市共有 60.91 万名非户籍学生在东莞市义务教育阶段公办、民办学校就读。在公办中小学就读的 14.21 万名外来务工人员子女中，小学有 11.49 万人，初中有 2.72 万人，按 2012 年东莞市中小学培养成本小学每生每年 10573 元、初中每生每年 14434 元的标准测算，东莞市财政每年已为外来务工人员子女在公办学校接受义务教育支出约 16.07 亿元。如果切实贯彻国家提出的"两为主"政策，在民办学校就读的 46.71 万名外来务工人员子女全部通过公办学校解决，则每年还需增加投入约 53.71 亿元，每年为义务教育阶段外来务工人员子女投入合计 69.78 亿元，而 2012 年东莞市财政一般预算收入为 356.32 亿元，仅此一项就占市财政预算收入的 19.6%，加上本地生源义务教育的必需支出，合计教育支出占市财政预算收入的约 40%，如此庞大的支出，东莞市财政将难以承担。同时，镇街财政教育经费负担也不断增加。根据二级办学经费分担规定，镇街财政是全市教育经费投入的重要部分，随着生均培养成本的不断增加，以及免费义务教育等一系列教育优惠政策的铺开和不断完善，镇街教育经费的负担越来越重，个别镇街因经济状况的变化，甚至难以保障教育经费的稳定投入。以免费义务教育为例，根据广东省关于完善免费义务教育政策要求，东莞市在公办学校全面实行免费义务教育的基础上，从2013年春季学期起，按省定公用经费补助标准和免费教科书标准，对民办学校全体在校生（不分户籍）给予减免。为了落实该项政策，2013—2015年，镇街财政需要较大幅度增加教育投入，由2013年的2.31亿元增加到2015年4.03亿元（见表6），镇街教育经费负担日益增加。另一方面，中央与省财政转移支付乏力，金额较少。近年来，中央和省通过进城务工人员随迁子女接受义务教育中央财政奖励资金、国家助学金、公用经费以及校安工程补助等方式对东莞市的教育经费进行补助。据统计，2009—2011年中央和省对东莞市分别补助1.3569亿元、1.9965亿元、1.9204亿元，而三年东莞市教育投入分别达到49.29亿元、65.31亿元、83.23亿元，中央和省补助分别仅占东莞市这三年教育投入的2.75%、3.06%、2.31%，显然，中央和省给予的教育补助比例偏低，金额较少。

表6　2013—2015年东莞市义务教育公用经费补助标准及中央/省、市、镇的承担额

年份	补助标准		经费负担（亿元）			
	小学	初中	合计	中央、省	市财政	镇财政
2013年	850元（含公用经费补助750元和教科书补助100元）	1330元（含公用经费补助1150元和教科书补助180元）	4.10	0.88	0.91	2.31
2014年	1050元（含公用经费补助950元和教科书补助100元）	1730元（含公用经费补助1550元和教科书补助180元）	5.89	1.11	1.39	3.39
2015年	1250元（含公用经费补助1150元和教科书补助100元）	2130元（含公用经费补助1950元和教科书补助180元）	7.08	1.35	1.70	4.03

数据来源：东莞市教育局。

（三） 学前教育普惠发展与系统性政策扶持乏力之间的矛盾

一是学前教育成本分担机制不完善。学前教育政府分担比例低，财政性经费投入少。2010 年以来，东莞市及各镇街财政在学前教育投入的总值逐年增长，2012 年市政府设立 1.01 亿元的学前教育专项经费，财政性学前教育投入的比重有所提高，但仍然只有 2.4%，处于相对较低水平。二是投入结构单一，投入方式有待优化。财政性学前教育投入主要集中在公办园，民办园较难得到市财政的"雪中送炭"。2012 年起东莞市实施了 1 亿元学前教育政府专项补助资金，主要用于办园条件的改善、提高教师待遇和师资培训等方面，采用"以奖代补"的形式，惠及全市大部分幼儿园，这对引导学前教育普惠性发展起到较积极的作用，但也有其明显的局限性，部分原来基础较差的非等级民办园得不到更多的支持。三是普惠性学前教育缺乏政策引导与系统支持。例如，小区幼儿园配套政策缺乏具体实施细则。国家和省虽然出台了小区配套园管理的相关政策和要求，但在实施过程中，由于没有具体的政策执行细则，小区规划设计时配套建设的幼儿园往往被挪作他用。缺乏产权归属的清晰政策引导，各镇街难以顺利收归小区配套幼儿园举办公办园。这迫切需要在现在政策基础上出台相关配套实施细则，对小区配套幼儿园的产权、移交、使用及管理等制定具体执行方案。

（四） 规范发展与民办教育管理体制不完善之间的矛盾

一是管理架构不完善，管理人手不足。东莞镇街一级没有独立设置教育行政管理机构，行政管理力量薄弱，面对当前民办教育快速发展、民办学校数量激增的情况，在管理人手有限的情况下，难免出现管理不到位的情况。二是行政执法缺乏政策依据。由于从国家到省、市没有具体的可操作性强的行政处罚措施，镇（街）教办普遍感到管理民办教育的责、权不一致，管理难度大，难以建立起强有力的教育行政执法队伍，对违法办学和恶性竞争的处置收效甚微。如对无证办学进行清理取缔时，由于缺乏处罚的法律、法规依据，只能责令其停止办学，强制分流学生，而不能对办学者进行经济、民事或刑事上的处罚，导致无证办学现象屡禁不止。三是缺乏分类管理机制，影响办学质量提升。目前，东莞市对民办学校未实施分类管理，缺少有效的监控机制。教育主管部门对学校经费收支未能有效监控，相关法律文件对于民办学校"合理"的收益难以调节，学费用于教师职工支出比例差异大，大部分学校办学者为了获取更多利润尽可能节约成本甚至压低教师工资，影响教师队伍建设，不利于办学质量的提升。

（五）教育内涵发展与激励评价机制不完善之间的矛盾

一是教育质量评价机制不够科学。从教育评价主体来看，当前东莞教育质量评估主要由市教育督导室负责，主体较为单一，社会力量参与评估的机制尚未建立，"管、督、评"未能有效分开；从评价内容、评价标准、评价过程、评价目的等来看，目前的教育质量评价体系仍没有达到形成真正意义上的形成性评价、发展性评价的目的，仍不能很好地发挥评价促教育发展的功能，不能满足教育内涵发展的要求。二是职业教育评价体系有待完善。从各类教育质量评价体系来看，基础教育与职业教育的评价应有所区别。目前，职业教育的评价虽有独立的体系，但静态评价多，动态评价少，没有把企业评价列为职业教育评价体系中的重要组成部分。三是教师竞争激励机制有待健全。教师职务聘任制度难以取得良性竞争效果，评聘不分、"一聘永逸"、能上不能下的现象依然存在，影响了人才队伍的竞争力。全市教师交流制度尚未建立，不利于区域内教育资源的均衡配置，与建设现代教育人事制度的要求不相适应。

四、城镇化进程中东莞市教育管理体制改革的政策建议

（一）简政放权，对超大规模的镇赋予县级教育行政管理权

适应城镇化教育管理发展的需要，建议对超大规模的镇赋予县级教育行

政管理权。在教育规模较大的镇街设置相对应的教育管理机构，给予相应的人员编制，承担普通县级教育管理责任。如表7所示，当前，东莞部分的镇街如长安、虎门等大镇无论在人口总量还是在经济总量上，均远远大于一些市的县区。在超大规模的镇区成立相当于县区级的教育管理机构，主管该镇区及周边相关镇区的教育管理事务，形成与"市—镇"二级办学相对应的教育行政管理架构，以更好地实施教育管理与服务，增强执法力度，更好地推动当地教育的创新发展。

表7　2011年东莞市虎门镇、长安镇与外市部分县区经济、人口指标比较

	2011年地方GDP（万元）	2011财政收入（万元）	常住人口（万人）
东莞市虎门镇	3473800	169952	63.87
东莞市长安镇	2704000	142000	66.42
惠州市龙门县	849961	51421	26.79
清远市连州市	907610	55151	50
潮州市湘桥区	1121483	23997	34.46

数据来源：《广东统计年鉴2012》。

（二）完善教育经费投入机制，推进教育均衡发展

1. 健全中央财政转移支付机制，加大给付力度

教育投入是教育改革和发展的前提，也是实现教育公平的基础。我国义务教育是以户籍制度为基础的，实行"地方负责、分级管理"的模式，义务教育经费主要是由地方政府负担，按户籍人数下拨生均经费，由于外来务工人员子女没有流入地的常住户口，往往在民办学校无法享受免费义务教育。因此，解决外来务工人员子女接受义务教育问题，中央、省、流入地和流出地政府均要承担一定的责任。建议国家改变目前中央财政的"外来务工人员随迁子女奖励资金"的分配方法，变奖为补，根据流入地义务教育阶段外来务工人员随迁子女实际在校生人数划拨，采取中央财政转移支付措施，合理分担外来务工人员子女义务教育经费。国家和省要进一步加大对地方的支持

力度，逐步建立中央适当补助，流出、流入地的省、市、县三级政府合理分担的机制，根据各市教育人口比重，结合经济发展增量制定动态标准，不断调整，从而调动流入地政府的积极性，切实落实教育均衡发展的财政保障。

2. 优化教育经费投入结构，促进教育均衡发展

在地区国民经济实力不断增强的情况下，地方财政要坚持优先发展教育，加大教育的支出比重，改变教育支出比重过低的局面，确保教育公益性发展，提升教育质量。同时，要优化教育支出结构，解决教育发展中的重点、难点、突出问题，推进教育的现代化发展。就东莞市而言，一是要完善学前教育经费投入占比，健全学前教育经费投入保障机制。把学前教育纳入公共服务体系，加大财政经费投入。二是加大对职业教育的投入。在进一步完善职业院校设施设备尤其是技能实训设备经费投入的同时，要制定推动校企合作的优惠政策，在税收优惠、培养成本补偿、安全责任分担等方面出台政策措施，形成校企合作长效机制，实现校企合作向纵深发展。三是对经济落后镇区教育发展实施专项补助，加大这些镇街的教育设备、校舍改造、教师培训等方面的专项资金扶持力度，增强落后镇区教育的综合实力，促进全市教育的均衡发展。

（三）推进综合改革，构建普惠型学前教育公共服务体系

1. 加强立法，完善学前教育法规政策体系

一是建议国家尽快出台学前教育法，通过立法明确规定各级政府对学前教育投入的责任，规定经费比重，实行学前教育经费的单项列支，建立政府、社会和家长学前教育经费合理分担机制。二是建议省统一出台配套的政策，研究和制定出较为完善的学前教育普惠性发展意见和政策，制定可操作的小区幼儿园配套政策和实施细则，出台外来务工人员子女入读公办园的指导意见和管理办法，保障外来务工人员子女均等享受优质学前教育资源的权利。

2. 加强管理，健全学前教育长效管理机制

一是实行属地管理，加强监管。对各类学前教育机构进行定期审查与动

态监管，积极构建"责任落实，过程规范，服务到位"的政府和市场、社会共同参与的新型治理模式。二是实施幼师常规管理注册登记备案制度，建立市一级幼儿园教师管理数据库；完善培训体系，全面建立贯通职前和职后教育的立体化、全覆盖的幼儿教师培养培训网络。

3. 强化责任，加大普惠性幼儿园建设扶持力度

建议设立普惠性幼儿园专项扶持资金，扩大财政性学前教育经费惠及面，建立稳定长效投入与灵活专项投入相结合的财政投入机制，优化学前教育财政性资金的投入结构和投入方式。积极构建多层次学前教育适龄儿童入园资助体系。

（四）分类管理，推动民办教育有序规范发展

1. 建立民办学校分类管理机制

建议国家统一制定细则规范实施民办学校的优惠扶持政策，建立健全民办学校分类管理机制，把民办学校进行营利性与非营利性分类，制定非营利性民办学校认定标准，加大对非营利性民办学校的教育经费扶持与财政补助资金投入，在税收政策、用地规划及配套设施上给予更大的优惠；在原有对民办学校的各专项扶持资金的基础上，研究制定《义务教育阶段民办学校学位补贴办法》，对委托招收义务教育阶段户籍学生以及符合接受免费义务教育条件的非户籍学生的民办学校，根据在校生人数和办学条件、办学水平，按照同级同类公办学校生均拨款标准的一定比例给予补贴。

2. 建立和完善民办教育风险防范机制

为防范民办学校举办者借办学之机敛财，在资金链断裂时恶意抽逃办学资金，导致学校难以为继，师生权益受到侵害，根据目前国家及省的风险防范机制和应急机制有关政策，建议建立和完善民办学校风险保证金制度，并由省一级尽快制定具体的操作性强的实施细则。同时，加大对无证办学违规行为的查处惩治力度，完善民办教育督导机制，整治民办教育秩序制度，制定整治的政策和措施，建立健全由各级政府综合治理机构牵头，教育、工商、

公安、民政、物价、国土资源、消防等部门联合执法的机制，加大对擅自无证办学的办学者的处罚力度，明确规定违规办学者在经济、民事甚至刑事上的责任，整治违法违规办学行为。

（五）建立第三方评价机制，推进教育评价科学公平

改变目前政府单一主体的评价模式，推进办学质量评估市场化改革，引入社会力量参与办学质量评估，建立并实施第三方评价机制。构建企业、行业、研究机构、学生及家长等第三方参与的教育质量评价信息化平台。结合各类教育的发展规律和发展要求，制定各类教育的第三方综合评价标准，积极引入专业化评估公司、社会团体、企业、行业等多方参与学校管理的办学体制改革，逐步完善教育质量评价机制。充分发挥政府教育督导室与第三方评估机构的专业职能，积极为各类教育教学评估和质量监测提供技术支持和业务指导，构建多元评价格局，推进教育教学评价科学合理、公正公平。

（本报告由东莞市教育发展研究与评估中心承担。）

案例：东莞市发展民办教育、解决义务教育学位紧张问题

一、问题的背景与成因

东莞市城镇化发展带来户籍人口的增长及外来人口"举家迁徙"式的聚集，每年学龄儿童数量剧增，对中小学学位的需求大幅增加；特别是外来务工人员子女数量多、增长快、流动大，给东莞市教育资源的布局与调整带来严峻的挑战。2001—2012年，外来务工人员子女在东莞市义务教育阶段就读的人数呈快速增长态势，由不足10万人剧增至60.9万人，每年以5万人的增长速度递增（见图1）。外来务工人员子女的流动和聚集对东莞市公办义务教育资源的配置形成了极大的压力。

二、问题的解决与政策举措

东莞市政府积极采取措施，坚持"两条腿"走路的方法，解决义务教育学位紧张问题。一方面，通过对公办中小学校进行结构优化调整，鼓励公办学校挖潜扩容，增加公办学校的学位供给。至2012年，在公办学校入读的外来务工人员子女人数达到142064人，占东莞市公办学校学位的46.7%。另一方面，积极发展民办教育，引导社会民间资本投资教育，改变了政府包揽

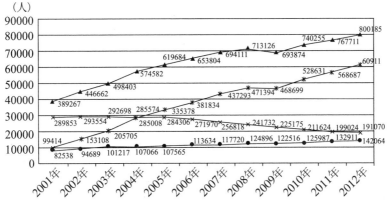

图 1　2001—2012 年东莞市义务教育阶段在校生人数发展趋势

数据来源：东莞市教育局。

办学的状况，逐步形成了政府办学为主，市场、社会共同参与的发展格局。截至 2012—2013 学年，东莞全市经批准开办的民办普通中小学 247 所，占全市中小学学校总数的 46.96%；其中小学 110 所、初中 9 所、九年一贯制学校 115 所、完全中学 1 所、普通高中 1 所、多层次学校 12 所。民办学校在校生总共有 514915 人，占全市中小学生总人数的 58.78%；其中小学生有 395976 人、初中生有 99775 人、普通高中生有 19164 人（见表 1）。适应形势发展，东莞市不断加大对民办教育的扶持力度，采取积极措施规范引导民办教育健康发展。

表 1　东莞市中小学校数量、学生人数分布情况

	中小数量（所）	中小学生人数（万人）			
		总人数	小学生	初中生	高中生
全市	526	87.6	60.81	19.19	7.6
其中：民办	247	51.49	39.5976	9.9775	1.9164
民办占比	46.96%	58.78%	65.12%	51.99%	25.22%

数据来源：东莞市教育局。

（一）科学规划，促进民办教育规模发展

1. 立足实际，科学引导

东莞第一所民办学校于 1993 年经批准成立，早期的民办学校大多数是按照高起点、高配置、高收费的标准设置，主要面向高收入群体的子女，尤为强调教学特色，学校收费较高。随着东莞外来务工人员的增加，普通务工人员子女对义务教育学位的需求不断增加。为满足这部分外来务工人员子女入学的需求，1999 年，东莞市教育局批准成立第一所面向外来务工人员子女的民办学校——长安培英小学。随后，越来越多的民办学校在政府的引导下，开始面向广大外来务工人员子女敞开大门。2001 年后，随着外来务工人员子女每年以 5 万—8 万人的速度递增，公办学校的学位已经无法满足需要。针对这一现状，2002 年 6 月，东莞市召开了民办教育工作会议，鼓励引导社会资金参与办学，民办教育进入高速发展时期，全市民办学校的数量以每年30—40 所的速度增加。

2. 统筹规划，科学发展

为进一步推动全市民办教育健康发展，2005 年，根据各镇街外来人口分布状况和教育需求，东莞市制定了全市民办学校未来三年发展规划，科学、合理地布局民办学校，促使全市民办教育整体协调发展。2012 年，东莞市出台《关于做好东莞市"十二五"时期教育资源配置的工作意见》，制定了全市公办、民办中小学和幼儿园未来五年发展整体规划，对各镇街各类学校（幼儿园）数量、公民办比例等进行了系统规划，使全市教育布局、规模、结构更加科学合理，更好地适应东莞市经济社会发展的需要。

（二）加强管理，推进民办教育规范发展

1. 建构定制，管理规范

伴随着民办教育规模的逐渐扩大，民办学校办学水平参差不齐，民办学校间出现了无序竞争，部分镇区存在无证办学等情况，为规范民办学校的日常教

学和促进民办教育的健康发展，东莞市教育局在 2002 年 5 月成立了民办学校管理办公室，挂靠在教育局基础教育科。2005 年 2 月，经市政府批准，正式设立民办学校管理科，专门负责民办中小学、幼儿园的设置审核和监督管理工作。各镇街也相应成立了民办教育管理办公室，专门负责民办教育的管理工作。为贯彻《民办教育促进法》及其实施条例，东莞市先后出台了《关于做好民办中小学审批工作的通知》《东莞市民办学校管理办法》《关于进一步扶持民办教育发展的若干意见》《东莞市民办学校扶持专项资金使用管理办法（试行）》和《东莞市民办学校财务管理办法（试行）》等规章制度，对全市民办学校的办学条件、审批程序、规范管理等问题都做出了具体的规定，同时，建立了民办中小学、幼儿园的年检制度，引导和规范民办学校办学行为。2008 年 6 月东莞市制定了《东莞市民办中小学督导评估方案（试行）》，2011年制定了《关于推进东莞市义务教育阶段民办学校规范化建设的实施方案》，推进民办中小学等级学校创建和民办中小学规范化学校建设，促使民办学校办学行为更加规范，办学条件更加改善，学校管理更加完善。

2. 加强督导，规范发展

2012 年东莞市教育督导室根据民办中小学发展的新要求，进一步修订完善了《东莞市民办中小学督导评估方案》，通过"规范化学校""三星级学校""四星级学校""市一级学校"的督导评估，促使民办学校的办学条件和教育教学管理水平得到显著提升。2012 年，东莞市政府颁布《关于奖励被评为广东省义务教育规范化学校的民办学校问题的复函》，对本市 2015 年前被评为广东省义务教育规范化学校的民办学校给予资金奖励，奖励标准为小学层次每所 15 万元、其他层次（含九年一贯制、初中、完中、多层次）每所20 万元。2013 年，东莞市财政该项支出达 1625 万元，有效推动了义务教育阶段民办学校的规范化建设工作。目前，全市民办学校中三星级及以上等级学校有 126 所、义务教育规范化学校有 129 所。

（三）政策扶持，推动民办教育健康发展

2009 年，东莞市政府出台《关于进一步扶持民办教育发展的若干意见》，

就民办学校的税费减免、维护教师及学生权益、人才引进等方面提出十条扶持政策措施，民办学校享受与公办学校同等优惠政策。同年，出台《东莞市民办学校扶持专项资金使用管理办法（试行）》，规定设立东莞市民办学校扶持专项资金，从 2010 年起至 2014 年连续五年，市财政每年安排 1000 万元专项资金，用于鼓励和扶持民办学校发展。同时，各镇街也相应出台了对民办教育的扶持政策，设立专项扶持资金，促进镇街的民办教育健康发展。如长安镇从 2011 年起每年安排 100 万元设立民办教育专项经费，用于表彰有突出贡献的民办学校、奖励教学成绩优异的民办学校教师和开展民办教师培训等。2012 年，为加强校车管理，东莞市出台《东莞市校车财政补贴实施方案》，从 2013 年起市财政安排校车财政补贴专项经费，当年，市财政用于民办学校校车方面的补贴约为 6292 万元。

（四）加大投入，扩大免费义务教育惠及面

为贯彻落实《中共广东省委、广东省人民政府关于推进农村免费义务教育的决定》，东莞市不断推进免费义务教育。至 2008 年，实现义务教育阶段本市户籍学生完全免费教育。2009 年起，东莞市取消了义务教育阶段公办学校非本市户籍借读生书杂费，对所有入读义务教育阶段公办学校的外来务工人员子女实行全免费教育。从 2013 年春季学期起，东莞市根据省财政厅、省教育厅《关于调整完善城乡免费义务教育政策的通知》精神，对在东莞市义务教育民办学校就读的中小学生给予小学每生每年 650 元、初中每生每年 930 元的公用经费和教科书免费补助。单此一项，2013 年东莞市财政即投入 1.34 亿元，大大减轻了东莞市进城务工人员随迁子女接受义务教育的经济负担，进一步推动全市义务教育普惠、均衡发展。

三、成效与建议

（一）取得的成效

1. 有效缓解义务教育学位供需矛盾，较好地解决了外来务工人员子女的"入学难"问题

根据招生对象不同，东莞市民办中小学校主要分为三类：一类是台商子弟学校和国际学校，招生对象主要是来莞投资或工作的台商子弟和外籍人士子女；一类是相对高收费的学校，招生对象主要是家庭收入较高、对教育有多样化需求的学生，如东华高级中学、光明中学等共27所；另一类是普通收费的民办学校，招生对象以外来务工人员子女为主，共有219所。多种类型民办学校的设立，扩大了义务教育学位资源供给，满足了社会成员教育需求的多样性。2012年，全市80万名在校中小学生中，义务教育阶段的非东莞籍学生达到了60.9万人，除14.5万人在公办学校就读外，在民办学校就读的有46.4万人。

2. 民办教育质量逐年提高，使更多的外来务工人员子女享受到优质教育服务

从一定意义上说，东莞市民办学校已与公办学校呈并驾齐驱之势，并涌现出一批上规模、上档次、上水平、声誉好的民办学校。东莞市通过奖励规范学校建设和等级学校评估等政策，多举措推进民办教育发展，提升民办学校的办学质量水平，进一步促进了公办、民办教育的优质和谐发展，使更多的外来务工人员子女享受到优质教育。2012年，由于东莞市民办教育业绩突出，获得广东省民办教育专项资金义务教育阶段一等奖（全省设最高奖为一等奖1个市）。

（二）对策与建议

1. 健全和落实民办学校的优惠扶持政策

各地的优惠政策不一，对民办学校的优惠扶持力度也不尽相同。建议国家和省、市各级政府协调各相关职能部门，统一制定具体的政策措施。同时，国家和省、市应在财政上加大对民办教育的扶持力度，建立民办学校分类管理制度，给予非营利性民办学校资金补助。

2. 完善整治民办教育秩序的制度

建立健全由各级政府综合治理机构牵头，教育、工商、公安、民政、物价、国土资源、消防等部门联合执法的机制，加大对无证办学的办学者的处罚力度，大力打击违法违规办学行为。

3. 建立义务教育财政分担机制

面对解决非户籍常住人口子女的教育问题，东莞市经济压力和社会管理压力明显增大。在义务教育经费上，应该尽快建立义务教育经费合理分担机制，建立全国学生学籍信息平台，探索实施义务教育经费"钱随人走"制度，加大国家、省、市财政对义务教育的投入比例。对于东莞这样存在大量非户籍常住人口的地区，应予以重点扶持，在专项资金补偿、土地使用政策、考评等方面给予倾斜。

4. 建立和完善民办教育风险防范机制

为防范民办学校办学者借办学之机敛财，在资金链断裂时恶意抽逃办学资金，导致学校难以为继、师生权益受到侵害的事件发生，根据目前国家及省的风险防范机制和应急机制有关政策，建议建立和完善民办学校风险保证金制度，并由省一级尽快制定具体的操作性强的实施细则。

（本报告由东莞市教育发展研究与评估中心承担。）

案例：西安市"大学区管理制"改革分析

2012 年年初，西安市教育局出台了《关于推行"大学区管理制"的实施意见》，开始在新城、碑林、莲湖、雁塔 4 个区推行改革试点，4 个试点区的 283 所学校共划分为 72 个大学区，2013 年春正式在全市范围推开，将全市 1788 所中小学组建成 416 个大学区，1295 所幼儿园也组建为 303 个学前教育大学区。"大学区管理制"改革实施两年来，收到明显实效，得到上级部门和社会的广泛认可。

一、西安市"大学区管理制"改革的基本情况

西安市是一所高校云集的大城市。相对于高等教育而言，基础教育总体上比较薄弱，优质教育资源短缺且配置不均，整体办学水平不高。随着城市化进程的不断加快，"择校热"问题愈来愈突出，社会反响强烈。这不仅影响了西安市的经济社会发展，也制约着基础教育的健康发展。为了解决上述问题，西安市在深入调查研究的基础上，启动了"大学区管理制"的改革。

这一改革的工作思路是：贯彻落实《国家中长期教育改革和发展规划纲要（2010—2020 年）》，立足西安实际，以优化教育资源配置、构建合作共生为手段，通过学区长学校示范引领、输出办学理念、师资资源、教学与管理方法以及共享教育教学资源等办法，推进全市基础教育向内涵和均衡方向发展，以期实现区域内优质教育资源的趋于均衡，全面提升基础教育办学水平，

从根本上解决"择校热"问题。

大学区的组建，是由教育部门指定一所优质学校为学区长学校，吸纳3—5所同层次的相对薄弱的成员学校就近组成一个大学区。大学区内实行"九个统一"的管理模式，即统一管理策略、统一设施共享、统一教学计划、统一教师安排、统一课程资源、统一备课活动、统一师资培训、统一质量监测、统一评价激励。运行模式分为紧凑型、松散型和混合型三种。

西安市教育局制定并实施了《推进大学区教师交流工作的实施意见》，对大学区教师交流的人员比例、激励措施做出明确规定，通过实施教师转任交流，选派支教教师和管理干部互派挂职，设立名师工作室带领青年教师专业成长等多种途径，支持和壮大薄弱学校师资力量。2013年，西安市财政设立5000万元"大学区制"改革专项经费，各区县也按照比例落实了配套资金。

二、西安市"大学区管理制"改革初见成效

"大学区管理制"改革给西安基础教育带来很大变化，以"九统一"为核心内容的管理机制初步形成，学区长学校的示范引领作用得到有效发挥，区域教育资源均衡程度提高，中小学办学水平不断提高，学校办学体制正在由封闭走向开放，广大师生逐步实现了从"学校人"到"学区人"的转变。"大学区管理制"改革让诸多薄弱学校分享了优质教育资源，提振了发展信心。

在试点过程中，各学校对改善教育"硬环境"，提升教育"软实力"的教育目标更加明确，实现了从不了解到理解，从模糊思路到具体行动的转变。大学区以教科研为抓手，积极探索新的管理模式。试点区学校两年教改课题共立项461个，涉及课堂教学研究、初高中教育衔接研究、教育质量评价研究等多项内容。

各大学区积极探索合作共生的教育教学管理机制，一批大学区联合教研

组先后成立，为落实"九统一"搭建了互动的平台。参与活动的教师认为，这项改革使校本研修活动真正发挥了"个人反思、同伴互助、专家引领"的作用。雁塔区航天中学已与其成员学校互派 30% 的教师进行校际交流。碑林区大学南路小学学区、西安铁一中学区、西北大学附中学区开展的教师交流活动，不仅使教师受益匪浅，也深受学生好评。

大学区管理制改革使校长们的办学视野更加广阔，不仅"独善其身"，而且"兼济天下"。他们认为，大学区对目前相对优质学校扩大其优质教育资源是个绿色通道，对相对薄弱学校的提升是个加速器，是推动教育资源均衡化的有效途径。也有部分成员学校表示，以前同级同类学校间主要是自说自唱，互动很少，大学区使一般学校有了向好学校学习的机会。许多学校通过名师和学科带头人互相研讨、教学观摩及网上共享资源等途径，加快了教师成长的步伐。

三、对进一步推进"大学区管理制"改革的几点建议

1. 加强理论研究，引领大学区发展

针对"大学区管理制"实践操作层面的经验比较多，理论探讨比较少的实际，加强对这方面的理论研究，使更多的经验知识上升为学术知识，提升其理论高度。可邀请高校相关教育管理专业的研究人员参与到此项改革中来，从专业研究的视角来对大学区管理制改革进行系统的、有针对性的理论建构与探讨。对目前这项改革的执行情况进行深入的调研，广泛听取基层校长、教师、学生和家长对此项改革的意见和建议。召开大学区教育管理制改革专家咨询会议，听取学者们对这项改革的理论剖析与实践反思。当前重点可以从协同创新的理论视角，开展全方位的联合攻关，通过建立政府、高校、教育行政部门、学区长学校、学区学校共同参与的协同创新共同体，发挥各部门人员的优势，集中攻克目前运行中出现的相关难题。

2. 打破区域和体制界限，创新大学区设置方式

在全市范围内组建紧凑型和跨区域大学区，不断扩大优质教育资源的效能。现在改革中面临的主要问题在于教师交流深度不够、农村郊县的学区长学校优势不足，难以起到以强带弱的作用。针对这些问题，有必要探索大学区新的组建模式，楔入以城带乡的"一帮一"的因素，积极探索和组建跨行政区域的大学区，逐步实现教育资源由小区域均衡向大区域均衡跃升。

3. 利用信息化手段，建立大学区新型教育交流平台

目前在农村地区，大学区的学区长学校和成员学校之间、成员学校和成员学校之间距离较远，交流不便。今后要进一步完善教育信息化基础设施和网络环境，加快"班班通""网络实名空间人人通"等项目建设，用现代化信息技术手段促进大学区内教育教学活动的深度融合。

4. 总结经验，树立典型，完善大学区考核激励机制

针对目前大学区管理制评价体制机制还不够完善的实际，把完善改革考核激励机制作为工作重点。认真总结大学区改革经验，开展各大学区之间的交流和评比活动。对改革过程中涌现出来的先进学区长学校、成员学校进行宣传，给予奖励。完善评价手段和评价方法，强化对学校和教师的绩效评估。全面、客观地宣传大学区在促进教育资源均衡覆盖、扩大优质资源总量、提高基础教育整体水平等方面取得的成效，提升全社会对大学区制改革评价的信任度和满意度。

（本报告由西安市教育局承担。）

后　记

城镇化是社会结构的深刻变革，是伴随工业化发展、非农产业在城镇集聚、农村人口向城镇集中的自然历史过程，是人类社会发展的必然趋势。从人口的相对固定到大规模迁徙流动，从城乡二元结构到城乡一体化发展，从强调人口数量和城市景观的城镇化到以人为核心、"记得住乡愁"的城镇化，我国社会经历了从城乡分治到城镇化再到新型城镇化的发展过程。教育既身处城镇化的时代浪潮之中，也肩负着服务并引领城镇化的时代使命。

基于此，教育部政策法规司和北京师范大学教育学部会同相关地方教育行政部门、高校和研究机构，于 2013 年 3 月联合启动了城镇化进程中教育管理体制改革问题研究课题，力求从问题、从实践出发，通过总报告、分报告和案例相结合的方式，分析城镇化对教育事业改革发展所产生的影响，梳理城镇化所引发的教育管理问题，回顾总结不同地区应对城镇化进程的要求与挑战、推进教育管理体制改革的做法和经验，并提出了进一步推进教育管理体制改革的政策建议，以期对教育事业的改革发展有所裨益。

本课题成果是多方力量共同努力的结果。课题组组长柯春晖、褚宏启负责课题的整体设计、工作推进、总报告撰写以及所有分报告、案例的审定工作。广东、江苏、湖北、上海、辽宁、河南、陕西等省市教育厅（教委），成都、无锡、顺义、东莞、浦东等市（区）教育局（教委）有关教育研究机构和高校的同志们为课题的开展付出了心血、贡献了智慧。教育部政策法规司张雪、郑真江、黄浩淼、郑宁、刘博参与了整个课题研究过程，承担了课题的事务性工作并参与了课题总报告的撰写和分报告、案例的整理工作。北京师范大学教育学部博士研究生何岩、朱庆环、李刚付出了很多努力。教育科学出版社为课题成果结集出版提供了大力支持。在此一并表达我们诚挚的谢意！

本课题是教育行政部门和高校、研究机构合作研究的一次尝试，由于时间、经验所限，研究中难免有种种不深入、不全面之处，恳请各方不吝指正。

课题成果付梓之际，正值《国务院关于进一步推进户籍制度改革的意见》出台，城乡统一户口登记制度开始建立，困扰中国社会半个多世纪的城乡二元户籍制度从此将退出历史舞台，破除城乡二元结构、推进城乡一体化和新型城镇化又迈出了新的步伐，这必将对教育事业的改革发展和教育管理体制改革产生新的重大影响，相关问题的研究信将不断走向深入。

城镇化进程中教育管理体制改革问题研究课题组

2014 年 8 月

出　版　人　　所广一
责任编辑　　何　艺　翁绮睿
版式设计　　杨玲玲
责任校对　　贾静芳
责任印制　　曲凤玲

图书在版编目（CIP）数据

城镇化进程与教育管理体制改革/城镇化进程中教
育管理体制改革问题研究课题组编写. — 增订本. — 北
京：教育科学出版社，2015.4
　ISBN 978 - 7 - 5041 - 9373 - 5

　Ⅰ.①城…　Ⅱ.①城…　Ⅲ.①城市化—影响—教育管
理—管理体制—体制改革—研究—中国　Ⅳ.①G521

　中国版本图书馆 CIP 数据核字（2015）第 060075 号

城镇化进程与教育管理体制改革

CHENGZHENHUA JINCHENG YU JIAOYU GUANLI TIZHI GAIGE

出版发行	教育科学出版社		
社　　址	北京·朝阳区安慧北里安园甲 9 号	市场部电话	010 - 64989009
邮　　编	100101	编辑部电话	010 - 64981167
传　　真	010 - 64891796	网　　址	http://www.esph.com.cn
经　　销	各地新华书店		
制　　作	北京博祥图文设计中心		
印　　刷	保定市中画美凯印刷有限公司		
开　　本	169 毫米×239 毫米　16 开	版　　次	2015 年 4 月第 1 版
印　　张	16.75	印　　次	2015 年 4 月第 1 次印刷
字　　数	228 千	定　　价	42.00 元

如有印装质量问题，请到所购图书销售部门联系调换。